当代旅游市场
营销方式的综合研究

李　晓◎著

中国水利水电出版社
www.waterpub.com.cn
·北京·

内容提要

本书系统地介绍了旅游市场营销的基础知识和基本理论,对当代旅游市场分析与定位、消费者购买行为、市场营销环境及新发展、产品营销、服务营销、市场营销渠道及管理进行了全面分析和研究。书中注重探索旅游市场营销研究方面的新观点,精辟论述了旅游市场营销的成熟理论、方法和应用。

本书语言简洁凝练、结构明了、知识点丰富新颖,是一本值得学习研究的著作。

图书在版编目(CIP)数据

当代旅游市场营销方式的综合研究/李晓著. —北京:中国水利水电出版社,2017.7(2022.9重印)

ISBN 978-7-5170-5605-8

Ⅰ.①当… Ⅱ.①李… Ⅲ.①旅游市场－市场营销学—研究 Ⅳ.①F590.82

中国版本图书馆 CIP 数据核字(2017)第 167438 号

书 名	当代旅游市场营销方式的综合研究 DANGDAI LÜYOU SHICHANG YINGXIAO FANGSHI DE ZONGHE YANJIU
作 者	李 晓 著
出版发行	中国水利水电出版社
	(北京市海淀区玉渊潭南路 1 号 D 座 100038)
	网址:www.waterpub.com.cn
	E-mail:sales@waterpub.com.cn
	电话:(010)68367658(营销中心)
经 售	北京科水图书销售中心(零售)
	电话:(010)88383994、63202643、68545874
	全国各地新华书店和相关出版物销售网点
排 版	北京亚吉飞数码科技有限公司
印 刷	天津光之彩印刷有限公司
规 格	170mm×240mm 16 开本 18.75 印张 336 千字
版 次	2018 年 1 月第 1 版 2022 年 9 月第 2 次印刷
印 数	2001—3001 册
定 价	87.00 元

前　言

　　旅游业是第三产业的重要组成部分,是现在发展最快的新兴产业,也是当今世界规模最大的产业,是名副其实的"朝阳产业"。近年来,随着我国经济的快速增长和人们生活水平的日益提高,我国旅游业一直都保持着快速发展的趋势,很多地区都将旅游业放在了经济发展战略的核心位置,同时,旅游业也是我国国民经济的重要增长点。我国正在逐步由旅游大国向旅游强国转变。

　　随着旅游业的蓬勃发展,旅游市场的竞争日趋激烈,旅游目的地和旅游企业面临的市场竞争也越来越激烈。在这种形势下,旅游从业者一方面要不断提高自己的市场竞争力,提高自身适应市场和运作市场的能力;另一方面,要积极借助市场营销这个工具,力求将潜在市场转化为现实市场,让企业在激烈的市场竞争中获得优势,进而实现自己的经营目标。那么如何科学地运用市场营销理念,选择合适的市场营销方式来指导具体实践,不可避免地就成为众多旅游从业者不得不面对的一大难题。基于此,特撰写了《当代旅游市场营销方式的综合研究》一书。

　　本书共包括九章内容:第一章对旅游市场营销进行了概述;第二章对当代旅游市场分析与定位进行了研究;第三章具体分析了当代旅游消费者的购买行为;第四章对当代旅游市场营销环境进行了具体的阐述;第五章详细研究了当代旅游产品营销;第六章具体阐述了当代旅游的服务营销;第七章对当代旅游市场的营销渠道进行了系统的研究;第八章详细论述了当代旅游市场的营销管理;第九章对当代旅游市场营销的新发展进行了系统探究。总体来说,本书紧紧围绕旅游市场营销展开论述,内容全面、系统、科学,结构清晰明确,而且具有较强的理论性、实用性和针对性。希望本书的出版能够为我国旅游企业的市场营销提供一些有用的参考。

　　本书在撰写过程中参阅了许多有关旅游市场营销方面的著作,也引用了许多专家和学者的研究成果,在这里一并表示衷心的感谢。由于时间仓促,作者水平有限,书中难免存在错误与疏漏,恳请各位专家、学者不吝批评指正,欢迎广大读者多提宝贵意见,以便本书日后的修改与完善。

作　者

2017 年 5 月

目　录

第一章　旅游市场营销概述

当今旅游业已被公认为世界上最大的产业之一。旅游业持续的增长以及旅游产品的多样化使得旅游业各个领域的竞争日益激烈,旅游市场营销便显得尤为重要。在市场的刺激下,旅游从业人员逐渐认识到,只有一切以游客为中心,满足游客的需求才能扩大本企业的旅游市场占有范围。要了解旅游市场营销,必须先了解它的基础知识,本章即从旅游市场营销的基本认知、旅游市场营销的服务性分析,以及旅游业独特的营销问题三个层面对旅游市场营销进行简单的理论研究。

第一节　旅游市场营销的基本认知

一、旅游市场营销的概念

旅游市场营销来源于英文 Tourism Marketing 一词。与一般市场营销一样,不能把旅游市场营销理解为推销和销售。旅游市场营销的目的是使促销成为多余之举,是力求充分地理解旅游者的需要从而使产品和服务能适合这种需要并自动销售出去。

旅游市场营销是服务营销理论在旅游市场应用产生的一个分支,除了具有服务营销的一般性特点,由于旅游产品的综合性和营销主体的复杂性,还具有其独特性,一般可分为旅游企业营销与旅游目的地营销。

目前很多学者对旅游市场营销主要从旅游业角度进行界定,属于严格意义上的旅游企业营销。如张俐俐对旅游市场营销界定为:从了解旅游者的需求为起点,到满足旅游者的需求为终结的综合管理循环活动。其基本内涵包括以下四个方面。

(1)旅游市场营销是一个动态过程,主要包括分析、计划、执行、反馈和控制,更多地体现旅游经济个体的管理功能,是对旅游营销资源的管理,具体如图 1-1 所示。

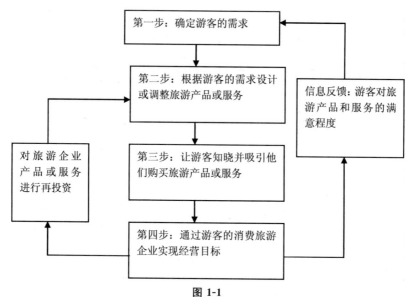

图 1-1

（2）旅游市场营销活动的范围扩大，从流通领域向前扩展到产前领域和生产领域，向后扩展到售后领域，囊括旅游企业经营管理活动的全过程（图1-2）。

（3）旅游市场营销的职能发生了改变，从旅游产品推销的单一职能，变为以市场交换为中心，以旅游者的需求为导向，来协调各种旅游经济活动，通过提供有形产品和无形服务使游客满意来实现旅游企业的经济和社会目标。

（4）参与营销活动的人员不仅是旅游企业的专业营销队伍，而是上到高层管理者，下到每一个员工，人人都树立起全员营销意识，大家共同参与，形成上下结合、内外结合的营销合力和整体营销网络。

二、旅游市场营销与一般市场营销的差异

旅游业是一个特殊的服务性行业，旅游产品是一种特殊的产品，它既包含有形产品，又包含大量的无形产品，这就使得旅游产品呈现出服务产品的特性。因此，旅游市场营销也就必然区别于一般产品的营销。所以，在从事旅游市场营销时，必须依照旅游市场营销特点进行有针对性的营销，才能取得良好的营销效果。具体来看，旅游市场营销与一般市场营销的差异主要体现在以下几方面。

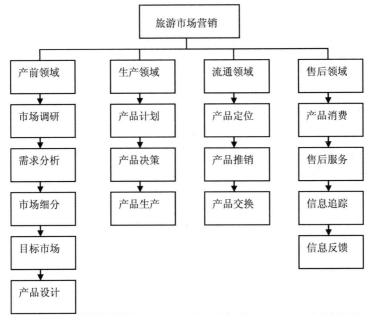

图 1-2

（一）经营产品不同

旅游产品与一般实物产品不同，是一种特殊形态的产品，它既包含有形产品又包含大量的无形产品（旅游服务）。因旅游企业与其他企业经营的产品不同，故旅游营销侧重于无形产品，而其他行业营销一般偏重于有形产品。

（二）生产过程参与度不同

其他行业的消费者一般不参与产品的生产过程，而在旅游活动中，旅游者可以参与旅游产品的生产过程，因此对于旅游市场营销人员来说，要生产出符合游客需要的旅游产品，不仅需要对员工进行管理，还需要对游客进行某种形式的教育或管理，以便使旅游产品的提供能够满足游客的期望，或者尽量缩短游客期望与实际体验之间的差距，提高游客的满意度。

（三）消费需求不同

对旅游产品的需求通常不同于对一般日用工业品的需求，旅游需求往往具有多样性、季节性、敏感性和弹性大的特点，因而旅游企业应根据这些需求特点，提供适销对路、价格合理的旅游产品，以满足旅游者的不同需求。

(四)产品质量控制难易不同

有形产品的生产一般都可以控制产品质量,而旅游市场营销的主体是无形的商品,游客享受的服务是一种过程和行为,因而很难做到标准化,产品质量也难以控制。尽管旅游企业的各部门岗位制定了精细的管理制度和服务标准,但服务过程有很大的易变性,实际操作过程很难确保服务人员按标准将服务传递给旅游者。而即使旅游企业员工都能按标准提供服务,也会由于旅游者的个人特质不同、感受不同,使得满意程度也不同。因此,搞好内部营销是旅游企业营销管理的一个重要内容。

(五)对时效的重视度不同

虽然其他行业营销也比较关注时效问题,然而其重视程度往往不如旅游营销。这是因为,在旅游市场上,旅游产品的生产与消费过程是由旅游企业员工与旅游者面对面进行的,若旅游产品提供不及时、服务效率低下,就会引起旅游者的不满,这既不利于旅游产品的推销,也有损于旅游企业的形象,所以,旅游企业在旅游营销活动中都十分重视时效问题。

(六)分销渠道不同

旅游企业不像生产企业那样通过物流把产品从工厂运送到游客手里,而是借助一系列独立的中间商,或者各种信息渠道(如互联网),或是把生产、零售和消费的地点连在一起来推广产品。其中,借助一系列独立的中间商来营销的传统方式非常普遍,往往造成中间商的行为和态度直接影响旅游需求者的购买决策。

(七)评价标准不同

其他行业有形产品的质量既可反复观察、挑选,又有数据和试用为评价标准,而旅游企业提供的旅游产品大量表现为服务,灵活性大,并且由于旅游者的喜爱不同,对旅游服务的要求和评价标准也不同。这样,旅游产品质量的好坏通常取决于旅游者的评价。因此,为了提高旅游消费效果,旅游企业更重视旅游营销调研,注意了解旅游者的需要,巧妙地设计各种旅游产品,突出产品特色,以满足不同旅游者的不同需要。

三、旅游市场营销的特征

旅游市场营销作为旅游企业在市场中生存发展的有效途径,对旅游企业的影响巨大。科学技术的进步促使旅游市场营销理论不断发展,现代旅游市场营销呈现出以下的特征。

(一)全员性

现代市场营销的实践是一项艰巨的工作,需要企业全体员工的齐心协力才可能取得成功。在现代旅游企业的运营中,不仅需要优秀的旅游营销队伍,还必须有其他部门,如生产、研发、财务、工程、人力资源等部门的全力支持和配合,所有员工都应真正接受"顾客就是上帝""客人永远是对的"等观念并将这些观念贯彻到工作中去。

(二)全方位性

旅游者的一次旅游活动是个复杂的过程,从顾客注意到某个旅游企业或旅游目的地的广告开始,随后可能造访旅行社,咨询更详细的意见和建议,在旅行过程中体验交通服务、酒店服务和景区景点服务等,这些都是由不同企业提供的旅游服务,不同服务供给者需要相互依存,相互协调,其中任何一个要素出现失误都会影响到旅游者对整个旅游过程的评价。

(三)创新性

创新是旅游市场营销永远的主旋律。对于外界环境变化,旅游企业必须做出积极反应,通过不断创新来改变或适应其赖以生存和发展的环境。旅游市场营销创新并不仅是某种新功能的实施或某项新活动的执行,而是一个贯穿旅游企业经营活动始终的全方位创新过程——不仅指概念创新、产品创新、技术创新,而且还包括管理创新和制度创新等。

(四)服务性

"以优质产品作为争取和留住顾客的主要手段"的理念已不再是企业经营的金科玉律。现代市场营销更加强调向顾客提供系统化的专业服务,特别是超过顾客期望的增值服务。服务所产生的品牌和企业口碑效应要远大于产品本身,同时它所带给顾客的满意或不满意程度也要远大于产品。好的服务可以弥补偶尔出现的产品质量问题,但坏的服务所带给企业的负面影响却往往难以弥补。

(五)信息性

快速变化的经营环境、日益复杂多样的顾客需求、日趋激烈的市场竞争,使信息在旅游企业营销活动中显得至关重要。有时旅游企业之间的竞争就表现为对旅游信息的竞争,旅游事业运作就是信息的运作。旅游信息是旅游企业营销的命脉,营销部门则是旅游企业的信息中心。

四、旅游市场营销的内容体系

（1）产品策略：包括三个内容——新产品开发政策、旅游产品的商标政策和旅游产品的实际内容。

（2）价格策略：包括价格制定政策和价格管理政策。

（3）促销策略：包括旅游产品营销计划的制定、促销人员的培训、旅游产品的广告促销以及旅游企业的公关销售。另外旅游企业的售后服务也成为促销政策的附加内容。

（4）流通渠道：包括三个方面——旅游产品销售渠道的选择、产品营销中介的建立及产品营销渠道计划的制定。

五、旅游市场营销的作用

以适当的价格、在适当的时间和适当的地点实现旅游产品从生产者到消费者的过渡或转移,即在旅游需求者和供给者之间发挥桥梁作用。

(一)了解市场需求,帮助旅游企业寻找市场机会

市场机会就是指旅游者未满足的需求。寻找市场机会也就是寻找市场需求。旅游市场的特殊性、旅游消费者及其购买行为的复杂性决定了寻找旅游市场机会的难度,这要求旅游企业经营者要以"发现"的眼光来分析旅游市场。而市场营销理念及其基本任务重点也在于分析旅游消费者的各种需求,从市场需求和供给的差异中寻找市场;从对复杂人群不同需求的分析中,寻找旅游企业经营的市场机会;从对广阔市场的缜密分析中,在市场环境的动态变化中寻找市场机会。

(二)创造利润,保证旅游企业实现经营目的

经营企业的目的在于创造利润。但在现今社会中,单纯为创造利润而创造利润的经营方式早已不适应市场经济,尤其是旅游市场的商业化趋势。旅游市场营销真正树立了"以旅游者为中心"的观念,强调以满足人们需求为企业的根本任务,这实际上是把创造利润的过程建立在满足旅游者的需求之上。

(三)采取恰当营销手段,调节旅游市场供求关系

旅游产品具有特殊性,一般来讲都无法储存,这就削弱了旅游产品的供给弹性。因此旅游者的需求会因时间、地点的不同而差异极大。调节供求关系是搞好经营、取得最佳效益的关键。如果长时间供求关系被扭曲,旅游市场的供求矛盾就会尖锐。而市场营销的重心则是研究市场需求,深入分析旅游者的需求状况,确定各自的营销对策,从而卓有成效地解决供求关系上的矛盾。例如,淡季时实行开发性营销手段,高峰期实行低营销手段,合理调整旅游市场供求矛盾,使之保持相对的最佳经营状态。

(四)适应发展需要,建立最佳管理体制的前提

市场营销观念要求旅游企业的组织机构从根本上适应市场需求,更新不适应的组织机构。从市场调研、计划制定、产品设计、定价、销售推广到信息反馈,一整套营销活动皆由市场营销部门领导和协调,以保证市场营销活动的整体性和营销目的的实现。

第二节　旅游业独特的营销问题

市场营销就其基本功能和发展历史而言,都是用来解决微观管理问题的,即企业如何实现商品交换问题。在这一点上,旅游业与其他的行业有所不同,旅游营销存在着两个层面的问题,这就是旅游目的地营销和旅游企业营销。

一、旅游目的地营销

(一)旅游目的地的概念和类型

旅游目的地营销的产生应该是建立在旅游目的地形成的基础上。因此有必要了解一下旅游目的地的基本概念与类型。

世界旅游环境研究中心曾将旅游目的地广义地定义为:"乡村、度假中心、海滨或山岳休假地、小镇、城市或乡村公园;人们在其特定的区域内实施

特别的管理政策和运作规则,以影响游客的活动及对环境造成的冲击。"①英国学者霍洛韦在《论旅游业——二十一世纪旅游教程》中对旅游目的地进行了另一个角度的分析,认为"一个旅游目的地可以是一个具体的风景胜地,或者是一个城镇,一个国家内的某个地区,整个国家,甚至是地球上一片更大的地方",他还据英国的旅游资源将目的地划分为:海滨胜地、城镇或城市、乡村三种主要类型。②

本书在总结前人研究的基础上,将旅游目的地定义为:旅游目的地即游客为了满足异地体验的目的而选择的暂居地,它是大多数游客度假体验的核心因素。有学者认为,成为一个旅游目的地,需要具备"4A"要素:吸引物(Attractions)、康乐设施(Amenities)、进入设施(Access)和附属设施(Ancillary Services)。③

(二)旅游目的地营销及其必要性

旅游业的经营和其他行业一样,都受市场环境影响,都要用适应市场环境的经营观念去指导营销实践。旅游需求来自世界各个国家和地区,而旅游供给又遍布全世界,在科学技术高速发展的今天,游客选择旅游目的地已可以突破时空的限制。

国际政治条件许可的情况下,游客的活动可不受地区和国界的束缚,旅游供给者的接待对象也无民族、国别之分。游客的选择性强,旅游活动的范围大,使旅游供给者面临的是一个竞争十分激烈的市场环境。因此,无论是一个旅游目的地还是一个旅游企业,要生存,要发展,就必须在正确的营销观念指导下,创新地、灵活地运用营销理论进行旅游营销实践活动。

旅游目的地是旅游者旅游行为的主要发生地,它在整个旅游系统中占据着非常重要的地位。一个旅游目的地能否吸引旅游者前来旅游观赏,其自身的营销发挥着至关重要的作用。旅游消费行为的异地性特点,旅游产品的综合性特点,以及旅游投资的刚性特点,三者共同决定了旅游目的地开展营销活动的必要性。

---

① [英]维克多·密德尔敦著,向萍等译.旅游营销学[M].北京:中国旅游出版社,2001:188.

② [英]C.J.霍洛韦著,孔祥义译.论旅游业——二十一世纪旅游教程[M].北京:中国大百科全书出版社,1997:5—6.

③ [英]史蒂芬·佩古等著,刘劫莉等译.现代旅游管理导论[M].北京:电子工业出版社,2004:199.

1.旅游产品的综合性特点要求目的地开展营销活动

从实践情况来看,由于旅游者需求千差万别的影响,旅游产品也是多种多样的,而在这些产品中,除了客源地与目的地之间的长途交通和目的地之间的交通外,其他的项目都发生在旅游目的地。从旅游者的需求来看,他们希望了解的是关于旅游目的地的完整信息和当地旅游服务供给的整体情况,单独的旅游企业,无论营销活动开展得多么出色,在吸引旅游者来目的地消费方面的效果都不会很显著,毕竟旅游者关注的是在一次完整旅游经历当中所有的消费项目是否如自己所愿。因此,旅游产品的综合性特点要求旅游目的地开展整体的营销活动。一方面,旅游目的地有必要在目标市场上投射良好的目的地形象以吸引旅游者前来;另一方面,旅游目的地应该考虑建立信息平台传播旅游企业的供给信息。

2.旅游消费行为的异地性特点要求旅游目的地开展营销活动

旅游活动中,旅游者的消费决策主要在客源地做出,而旅游服务的消费阶段主要发生在目的地,因此旅游消费活动的不同阶段在空间上是分开的,这是旅游者消费行为的特殊之处,即旅游消费行为具有异地性的特点。旅游消费的异地性特点对于非营销控制的信息来源会产生负面的影响,因此,要求营销控制的信息来源发挥更大的作用,传播足够的信息,以满足潜在旅游者在评价与选择旅游目的地时对信息的需要。这就要求旅游目的地系统地开展宣传促销活动。

3.旅游投资的刚性特点要求目的地开展营销活动

旅游目的地的发展是一个供需互动的过程。在这个过程中,旅游需求的波动性较大,而旅游供给的刚性较强,一旦旅游目的地进入了成规模的开发阶段,目的地的整体营销活动就成了保证需求稳定的必要手段。此时,旅游目的地营销的目的已经突破了协助目的地企业开展营销的范围,而是站在目的地投资主体的角度,保护的是目的地的整体利益。

(三)旅游目的地营销的特点

1.针对性

旅游目的地营销需要的是关注,而不是漫天撒网、照单全收,这其中尤其需要围绕目的地形象定位(品牌定位)进行不同细分市场的诉求点设计,并据此选择合适的营销渠道进行信息的传播。这实际上体现的就是旅游目的地营销的针对性特点,即旅游目的地营销是为了让公众了解目的地(包括常规性的线路及大众化产品),瞄准特定的潜在市场,着眼于潜在客源向现实消费的转化(主要是一些针对性强的专项产品、特色产品)的过程。为了扩大规模,可能营销的时候会更关注价格策略的使用;为了提升体验,可能营销的时候会更关注品牌与形象。

理论上来说,制定针对性的营销策略有助于旅游目的地更好地开展具体的营销活动,但是我国很多旅游目的地的企业将太多的精力放在如何发展企业能力用以支撑越来越低的价格上,而忽视了品牌的价值,从而使得企业品牌的塌陷影响了整个旅游目的地品牌和形象,这是目的地营销过程中需要高度关注的问题。在营销的过程中,每个旅游目的地都应该根据自身特点探索符合自己的营销创意,要根据目的地实际情况制定针对性的营销方案,别的旅游目的地使用的方式未必适合自己。要创新、要第一,这样的营销策划才能有影响力,模仿的、山寨版的营销策划没有实际影响力,只会为被模仿的旅游目的地再做一次营销推广。

2.持续性

科学有效的旅游目的地营销决不能寄希望于一击达成、一劳永逸,而是需要系统与持续的营销努力。但我国很多旅游目的地都希望通过搞一次节事活动或者一次具有轰动效应的大型活动来推动旅游目的地的发展。的确,节事活动是旅游目的地营销的重要形式,我们也可以通过制造、挖掘新闻热点,让媒体主动来传播新闻事件,但脉冲式的旅游营销活动毕竟只能取得暂时性的影响,而旅游目的地发展需要持久的推动力。

3.全程性

旅游者的旅游消费行为不仅包括旅游过程中在旅游目的地的消费,也包括出发之前的旅游目的地决策过程,还包括回归之后对旅游目的地的评价过程。旅行前、旅行中、旅行后各占三分之一。但是,从实践来看,目前的旅游目的地营销恰恰忽略了在目的地的营销安排和深化设计,即便是目前相对成熟的在客源地的营销活动,也只关注了出发之前的三分之一的营销空间,而忽视了客源地另外三分之一的营销空间,即没有对传统意义上的旅游者满意度和现代意义上的网络声誉给予充分的重视。因此,旅游目的地营销应该多关注消费者(即关注旅游者的需求和感受),而不能只关注消费(即关注旅游者在当地花了多少钱、能给旅游目的地带来多少经济收入)。

4.系统性

旅游目的地营销不仅是信息传播的问题,而且还必须和产品开发、服务配套、设施建设等相互协调。没有科学的旅游产品开发,营销必然成为无本之木;没有有效的服务配套和设施建设,营销越是成功,对人们最终的满意度和体验效果的影响越负面,糟糕的满意度必然影响旅游目的地的后续营销。有专家曾经指出,我国很多旅游目的地营销是"敢吹、会吹",但往往很难"经得起吹"。应该说,在互联网以及移动互联网快速发展的时代,信息的送达性应该没有问题,关键是信息送达的目标群体以及信息内容的确定,以及当信息送达并转化为市场的消费力之后,相应的产品与服务是否可以同步跟上。因此,在目的地营销过程中要强调整体营销,即全环境的营销,要关注少数关键点的价值,尤其要关注那些有之未必加分、缺之必然减分的环节,正所谓"细节决定成败"。

二、旅游企业营销

旅游企业,包括旅游饭店、旅游景区、旅行社,以及与之配套的交通运输企业。旅游企业营销最大的与众不同之处就在于:其销售的产品的核心价值是服务。作为旅游企业,研究市场营销的最大目的在于售出自己的产品,创造价值。旅游企业在经营决策过程中,应依据市场细分,避开不利于自身发展的市场威胁,确定目标市场,推出多层次、多品种的旅游产品,建立适合消费者的灵活价格体系,选择高效快捷的营销途径,利用各种促销手段,创造营销特色。

(一)旅游企业营销的概念

旅游企业市场营销是指旅游企业以旅游消费需求为导向,通过分析、计划、执行、反馈和控制这样一个过程,协调各种旅游经济活动,从而实现提供有效产品和服务,使游客满意,使企业获利并实现社会目标。

(二)旅游企业营销的组织结构

旅游市场营销组织即旅游企业中负责管理和执行本企业市场营销工作的组织机构。伴随着旅游市场营销观念不断更新、旅游企业市场竞争范围全球化发展,以及在相关社会因素的影响下,旅游市场营销组织结构也是在不断完善的。西方旅游企业市场营销体制,大致经历了简单的销售部门、销售工作细分的销售部门、独立的营销部门、现代营销部门和现代营销组织五个阶段。

现代企业的市场营销组织形式设立的出发点都是以市场为中心的,根据旅游企业的自身特点以及营销重心的不同,旅游企业市场营销组织结构有如下几种。

1. 职能型组织结构

旅游企业按照不同的营销活动功能建立相应的职能部门,设立专人担任部门经理,服从市场营销总负责人的统一管理。如图1-3所示。

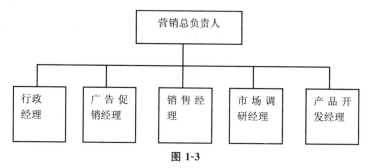

图 1-3

这种组织结构在旅游企业中是最常见的,结构层次较少,管理难度小。但各职能部门水平分工也会影响横向的合作,具体的营销策划案例由于需要每个部门的参与,缺乏合作和沟通会影响最后的效果。另外,各部门在营销过程中的重要程度是不一样的,企业也会区别对待,这往往容易导致部门间的矛盾和纠纷,不利于企业的稳定。

2. 产品管理型组织结构

旅游企业按照产品的分类来设立营销组织,在平行设立各职能部门的同时,产品主管经理下面再设立一定数量的具体产品经理,如图1-4所示。

该组织结构适用于产品差异性较大的旅游企业,如大型的旅游企业中既有旅游饭店,又有旅行社和旅游交通等部门时,产品的绝对量超过了普通职能组织的能力控制范围,就可以考虑使用该形式。但是,该结构的弊端在于具体产品经理的专业性较强,当产品开发完成后,工作的分配就存在一定问题。另外,产品经理必须是组织协调能力极强的人,否则容易产生矛盾。

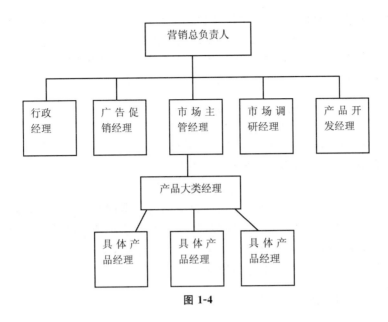

图 1-4

3.市场管理型组织结构

旅游企业按照特定的目标市场划分来建立营销组织,由市场主管经理领导各细分市场经理,各细分市场经理对本地区市场的销售业绩负责。如图 1-5 所示。

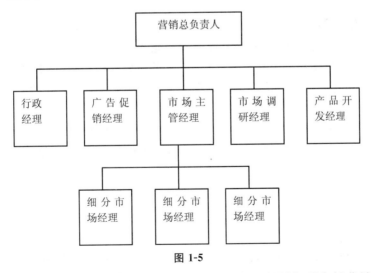

图 1-5

该结构的特点是以主要目标市场为中心,由此开展各项市场营销活动。这有利于营销人员与目标市场的旅游者关系的建立,增强旅游消费者对旅游企业的忠诚度。现在越来越多的旅游企业营销组织正在朝此结构发展。

另外,当企业规模很大,市场范围很广时,市场管理型组织结构还可以以另外一种形式出现,即对市场的划分采用从全国—区域—地区—地方的形式,各级销售区域设置经理,对全国销售经理负责,此形式能够最大限度地开辟区域市场,扩大产品销售,但管理幅度大,管理成本也较高。

4.“产品—市场”管理型组织结构

针对不同的客源市场开发多种产品的旅游企业,在进行产品还是市场管理模式时都会比较为难。例如,当旅游饭店的细分市场较多、饭店产品种类复杂的时候,既要注重市场,也不能忽视产品。此时,旅游企业可以结合二者的优势,采用产品—市场管理型组织结构。即同时设置产品经理和市场经理。一般而言,旅游企业只有对相当重要的市场和产品才会同时设置产品和市场经理,因为权力职责在同一部门容易交叉,导致内部矛盾,同时,采用此组织结构,管理成本也是较高的。

(三)不同类型的旅游企业营销

在旅游企业营销过程中,最常见的便是旅游饭店、旅游景区或景点,以及旅行社的市场营销,由于旅游景区营销在本书第二章中会有论述,因此这里主要分析一下旅游饭店和旅行社的市场营销。

1.旅游饭店营销

作为旅游业三大支柱之一,旅游饭店市场营销水平的高低将直接影响旅游市场营销的整体水平,旅游饭店营销是旅游市场营销的一个重要组成部分。在竞争激烈的市场环境下,认识旅游饭店营销环境、分析市场、找准定位、制定正确的营销策略是保证旅游饭店经营管理稳定发展的关键所在。

旅游饭店市场营销不仅是整个旅游市场营销中一项很重要的内容,对其自身的经营管理而言,也是很重要的一个环节。目前,市场上的旅游饭店产品处于买方市场,消费者拥有更大的选择优势,旅游饭店必须通过运用市场发展和营销理论,不断扩大饭店产品的市场占有率,从而提高企业的综合竞争力和经济效益;同时,饭店通过营销人员对市场的调研与反馈收集信息,了解自身的不足,进而针对市场需求改进、创新产品,同时寻找空白市场。

从营销战略上来看,旅游饭店的市场营销主要有以下几种类型。

(1)多目标市场战略

与单一目标市场战略不同,该市场战略追求的是多个目标市场。在对日标市场进行细分后,饭店提供可以满足几个细分市场的不同产品,来吸引全部或是大部分的细分市场。目前,大部分独立经营的饭店都使用该战略。最常见的是,同一饭店集团通过不同的服务品牌,提供不同的服务类型,来吸引不同的消费市场。

作为全世界最大的饭店连锁集团之一,万豪集团的主要客户为商务旅行者,因此它拥有的饭店主要为豪华型和商务型饭店,万豪饭店在美国针对不同的细分市场成功推出了一系列品牌:Fairfield 是服务于销售人员的,Courtyard 是服务于销售经理的,Marriott 是为业务经理准备的,Marriott Marquis 则是为公司高级经理人员提供的。在原有的四个品牌都在各自的细分市场上成为主导品牌之后,"万豪"又开发了一些新的品牌。在高端市场上,Ritz-Carlton 饭店为高档次的顾客提供服务方面赢得了很高的赞誉并备受赞赏;在低端饭店市场上,万豪饭店由 Fairfield Inn 衍生出 Fairfield Suite,从而丰富了自己的产品线;位于高端和低端之间的饭店品牌是 TownePlace Suites、Courtyard 和 Residence Inn 等,它们分别代表着不同的价格水准,并在各自的娱乐和风格上有效进行了区分。

(2)单一目标市场战略

从几个市场细分部分中选取某一个目标市场,根据该目标市场的需求和偏好分析,有针对性地进行集中性市场营销。该战略最大的特点就是避免与行业中处于领导性地位的饭店企业发生直接的竞争,因而适用于市场份额较低、组织规模较小的饭店企业。例如,大部分的商务饭店不仅接待各类型的商务旅客,也接待各种规模的会议团体,而某些会议饭店通过专业的会议设施设备,高水准的专业人员服务,来吸引中小规模的协会和企业会议,并只从事该项专业服务。通过这样的市场战略,饭店能够与该目标市场建立起稳固的联系,比其他对手更综合地来满足该特定市场的需要,虽然目标市场规模不一定很大,但饭店在该目标市场的份额却十分可观,并能在专业服务领域中坐得"头把交椅"。

(3)全面市场营销战略

为了吸引某个市场中的所有市场细分部分,对其中的每一个细分市场都采取特定的市场营销方法。这一战略的营销费用最高,通常由行业中占主导地位的饭店企业使用。很多国际性饭店集团为每一个目标市场提供服务,对每一个目标市场使用独特的市场营销组合。

(4)无差异目标市场营销战略

无差异目标市场战略是指忽略了细分区别,并对所有的目标市场使用相同的市场营销组合的战略。这种战略并非没有认识到市场细分的概念,而是将注意力集中在目标市场的相似需求上,并为此设计特定的市场营销组合,也就是用一种营销组合来吸引几个目标市场。通过无差异目标战略,可以降低营销成本以及市场细分的难度。

一般而言,饭店市场营销中使用细分的营销战略是最为有效的,所有的饭店都意识到自己的顾客群有不同的需要,对他们应该使用特定的促销方式。但在旅游与饭店行业中,有一些使用无差异目标市场战略的组织。如著名的快餐营运企业麦当劳曾经宣称"几乎每一个美国和加拿大居民都曾在麦当劳中吃过饭",当一种服务的吸引力是如此广泛的时候,对不同的市场使用不同的营销方法似乎就显得没有意义了。

2.旅行社营销

旅行社营销不仅有利于促进旅行社产品的销售,同时也有助于树立旅行社及其产品的良好形象。旅行社产品销售管理的核心,是针对目标市场的需求,开发设计旅行社产品,并将旅行社产品以合适的价格,通过合适的销售渠道在既定的目标市场上进行销售,而在此过程中,销售的管理和售后服务对于旅行社具有十分重要的意义。

旅游市场营销组合是指旅游企业根据已选定的旅游目标市场的需求采用系统的方法,把可控制的多种旅游营销策略进行最佳组合,使它们互相协调、配合,综合性地发挥作用,以满足旅游目标市场的需求,实现旅游企业的营销目标。

影响旅行社营销目标体系组合的因素主要有两方面:一是企业的外部因素,即不可控因素,因为企业外部的各种影响因素变化无常,很难为企业预知和把握;二是企业的内部因素,即可控制因素,主要是指企业的生产能力、经营方向及其经营管理手段,这些也在一定程度上影响着旅行社营销目标体系的选择。旅行社市场营销组合就是对旅行社的可控制因素进行有效组合,其主要内容包括产品、定价、销售渠道、促销四个方面。旅行社目标市场与旅行社市场营销组合(四个可控因素或四种旅行社市场营销策略)之间的相互关系,如图1-6所示。

旅行社产品策略直接涉及旅游者需求与欲望的满足。它是旅行社市场营销组合中的一种重要策略,是旅行社制定相关营销策略的基础,主要包括旅行社产品生命周期策略、旅行社产品组合策略、旅行社新产品开发策略等。

一种旅游产品的价格是否适应,往往影响该产品在旅游目标市场中的竞争地位和市场占有率,对旅行社的营业收入和利润关系很大。产品定价策略主要包括产品定价目标、产品定价方法、产品定价技巧等可控因素的组合和运用。

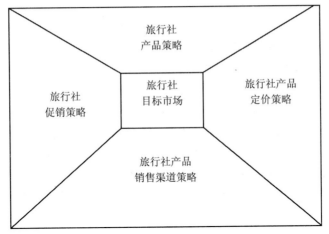

图 1-6

旅行社产品销售渠道策略是指怎样以最低的成本,通过最合适的途径,将自己的产品及时送到旅游者手中。旅行社产品销售渠道策略包括旅游经销商、旅游批发商、旅游零售商的选择,产品销售网络、范围、渠道的选择,产品销售管理等。旅行社促销的目的在于扩大旅游产品的销售,它是提高旅行社经济效益的重要途径。旅行社的促销活动是利用信息传播手段刺激消费者购买欲望、促进产品销售的方式来实现其营销目标,其中包括对与促销有关的广告、人员推销、营业推广、公共关系等可控因素的组合和运用。

旅行社市场营销组合的上述四种营销策略,虽有各自的重要地位和作用,但相互之间又是紧密联系的。旅行社根据目标市场的需求和外部环境因素,最有效地利用本身的各种资源,使旅行社的各种营销策略在动态、复杂的运行过程中互相协调、积极配合,以产生最大的综合效应。

三、旅游目的地营销与旅游企业营销的关系

(一)旅游目的地营销与旅游企业营销之间存在区别

旅游目的地营销与旅游企业营销是旅游营销中两种不同类型的营销,其区别主要表现在以下几方面。

第一,目的不同。旅游目的地营销的研究对象主要是旅游目的地的(国家、城市或地区)整体营销活动,目的是通过发展旅游业塑造和提高目的地的旅游形象和知名度;通过吸引游客前来旅游,增加目的地的社会财富,提高目的地的旅游竞争力,增加就业,改善目的地居民的生活质量。旅游企业营销的研究对象则是旅游企业的经营活动,目的在于通过满足游客的各方

面需求实现企业目标,获得利润。

第二,主体不同。旅游目的地营销的主体是目的地政府及其旅游主管部门,营销的性质属于国家(城市或地区)营销。旅游企业营销的主体则是企业,其营销是本来意义上的营销。

第三,活动内容不同。旅游目的地营销需要分析旅游目的地面对的来自其他目的地的竞争环境,整合目的地所有旅游资源,形成目的地定位,通过规划、开发、建设营造和传播整体旅游形象,营造目的地的整体旅游环境,其营销活动具有"造势"性质。旅游企业营销则是各类旅游企业开展的营销活动,为到达旅游目的地的游客提供不同的旅游产品,满足游客各方面的需求。单独的旅游企业是很难靠自己的力量直接吸引游客的,因此,其营销活动具有"借势"性质。

(二)旅游目的地营销与旅游企业营销之间相互联系

旅游目的地营销与旅游企业营销的区别说明了两者的不同性质。但是,并不说明两者毫无关联。恰恰相反,两者的联系是非常密切的、互为前提和条件的。

首先,旅游目的地营销是旅游企业营销的前提。如前所述,单独的旅游企业是不能靠自己的力量直接吸引游客的,只能在目的地营销将游客吸引来之后才能发挥作用,即使是以单独景区(可以由一个企业经营)为吸引物的旅游目的地也需要通过旅游目的地营销来吸引游客,单个的旅游企业往往承担不了对整个旅游目的地的营销。所以,旅游目的地营销是旅游企业营销的前提。

其次,旅游企业营销是旅游目的地营销的条件。无论任何旅游目的地,它为满足游客多样化的需求所提供的多样化的旅游产品,都必须通过企业经营的方式提供。如果没有旅游企业提供的旅游产品和服务,旅游目的地就成了一个"空壳"。而且,旅游企业提供的旅游产品必须达到一定的质量标准,以确保游客对其产品的满意。否则,旅游目的地营销就失去了意义,甚至出现旅游目的地营销越努力,游客越不满意的情况。

最后,旅游目的地营销与旅游企业营销具有同方向互动关系。旅游目的地营销通过整体的规划设计开发,制定旅游发展战略,科学的市场定位为本地吸引客源,创造产业发展机会;旅游企业则通过自身的营销活动为前来的游客提供产品和服务,满足游客的需求。显而易见,两者具有同方向互动的关系——旅游目的地营销越成功,吸引的游客越多,旅游企业的机会越大;旅游企业的营销越成功,游客在目的地的满意度越高,旅游目的地营销则越有吸引力。

第三节　全球化、知识化时代的中国旅游市场营销

改革开放以来,尤其是加入 WTO 以后,各方面条件都要求国内市场要尽快实现与国际市场的接轨,旅游行业是中国较早也是最易与国际市场接轨的行业之一,知识化、国际化的时代背景给旅游市场营销带来新的要求。

一、旅游市场营销竞争国际化

在国际化时代,旅游产品和服务替代性、选择性更强,在吃饭难、住宿难、旅游交通运输"一票难求"成为历史的今天,竞争主要表现在对客源的争夺。中国已经加入 WTO,酒店业已率先开放,旅游交通业正加快开放步伐,旅行社行业也将根据有关服务贸易协议逐步开放,旅游业的三大支柱性行业已面临国际旅游企业的竞争。随着竞争的国际化和日益激烈,旅游企业优胜劣汰的现象将越发突出。

二、购买方式变化将带来营销观念变化

在知识经济时代的今天,人们的购买方式正面临转变,除过去一手交钱一手交货、现场交易等传统方式外,众多的潜在旅游者利用互联网登上信息高速公路,手持电子货币,在全球范围内、在任何时间自由选择最理想的产品提供者。旅游者购买渠道的重大突破有力地促进了经济全球化。随着经济全球化进程的加快,市场营销将在每个客户、每笔交易上与竞争对手之间短兵相接,为此,需要有新的观念、技术与方法去适应经济全球化的要求,迎接知识经济带来的机遇与挑战。

三、传统的营销渠道、促销手段将受到挑战

快节奏的社会生活、高强度的工作压力、拥挤的交通、费时又费力的购买方式,使人们渴望花最少的时间、最少的精力购买到满意的产品,并得到顺乎自然、恰到好处的服务,传统的营销渠道面临重新调整与创新。

潜在旅游者不再是企业广告狂轰滥炸下的被动受众,而是可以通过立体化信息网络主动地搜集有关商品信息,有意识地选择接受有关信息的消费群体,这使得传统的市场营销的促销手段受到挑战。

四、旅游产品设计更加人性化

在工业经济时代,人们的需求心理从追求"到此一游"的数量满足型逐渐转变为追求休闲享受的质量满足型,即在知识经济时代,人们追求的是情感满足。这种变化意味着长期困扰旅游者的产品有与无、产品质量的高与低的问题已经基本解决,不再成为人们所关注的焦点问题;追求购买过程、消费过程的情感满足则是人们所关注的新热点,情感上的满意不满意成为新的衡量、评价产品的标准。因此,在工业经济时代的以企业为中心的经营观念、技术和方法将面临挑战,取而代之的是更加人性化、个性化、柔性化的营销服务。在知识经济时代,旅游者消费不仅是为了生存、享受需要,而且更关心创新与发展的需要,对个性发展的需求将更加强烈,显示个性、发展个性的消费心理将成为知识经济时代的新追求。因此,传统的标准化、大规模生产方式和营销方式将不再适应时代潮流。

五、旅游者需求多样化、个性化

随着旅游大众化、国际化和旅游者自身知识水平和素质的提高,旅游者对旅游消费的要求越来越多、越来越高,对知识密集型旅游产品如高科技旅游产品的需求越来越旺。更多旅游者需要的是旅游产品、旅游服务和旅游信息一体化。知识经济以信息产业和网络为其存在的物质基础,旅游企业通过网络与旅游消费者的互动,可以进行"量体裁衣"式的"一对一"营销,满足旅游者对个性化旅游产品和服务的需求。

六、品牌成为通往国际旅游市场的通行证

在经济全球化时代,旅游者"认牌"消费现象较为普遍。在国际旅游市场上,假日、喜来登、希尔顿、马里奥特、雅高、地中海俱乐部、香格里拉等耳熟能详的品牌,对旅游者有磁石般的吸引力。打造知名品牌将成为旅游市场营销的重要任务,旅游企业如果塑造出得到国际、国内两个市场认同的品牌,就等于拿到了两个市场的通行证,也就等于占领了旅游市场竞争的制高点。

七、组织重构、营销柔性化

全球化、知识化时代的旅游市场营销,将突破传统旅游企业营销组织的"瓶颈",克服垂直结构所导致的层次多、信息传递时间长等局限性。扁平化是营销组织重构的一大趋势,灵敏适应是基本要求。国内旅游企业营销组织要国际化,组织设计要适应参与国际旅游市场竞争的需要,营销活动和管理活动都要符合国际惯例。对于有能力走向全球的旅游企业来说,营销组织要当地化,以符合各国旅游市场差异性的要求。

面对知识化的旅游者,旅游企业经营者不能再把他们视为"商战"胜利者的战利品,建立与旅游者的战略联盟关系将是旅游企业营销孜孜以求的目标。关注游客需求将比关注旅游产品更为重要,关注游客购买的便捷性比关注销售渠道更有意义,关注游客价值将比关注旅游产品价格更有效,重视人文化的沟通、引导理性消费比促销更能打动游客的心。旅游需要是高层次的需要,以对旅游者进行情感上关爱为主的柔性化营销将能赢得竞争的优势。

旅游市场营销管理也趋向柔性化。传统的"权力控制型"旅游企业管理模式将被"学习型""创新型"管理模式所取代,"知识经济以人为本"理念将深入人心,在共同目标下通过建立自主管理的团队,充分发挥每位员工的主动性、创造性,从而提高营销管理对旅游市场的适应性和反应的快捷性、灵敏性。

知识经济的兴起,国内市场国际化、国际市场国内化,将给旅游企业营销带来深刻的变革。创新是旅游市场营销变革的主旋律,知识型旅游者的需求变化是旅游市场营销创新的根本原因,理念创新是先导,营销战略创新、营销策略创新是核心内容,营销管理创新是可靠的保障手段。

第二章 当代旅游市场分析与定位研究

旅游企业面对着成千上万的旅游者,他们分散于不同的地区,需求和欲望千差万别,并随着很多因素的变化而变化,因此,一个旅游企业不可能满足市场上全部顾客的所有需求。又由于旅游企业资源、设备、技术和人员等方面的限制,一个旅游企业也不可能满足全部顾客的不同需求。本章将对旅游市场进行基本分析,学习旅游目标市场的选择及其定位,了解旅游企业是怎样满足不同顾客的不同需求的,同时学习和掌握当代旅游景区市场营销的基本特征。

第一节 旅游市场的基本分析

旅游市场细分是目标旅游市场选择和旅游市场定位的前提,旅游企业通过市场细分,可以更好地识别市场机会,进而结合本企业能力抓住最有利可图的机会。

一、对市场的认识

"市场"一词多年来逐渐有更多层含义。按照它的本义,市场是买卖双方聚在一起交换其商品和服务的场所。到目前市场营销已经历了三个阶段:

(1)大规模营销。在大规模的营销阶段,卖家将一种产品以批量的形式出产、分销和促销给所有的购买者,如早期麦当劳曾一度只生产一种规格的汉堡,向所有市场销售,希望能吸引所有顾客。

(2)商品的多元化营销。在这个阶段,卖家生产几种产品,它们在风格、特征、质量上都有不同,早期旅游线路的设计目的是为了给游客提供不同的选择,而不是想吸引不同细分市场的游客。

(3)目标市场营销。在这个阶段,卖家识别各个细分市场,选择其中的一个或几个,针对每个选定的细分市场制定产品和营销组合。目标市场营销过程中的主要三个步骤如图 2-1。

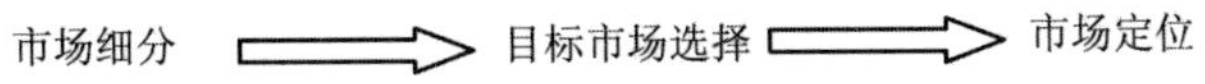

市场细分 ➡ 目标市场选择 ➡ 市场定位

图 2-1

第一步：市场细分，将市场分割成不同的购买群体，这些群体可能需要不同的产品组合或营销组合。

第二步：目标市场选择，先对每个细分市场的吸引力进行评估，然后选择一个或多个细分市场。

第三步：市场定位，即为产品进行竞争性定位，最终制定适当的营销组合战略。

二、市场细分的概念

市场细分的概念是由美国市场学家温德尔·史密斯于 20 世纪 50 年代中期提出来的。市场细分是指营销者通过市场调研，依据消费者的需要和欲望、购买行为和购买习惯等方面的差异，把某一产品的市场整体划分为若干消费者群体的市场分类过程。每一个消费者群就是一个细分市场，每一个细分市场都是具有类似需求倾向的消费者构成的群体。

具体就旅游市场营销中的情况而言，旅游市场细分化就是旅游营销者根据不同旅游消费者在人员特征、需要、利益追求、购买习惯等方面的差异，将整体旅游市场分解为若干细分市场的过程。这种细分以市场需求格局的相似性和差异性为客观基础。同一细分市场不论个人或团体，都有某些共同的特点，需求差别也很小；而不同的细分市场则存在较大差异。旅游企业通过市场细分，制定不同的营销组合，不同的旅游产品、价格、营销渠道、促销方法等，以便更好地满足各种旅游消费者的需要，获得经济、社会效益。

由于旅游是一种综合性很强的高层次消费活动，旅游市场具有非常鲜明且仍在发展的异质性特征，同时其异质性特征又表现出明显的集群偏好，这正是旅游市场细分非常明确的客观基础。在现代旅游市场竞争激烈的情况下，一个旅游点或一个旅游企业或组织，要占领一定市场份额并得到发展，必须善于分析潜在需求，善于寻找市场机会，在有利于本企业发展的细分市场上，积极、充分发挥企业经营组合的力量，以获得企业的最佳经营效果。

三、市场细分的意义

(一)有利于旅游企业确定目标市场和及时调整营销策略

市场细分后的子市场比较具体,比较容易了解游客的需求,企业可以根据自己的经营思想、方针及生产技术和营销力量,确定自己的服务对象,即目标市场。针对着较小的目标市场,便于制定特殊的营销策略。同时,在细分的市场上,信息容易了解和反馈,一旦消费者的需求发生变化,企业可迅速改变营销策略,制定相应的对策,以适应市场需求的变化,提高企业的应变能力和竞争力。

(二)有利于发掘市场机会,开拓新市场

由于旅游产品的差异性及旅游企业固有的客观局限性,旅游企业在市场上取得的优势都是相对的,而非永恒、绝对的。市场客观存在着未被满足或未被全部满足的消费需求,这些需求的存在便成为旅游企业的市场机会。通过市场细分,旅游企业可以了解不同消费者群的需求状况及满足程度,迅速占领未被满足的市场,扩大市场占有率,取得市场营销的优势。

(三)有利于集中人力、物力投入目标市场,提高经济效益

任何一个企业的资源、人力、物力、资金都是有限的。通过细分市场,选择了适合自己的目标市场,企业可以集中人、财、物及资源,去争取局部市场上的优势,然后再占领自己的目标市场。例如,分时度假方式的产生,就是酒店经营者结合自己的现实情况,然后根据某些度假旅游者多次性且间歇性购买酒店或度假村的使用权这一消费行为的特点而开发的一种营销模式。

四、市场细分的必要性

长期以来,市场细分是世界各地的旅游经营者一直都非常重视的一项战略性营销工作。这一工作之所以为旅游营销者所普遍重视,原因主要有两个。

(1)对于大多数旅游经营者来说,不论是旅游目的地还是旅游企业,由于自身条件或供给能力的限制,通常都不大可能做到有求必应,适应和满足所有旅游消费者的需要。

（2）对于有些旅游目的地或旅游企业来说，尽管它们在客观上可能具备足够的实力，有能力去满足众多不同类型旅游消费者的需要，但出于优化经营的考虑，主观上也无意为所有的旅游消费者人群提供服务。因此，不论是出于上述的哪一种原因，大多数的旅游目的地和旅游企业通常都需要对整体的旅游需求市场进行细分，以使自己能够尽可能有效地开展经营。

当然，与很多其他产业中的情况一样，有的旅游企业可能认为，所有类型的旅游消费者对自己的产品或服务都有着共同的需要，因此，它们在营销工作中并不对消费者市场进行细分，而是采用无差异的目标市场策略。这种情况在现实中也是存在的。但是，旅游业发展的实践清楚地表明，几乎所有成功发展的旅游企业，无一不是将市场细分作为自己营销工作的基础战略。

五、市场细分的原则

（一）可衡量性原则

可衡量性原则总的要求是，各细分市场的需求特征、购买行为等要能被明显地区分开来，各细分市场的规模和购买力大小等要能被具体测度。其主要包括两层含义：一是细分旅游市场所选择的标准要能被定量地测定，以便能明确划分各细分市场的界限。二是所选择的细分标准要与旅游者的某种或某些旅游购买行为有必然联系，这样才能使各细分市场的购买行为特征被明显地区分开来，为旅游营销者能有效针对不同细分市场制定营销组合提供实际可能。这也是市场细分的根本意义所在。

（二）可识别性原则

可识别性原则是指所划分出来的消费者人群必须具有某些清晰可辨的共同特点，更为重要的是，该人群中所有成员对某一旅游产品或服务都有其相同的利益追求。换言之，假定某一人群中的所有成员都对某一旅游产品感兴趣，然而如果他们对于该旅游产品的兴趣是出自不同的需要或不同的利益追求，则不宜将其划作同一个细分市场。

（三）可赢利性原则

可赢利性原则要求细分出的市场在顾客人数和购买力上足以达到有利可图的程度，即要求细分市场要有可开发的经济价值。虽然市场细分有使整体大市场小型化的趋向，但绝不能过分细分到失去规模经济效益的程度。

同时也应注意到某些细分市场虽然在整体市场中比重很小,但其绝对规模或购买力足以达到赢利水平,甚至具有很大的开发价值,如老年人旅游市场和探险旅游市场,前者绝对规模大,后者支付的费用多,因而各有开发价值;当细分市场的顾客人数规模和购买力一定时,是否有利可图还与开发成本有关,当由于外界条件的变化或者通过主观努力开发成本得以降低时,就可能使一些原本无利可图的市场变为有利可图的市场。

(四)可接近性原则

可接近性原则是指营销者要有与客源市场进行有效信息沟通的可能,同时还要具有通畅可达的销售渠道,这对于具有异地性特征的旅游市场尤为重要。假如你的旅游广告根本无法让细分市场的旅游者看到或理解,细分市场的旅游者则由于种种限制根本不可能到达旅游目的地,这样的细分市场即使开发潜力再大也没有任何价值。可行动原则是指旅游营销人员要有吸引细分市场的实际操作能力,否则再有吸引力的细分市场也没有意义。

(五)可进入性原则

可进入原则即要求细分出的市场,要使旅游产品有条件进入并能占有一定的市场份额,包括客观上要有接近的可能(可接近原则),主观上要有能开发的实力。市场细分是为确定目标市场服务的,市场细分结果中必须有本企业可能进入并占有一定份额的子市场存在,否则就没有现实意义。假如旅游广告根本无法让细分市场的旅游者看到或理解,或细分市场的旅游者受种种限制根本不可能到达旅游目的地,这样的细分市场即使开发潜力再大也没有任何价值。

(六)可占领性原则

所谓可占领性原则,是指经过细分后的旅游市场是值得旅游企业开发利用的,而且旅游企业也能够依靠现有的人力、财力、物力提供产品并为之服务。可占领性原则包括两层含义:一是细分后的子市场有相当的规模,消费者消费潜力大,值得旅游企业为之开发和提供产品;二是细分后的市场消费需求是企业能够用产品和服务去满足的,旅游企业能充分利用现有的生产经营条件按照消费需求特点提供适销对路的产品和服务。

(七)规模性原则

这一市场细分原则通常是指,所划分出来的细分市场必须具备足够大的规模。衡量规模是否足够大的真正标准是本企业是否值得投入资源针对这一人群开展营销。换言之,这里所称的规模性,其真实含义不一定是指该细分市场的人群规模如何可观,而是指该细分市场必须能够为本企业带来足够大或令人满意的投资回报。也就是说,在该细分市场上所能实现增加的利润必须大于自己为争取该细分市场而需投入的资金,即所能实现的收益必须超过所投入的费用。事实上,通过观察旅游业中的营销实践,我们不难发现,有些消费者人群虽然规模似乎不大,却能够给经营者带来令人满意的经济回报,因而也被划分出来区别对待,从而成为特定的细分市场。

(八)稳定性原则

严格的旅游市场细分是一项复杂而又细致的工作,因此要求细分后的市场应具有相对的稳定性。如果变化太快、太大,会使制定的营销组合很快失效,造成营销资源分配重新调整的损失,并形成企业市场营销活动的前后脱节和被动局面。这也意味着企业的营销战略相当长时期内要尽量维持不变,有利于企业减少营销风险,取得稳定发展。

(九)合适性原则

该市场对旅游企业来说必须是一个合适的目标市场。不是所有的细分市场都适合每个旅游企业,即便它是巨大的或是能明确区分的市场。细分市场还要考虑到旅游企业是否能提供相应的产品,以及该市场已有的竞争者数量。例如,一个专项旅游公司不会将它的目标定位于大众旅游市场,尽管它是一个庞大的市场。

六、市场细分的标准

(一)地理变量细分

在旅游业的市场细分工作中,根据地理变量对客源市场进行划分是一种最常见的做法。旅游市场地理变量细分,是旅游企业按照旅游者居住地所在的地理位置及自然环境的差异来细分旅游市场。根据地理因素细分市场,是一种传统的、至今仍然得到普遍重视的细分方法,这种细分方法比较简单易行,且资料容易得到。下面列举几种常见的地理变量细分标准。

1.按六大旅游区细分

世界旅游组织(WTO)根据地区间在自然、经济、文化、交通以及旅游者流向、流量等方面的联系,将世界旅游市场细分为六大旅游区域,即欧洲市场、美洲市场、东亚及太平洋地区市场、南亚市场、中东市场和非洲市场。在这六大旅游市场中,欧洲市场、美洲市场在接待人数、旅游收入以及市场占有率等方面占据着霸主地位,它们不仅是世界旅游市场上主要客源输出地,也是世界旅游市场的主要接待地。东亚及太平洋地区是近年接待量增长最快的市场,且越来越多的国家或地区成为客源输出地。

2.按国别进行细分

按国别进行旅游市场细分的方式,是旅游目的地国家或地区细分国际旅游市场最常用的形式。由于国界因素的强化,一国内部的消费需求往往有许多相似性,而国与国之间则往往出现较多的差异性。这些差异性表现在旅游者的文化习俗、购买能力、带薪假期等方面。

3.按地理区域细分

按地理区域细分旅游市场,可分别根据自然、经济、人文三大方面因素对旅游需求特征的不同影响来加以考虑。如我们可根据各国各地区的人均国内生产总值来细分国际旅游市场;又如,根据宗教信仰对旅游需求的影响,我们可针对中东市场、南亚市场、东南亚市场旅游者的不同宗教信仰,分别开发相应的旅游产品和设计相应的营销方式。

4.按照客源国与接待国之间的距离细分

按照客源国与接待国之间的距离,可将旅游市场分为远程、中程或近程旅游市场。一般来说,远程旅游需要时间较长,旅游消费较高,游客多属经济比较富裕、闲暇时间充裕、生活条件十分优越的中上层人士。随着交通工具日趋现代化,旅游的空间距离和时间距离的相对缩短,远程旅游也有逐渐发展的趋势。近程旅游是指旅游客源国和目的国之间的距离短,甚至是相邻国家间的旅游活动。短程旅游由于旅途的时间短,旅途的消费也相应减少。因此常被那些空闲时间短、收入水平一般的游客所采用,如欧洲各国之间的国际旅游活动。

(二)人口统计变量细分

人口统计细分是指将旅游市场按照人口统计学变量划分成不同的群体,这些统计学变量(年龄、收入、教育程度、职业、种族、性别、宗教信仰、家庭规模、社会阶层等)往往易于识别和衡量。这一市场细分做法的优点在于:第一,人口统计资料比较容易获得;第二,与其他细分标准相比,人口统计因素变量更容易测量或量化;第三,通过对人口统计因素变量的分析,有助于揭示旅游客源地的人口变化趋势,从而有助于获知该客源地旅游需求的发展动向。人口统计变量是划分消费者群体最通用的依据。旅游企业可以选择其中的一个或几个变量作为划分的依据,例如以下几种。

1. 年龄

人口年龄变量是细分旅游市场最主要的变量之一。旅游市场按年龄变量可分为儿童市场、青年市场、中年市场、老年市场。各类年龄层次不同的细分市场,其需求特点也有明显的不同,旅游企业必须采取不同的营销措施加以应对。老年人旅游市场也是比较引人注目的市场。老年人一般有经济积累,闲暇充裕(尤其退休者),旅游兴趣较浓,以观光休养、探亲访友者居多。随着世界人口老龄化的加剧,如何进一步开发老年人旅游市场已成为世界旅游业广泛关注的课题。中年旅游市场规模占旅游市场总规模比例最大,中年旅游者是各旅游企业竞相争夺的对象,是商务旅游、观光旅游的主力。青年人旅游市场虽然总体消费水平不高,但仍是一个人数众多、不容忽视的市场,青年人精力、体力都处于最佳状态,无论时间或金钱的障碍几乎都不能阻挡其旅游的激情。少儿旅游市场也有其自身特点,需要旅游营销者加以注意。尤其在我国,由于实行独生子女、单独两孩政策,以及中国社会文化固有的特点,少儿的消费水平往往高于一般成人,加上对少儿教育的重视,修学旅游应该具有广阔的市场前景。

2. 性别

不同性别对旅游的需求不同,可细分为男性旅游市场和女性旅游市场。男性旅游者与女性旅游者对旅游服务和项目的需求表现出一定的差别。一般而言,男性游客独立性较强,更倾向于知识性、运动性、刺激性较强的旅游活动;而女性游客更注重旅游目的地的选择,较喜欢结伴出游,注重自尊和人身与财产安全因素,喜好购物,对价格较敏感。随着经济的发展和人们生活观念的改变,近年来女性旅游者人数呈增长趋势。一些旅行社开始关注女性旅游者的旅游需求,一些酒店也引进了专为女性商务旅游者准备的设施、设备和服务项目,如为女性客房提供烫熨衣板、窥视孔和封闭门锁、特殊衣架和新鲜的水果篮等。

3. 收入、职业、受教育程度

收入、职业与受教育程度往往是相互关联的。由于旅游是具有审美性的高层次消费活动,因此,消费者受教育程度与职业特征直接影响旅游需求的程度、层次、类型、时机与内容。一般受教育程度越高,旅游需求层次、品位亦越高。

4.家庭生命周期

单身青年被称为"单身贵族",在经济上虽不富裕,但喜欢旅游,单身青年旅游市场是很有潜力的旅游市场;新婚夫妇尚无小孩,出去旅游的可能性较大,有了小孩而小孩又在婴儿期中旅游的可能性较小;到孩子长到少年期,全家出去旅游的可能性增加,对健康型旅游产品情有独钟。孩子长大离家后即所谓的"空巢期",老年夫妇出去旅游的可能性增加。

(三)心理变量细分

心理变量细分,就是按照旅游者的生活方式、个性等心理因素来细分旅游市场,心理细分因素十分复杂,是一个内涵十分广泛、丰富的概念,它不仅与旅游者的收入有关,而且与旅游者的文化素养、社会地位、价值观念、职业等因素密切相关。运用心理因素这一变量细分市场是一项非常复杂的工作,每一类旅游消费者,均体现出不同的特点。因此,旅游企业需要有针对性地开发旅游产品和拟订营销方案,吸引不同类型的旅游者。如根据生活方式,旅游市场可分为需求促使者、按外界标准行事者和按自我意图行事者。

(四)行为变量细分

行为变量细分是指根据旅游者对某一产品和服务的认知、态度、使用情况及反应,将市场划分为不同的消费群体。不同类型的旅游者在行为上会有很大的差异性,据此进行市场细分往往是许多营销人员的最佳选择。简单介绍几种按行为变量细分的方法。

1.按旅游目的细分

按旅游目的来细分是一种非常基本的方法,其实质是按消费者购买旅游产品所追求利益的侧重细分。它为旅游产品的开发设计和营销组合的制定提供了主要依据,可以确定旅游产品的主要类别。目前以此变量为标准,主要可细分出以下五个大的市场:观光旅游市场,度假旅游市场,会议、商务旅游市场,奖励旅游市场,探亲访友旅游市场。

2.按购买形式细分

购买形式是指旅游者购买旅游产品过程的组织形式和所通过的渠道形式。依据购买组织形式变量将旅游市场细分为团体市场和散客市场,是旅游市场最基本的细分形式之一。近年,散客市场在世界范围内得到很大的发展,已成为世界旅游市场的主体。在这一市场中,游客的旅游形式发展也日益复杂多样,出现了独自旅游、结伴同游、家庭旅游、小组旅游、驾车旅游、徒步旅游等形式。

3. 按购买数量和频率细分

旅游者按购买旅游产品的数量和频率特征来细分,可分为较少旅游者、多次旅游者和经常旅游者。这种市场细分,有利于深入描述探析不同购买数量特征的旅游群体在人口属性与心理特征、媒介习惯方面差异的深层原因。这一变量因素也反映了旅游者对某一旅游产品的忠诚度。

4. 按旅游者购买旅游产品所追求利益的侧重细分

根据旅游者购买旅游产品所追求利益的侧重,可以适时开发专项旅游产品以满足其需求。如为新婚旅游者设计浪漫、舒适、愉快、安静的旅游产品,为商务客人提供优质快捷的旅游服务,为工薪阶层、学生提供质优价廉的旅游产品等,都是基于旅游者对旅游产品追求的利益基础之上。

七、市场细分的方法

(一)单一变量因素法

单一变量法即根据影响旅游者需求的某一最重要变量因素进行旅游市场细分。此种方法只能作为市场细分的起点对旅游市场做较粗略的划分。如依据性别变量将景区游客分为男性和女性两个细分市场,细分后的市场特征比较鲜明。这种方法一般只适用于产品通用性较强、选择性较弱的市场。在大多数情况下,此方法只能作为对市场细分的起点,即先期用此方式对市场做比较粗略的划分。

(二)综合变量法

综合变量法即根据影响旅游者消费需求差异的两种及两种以上变量因素对旅游市场进行细分,如可同时以家庭收入、年龄等变量因素细分度假旅游市场。在变量因素的选择上,要注意选择与一定旅游产品消费需求有关且影响突出的变量来综合分析。这样细分出的市场比单一变量细分出的要多很多,但此方法并非要运用与消费需求有关的所有变量因素,而是要选择几个对形成消费需求差异影响突出且取得有关信息的成本又比较适宜的因素。

(三)系列变量因素法

根据企业经营的特点并按照影响消费者需求的诸因素,由粗到细地进行市场细分。这种方法可使目标市场更加明确和具体,有利于企业更好地制定相应的市场营销策略。如旅游市场,可按地理位置(国际、国内)、性别(男、女)、年龄(儿童、青年、中年、中老年)、收入(高、中、低)、职业(工人、农民、学生、职员)、购买动机(观光、探亲、朝拜、康体等)等变量因素细分市场。

(四)完全细分法

这是一种极端形式的市场细分方式,即根据每一位旅游者消费需求的差异,最终将每位旅游者分割为一个特定的细分市场,这被称为完全细分法。采取这种细分方法的最终目的,就是要针对每位旅游者的不同需求,为他们"定制"满足其特殊需求的产品和服务,也即实施"定制"营销。显然,由于"定制"营销的成本太高,完全细分法在绝大多数情况下都不可能被企业所采用。但在某些特殊市场上,此法仍不失其有效性。例如,对于旅游业的某些具有很高个人消费水准的市场,尤其是某些高级别的商务旅游者市场,就完全可以采用本市场细分法。

八、市场细分过程中应注意的问题

在开展市场细分工作时,旅游营销者需要注意以下三个方面的问题。

第一,在市场细分工作中,可用于对客源市场进行细分的依据或标准有很多。这些依据或标准只有得当与否之别,并无优劣之分。因此,对于不同的旅游企业来说,应注意的是,要根据本企业的具体情况选择使用对自己真正具有实际意义的市场细分依据或标准,而不宜机械地照搬他人的经验。

第二,但凡有效的市场细分工作,很少是单独使用某一项市场细分依据,往往是将多项依据结合起来使用。以旅游景区景点为例。营销者往往先以空间距离为依据,将国内旅游客源市场划分为若干地域市场,然后以人口统计因素或其他适用的变量为依据,对各个地域市场内的潜在旅游消费者进行人群细分,最后从中选择并确定自己的目标市场组合。再以住宿企业为例。传统上讲,住宿企业一般先是按客人的出行目的或来访目的对客源市场进行划分,然后以地理因素为依据,更精细地锁定自己的目标市场。当然,在实际工作中,某些住宿企业在对客源市场进行细分时,会涉及为数更多的细分依据。有必要说明的是,虽然我们在此强调多项细分依据的综合并用,但这并不意味着不可使用单一依据。事实上,有的中小型旅行社企业常会采用单项依据——如依据顾客的出行目的,或者依据人口统计因素——对市场进行细分,并且做得非常好。

第三,随着时间的推移和社会环境的变化,适用于对市场进行细分的依据标准有可能也会发展和变化。此外,即便是同一项标准,在不同的时空条件下,对旅游消费者购买行为的影响程度也会不尽相同。因此,对于所选用的市场细分依据,旅游营销者有必要根据时空变化的具体情况,适时做出修订。

第二节　旅游目标市场的选择及其定位

旅游市场细分是目标市场选择和市场定位的基础,是企业实施旅游市场营销组合策略的前提。旅游目标市场是指被旅游企业选出并准备进入的细分市场。对旅游市场进行细分后,旅游企业需要从一系列细分市场中锁定最适合的细分市场作为准备进入的目标市场。在充分分析目标市场竞争态势的基础上,确定目标市场的营销策略。

一、旅游目标市场的选择

目标市场是指旅游企业在市场细分的基础上进行营销活动所要满足其需求的消费者群体。这一类的消费者群体的市场需求成为旅游企业的主要经营对象。旅游企业在市场细分化的基础之上,结合企业自身的资源条件选择和确定目标市场,明确企业的具体服务对象,实施相应的目标市场营销策略,是实现企业顺利运作、提高经济效益的重要途径和手段。

(一)旅游营销者在目标市场过程中要做的工作

1.分析所划分出来的各个细分市场的销售潜力

在市场细分的基础上,旅游营销者需要针对所划分出来的各个细分市场,分别分析和评价其销售潜力,并根据各个细分市场销售潜力的大小,对这些细分市场进行排序。逻辑上讲,假定不考虑其他因素,一个细分市场的销售潜力越大,就越值得将其选为目标市场。然而实际上,能否将其选定为目标市场,还取决于是否存在其他因素的制约。这意味着,旅游营销者接下去还需要对以下几个方面加以考虑和分析。

2.考虑和分析本企业的供给实力

某一细分市场的销售潜力巨大,并不一定意味着该细分市场注定就是本企业应当选择的目标市场。原因在于,旅游营销者还需考虑本企业是否有实力开发和提供该细分市场所需要的产品或服务,以及是否有足够的营销能力对该细分市场施加影响。如果对这些问题的答案是否定的,那么不论该细分市场的销售潜力多么诱人,营销者都应放弃将其选为本企业的目标市场。即使对这些问题的答案是肯定的,也不一定意味着能够将该细分市场选为本企业的目标市场,因为营销者接下去还需要考虑和分析竞争状况。

3.考虑和分析竞争状况

在某一细分市场的销售潜力可观,并且该细分市场没有被竞争对手所垄断、仍存有很大竞争空间的情况下,本企业无疑应将该细分市场选作自己的目标市场。但是,如果该细分市场在很大程度上已经为竞争对手所垄断,旅游营销者就需要考虑,与竞争对手相比,面向该细分市场经营是否更有利于发挥本企业的优势。如果在面向该细分市场开展经营方面,本企业比竞争者更具优势,从而有足够的实力与之竞争,那么尽管该细分市场目前在很大程度上已为竞争对手所垄断,本企业仍可将该细分市场选作自己的目标市场。反之,如果本企业在面向该细分市场开展经营方面没有什么明显的优势,无法与强大的竞争者匹敌,那么在这种情况下,即使该细分市场的销售潜力再诱人,也不宜将其选为本企业的目标市场。

(二)旅游目标市场选择的依据

1.各细分市场规模和增长率

旅游企业选择某一或某些细分市场作为旅游目标市场,其最终目的是期望旅游企业进入该领域后具有理想的长期盈利能力。因此,潜在细分市场要具有适度规模和合适的预期增长率,才具有一定的市场发展潜力,才能成为服务企业进入的驱动力。

市场规模和预期增长率是一个相对的概念,对实力雄厚的大企业来说,它是指规模大、增长速度快的细分市场;而对中小企业而言,由于其资源和实力的有限性,则是指不被大企业看好的、规模较小、增长速度比较平缓的市场。但无论是实力雄厚的大企业还是实力相对较弱的中小企业,都必须考虑目前的销售量和预期增长率,选择自身条件与这两项指标相适应的细分市场作为目标市场。

一般说来,理想的细分市场是具有较高的现实销售额、高增长率和高利润贡献的细分市场。值得注意的是,最大、最快速增长的细分市场并不适合任何公司。较小的公司可能发现它们缺少相应的技术和资源来为较大的细分市场服务,这些公司可能倾向于选择一些较小的、不太有吸引力的细分市场,这样可以避开与大旅游企业的竞争,在这些市场上获得更多的利润。

2.细分市场结构吸引力

一个具有适当规模和成长率的细分市场,又可能缺乏盈利潜力。著名管理学家波特认为,决定一个市场或一个细分市场的长期盈利潜力的因素有五个,即行业竞争者、潜在进入者、替代者、购买者和供应者。

在一个细分市场中如果许多势均力敌的竞争者同时步入或参与该细分市场,或者一个细分市场上已有很多颇具实力的竞争企业,那么,该细分市场的吸引力就会下降,尤其是当该细分市场已趋向饱和或萎缩时。进入者既包括在其他细分市场中的同行企业,也包括那些目前不在该行业经营的企业。如果该细分市场的进入障碍较小,则该细分市场的吸引力也会下降。替代者的产品从某种意义上限制了该细分市场的潜在收益。替代品的价格越有吸引力,该细分市场增加盈利的可能性就被限制得越紧,从而使该细分市场吸引力下降。购买者和供应者对细分市场的影响表现在他们议价的能力上。如果某细分市场,购买者的压价能力很强,或者供应者有能力抬高价格或降低所供产品的质量或服务,那么该市场的吸引力就下降。即使某个细分市场具有一定规模和发展特征,并且其组织结构也有吸引力,公司仍需将其本身的目标和资源与其所在细分市场的情况结合在一起考虑。某些细分市场虽然有较大吸引力,但不符合公司长远目标,因此不得不放弃。这是因为这些细分市场本身具有吸引力,但是它们不能推动公司完成自己的目标,甚至会分散公司的精力,使之无法完成主要目标。

(三)旅游目标市场选择的步骤

1.评估细分市场

(1)市场潜量估算

对于尚未开发过的旅游细分市场,可通过抽样调查获得一定时段可能形成的旅游消费人次和平均意愿消费价格,两者的乘积可作为市场潜量估算值。对于已经开发的各旅游细分市场,可将已有的一定时段的旅游消费人次和旅游消费水平之乘积作为市场潜量估算值。此外,也可将各旅游细分市场在一定时段内各自的总销售额作为一定旅游企业市场潜量的参考值。

（2）销售潜量估算

本企业（或旅游地）在各旅游细分市场上的销售潜量估算值就是其市场潜量与市场占有率的乘积。此外，本企业在各旅游细分市场上的现实销售额也可作为初选细分市场的价值评定基础。

2. 分析各细分市场的销售增长潜力

对于已经开发的各旅游细分市场，营销者还应根据现有资料进一步对各细分市场的整体销售额和本企业在各细分市场的销售额的增减趋势做出分析，并分别计算出相应的销售增长率，以评价各细分市场整体的销售增长潜力和本企业在各细分市场上的销售增长潜力。

3. 对被选的细分市场进行赢利潜量测评

无论市场潜量还是销售潜量，都不能表明企业的市场赢利潜量，因为企业的赢利潜量不仅仅与这些因素有关，还与经营成本和竞争态势有关。所以，我们应认真测算为了提高有关细分市场的销售额而可能增加的招徕费用和接待费用等，尤其要注意销售量、销售额与固定经营成本和可变经营成本的关系。有时销售量大的旅游细分市场，由于实际销售额不高，而经营成本却不低，造成赢利不佳，如接待有些折扣率较高的团队，情况即是如此。

（四）旅游目标市场的策略

1. 无差异性营销策略

如果一个旅游目的地或旅游企业通过营销调研与分析工作的开展，认为所有旅游消费者对自己的产品或服务都有着共同的需要而不存在需求差异，则往往会决定将该产品或服务以同样的价格、同样的促销方式和同样的销售渠道安排，面向所有的旅游消费者开展经营。对于这样一种将所有的旅游消费者都作为自己的同一目标市场，凭借同一套营销组合去吸引和招徕广大旅游消费者的经营策略，人们通常称之为无差异目标市场策略，简称无差异市场策略。总的来说，无差异性市场营销策略是指旅游企业将整体旅游市场看作一个大的目标市场，以一种产品组合、一种营销组合去满足所有旅游者需求的策略。这种营销策略不管细分市场的差异，旅游企业所设计的产品和营销方案，都是针对大多数旅游者的。

这种策略的优势在于：第一，有利于提高服务技巧和劳动效率，易于形成垄断性的名牌旅游产品的声势和地位;第二,产品线单一,便于组织大批量生产,从而有助于降低单位产品的成本,增大产品在市场上的价格竞争力;第三容易形成名牌超级产品的声势,我国的长城、长江三峡等旅游产品基本上是由此创出牌子的;第四,由于将所有消费者都作为自己的目标市场,无须对整体市场进行细分,因而可以节省有关市场细分工作的调研开支。此外,由于面向所有消费者人群实施同一套促销方案,因而促销费用也相对较少。

无差异性营销策略的缺点在于:第一,市场适应能力差,单一的市场策略不易满足具有多种多样需求的旅游者。因为单一产品要以同样的方式广泛销售并受到所有购买者的欢迎,这几乎是不可能的。第二,加剧了市场竞争,从而降低了经济效益,增加了企业的经营风险。当有若干旅游企业都采用此策略时,在较大的子市场的竞争将会日益激烈,而在较小的子市场需求将得不到满足。由于较大子市场内的竞争异常激烈,因而往往是子市场越大,利润越小。第三,就整个市场供给而言,这种无差异目标市场策略的实施,势必会造成对规模较小的细分市场的忽略,从而丧失可能存在的市场机会。

因此,本策略主要适用于供不应求或竞争较弱的旅游产品市场,如少数垄断性较强的旅游产品市场、初上市的旅游产品市场等。事实上,随着旅游市场竞争的加剧,旅游企业采用本策略的机会越来越少。

2.差异性营销策略

在对整体消费者市场进行细分的基础上,将所有各个细分市场都作为自己的目标市场,或者选择其中多个细分市场作为自己的目标市场,然后针对每一个目标市场的需要和特点,分别为其设计相应的产品或服务,并以不同的营销组合方式分别面向各个目标市场人群开展营销,以加深他们对这些产品或服务的了解与认识,提高本企业或旅游目的地在这些目标市场中的地位。这样的一种目标市场策略便是市场营销研究中所称的差异性目标市场策略,简称差异性市场策略。例如,饭店向客人提供单人间、标准间、普通套房、豪华套房以至总统套房等不同规格、设施、价格的客房体系;旅行社向市场推出同一线路的三日游、五日游、七日游以适应假期长短不一、支付能力不同、兴趣各异的顾客群。

这种策略的主要优点表现为:第一,能更好地满足各类旅游者的不同需求,有利于提高旅游产品的竞争力和扩大旅游企业的总销售额。第二,有利于取得连带优势。如果一个旅游企业在数个细分市场都取得较好的经营业绩,就能树立起旅游者所信赖的、声誉很高的企业形象。第三,有利于降低企业经营风险。由于同时经营数个细分市场,即使部分市场顾客偏好或竞争形势发生变化,一般也不至于"全军覆没"。

差异性目标市场营销的缺点在于:第一,由于差异性营销带来生产经营成本与营销宣传费用的增加,难以使旅游企业取得规模效益;第二,经营目标市场数量越多,越会影响经营效率,使旅游企业管理难度加大;第三,多元化分散经营可能使企业的资源配置不能有效集中,影响某些优势的发挥。旅游企业在采用差异性目标市场策略时,必须保证所选定的目标市场由于总销量扩大所带来的收益要大于营销总成本费用的增加。

旅游企业在具体采用此策略时应注意以下几点。

(1)必须保证所选定的目标细分市场在实施此策略后,由总销售量的增加所带来的收益大于其营销总成本费用的增加。

(2)此策略的实施程度一般应与当时市场竞争所需要的程度相一致。

(3)实力较弱小的旅游企业一般不宜采用这种策略。

3.集中性营销策略

集中性市场营销策略是指旅游企业把其全部资源力量集中投入在某一个或少数几个细分市场上,实行专业化的生产和经营的策略。集中性市场策略是以某一个或少数几个市场为目标市场,在有限范围的目标市场上集中力量以求拥有尽可能大的市场占有率。

这种策略的优点是:第一,通过专业化降低营销费用;第二,有利于旅游企业在一个或几个细分市场建立稳固的地位;第三,有利于旅游企业扩大销售,提高利润率。

集中性市场差异营销策略的缺点是:由于目标市场狭窄,因此一旦该市场人群的需求或兴趣潮流发生变化,或者一旦该供给领域中出现强大的竞争者,企业可能会迅速陷入困境。

因此,采用集中性市场差异营销策略要冒一定风险。市场情况变化和市场竞争的激烈化,往往促使企业将目标市场分散成几个细分市场,减少经营风险。

(五)旅游目标市场策略的选择

上述三种目标市场策略各有其优缺点,旅游企业在选择市场的覆盖策略时必须考虑到许多因素。

1.旅游企业自身实力条件

此条件包括旅游企业的人、财、物、技术与信息资源,产品及营销组合设计能力,接待管理能力,招徕促销能力等。这些条件对于确定目标市场经营范围的大小有决定性影响。一般来讲,如果本企业的供给实力雄厚,营销能力很强,那么在面向广大旅游消费者市场开展经营时,应考虑选择采用差异性目标市场策略。反之,如果本企业的规模较小,供给实力有限,无力与那些重量级的竞争者在同样的客源市场上抗衡,那么,最为稳妥的选择应是寻找某些既有市场价值又不为竞争者所看重的空隙市场,并采用集中性目标市场策略开展经营

2.旅游企业资源状况

当旅游企业资源十分丰富即生产、经营和管理能力很强时,可采取差异性或无差异性旅游目标市场策略;当旅游企业实力较强时,可选择差异性或集中性旅游目标市场策略;当旅游企业实力较弱、资源有限时,可选择集中性旅游目标市场策略。

3.旅游产品或服务的特点

同质性旅游产品或服务,如旅游饭店同等档次的客房、旅游航空客运服务等,由于其差异性小,替代性很强,竞争主要集中在价格上,较适宜实行无差异性市场策略。而对于一些差异性较大、旅游者选择性很强的旅游产品或服务,如特色旅游线路产品、旅游餐饮服务等,则适宜采用差异性市场营销策略或集中性市场营销策略。

4.旅游产品生命周期

旅游产品的生命周期分为导入期、成长期、成熟期和衰退期四个阶段。对于新开发的旅游产品在刚投放市场、处于投入期或成长期时,同类竞争者少或较少,旅游者了解不多,可采取无差异性旅游目标市场策略;在成熟期,市场竞争激烈,可采取差异性或集中性旅游目标市场策略,以便有针对性地满足不同旅游者的需求,从而有利于确立本企业产品的市场地位。当旅游产品进入衰退期,则应采用集中性市场营销策略收缩旅游企业的产品线,以便保持部分市场,延长旅游产品的生命周期。

5.旅游市场需求状况

当旅游市场上的消费者在某一时期的需要与偏好及其他特征很接近,市场类似程度很高时,适宜采用无差异市场策略,如旅游交通市场。而对于旅游者需求异质程度很高的旅游产品市场,一般要采用差异性市场策略或集中性市场营销策略。

6.旅游市场竞争状况

就一般情况而言,如果本企业的竞争对手所采用的是无差异目标市场策略,那么本企业也应采取同样的策略,并通过加大营销力度与之抗衡。否则,本企业将丧失市场份额,使自己处于不利的地位。出于同样的原因,在竞争对手采用差异性目标市场策略的情况下,本企业一般也应以同样的策略加以应对,并且力争在市场细分方面做得比竞争对手更加精细,从而以更为有效的差异性目标市场策略与之竞争。当然,如果营销者觉得本企业势单力薄,实力不济,难以同竞争者抗衡,则应考虑选用集中性目标市场策略。

7.旅游市场营销环境

旅游市场营销环境可影响旅游市场的供给和旅游者消费行为,由此影响旅游企业对目标市场策略的选择。一般来说,在供小于求的卖方市场上,可采用无差异目标市场策略;而在供大于求的买方市场上,则适宜采用差异性或集中性目标市场策略。

二、旅游目标市场的定位

市场上往往会有一些捷足先登的竞争对手,率先树立了独特的形象。市场上的后来者就面临着一个如何使自己的产品与现存的竞争对手在市场形象上相区别的问题,这就是市场定位问题。所谓旅游市场定位,是指旅游企业根据目标市场上的旅游者偏好、竞争状况及自身优势,确定自身产品在目标市场中应有的竞争位置。其宗旨就是力图在旅游者对同类产品的某一特定选购因素中,形成旅游企业产品排列第一的特色形象地位。

(一)影响旅游目标市场定位的因素

旅游产品的市场定位一般需考虑下列因素:

(1)旅游产品的基本有形属性特征,如服务地点、服务人员和服务设施等。

(2)旅游产品的基本性质特征,如安全性、舒适性、刺激性等。

(3)旅游产品的档次,它由服务水平、服务质量和服务价格等综合决定。

(4)旅游产品的使用目的和范围,通常由具体服务方向和服务内容所决定。

(5)旅游产品的使用者,即把一定旅游产品与某一类旅游者联系起来。

(二)旅游目标市场有效定位的三要素

1.树立本旅游企业旅游产品一定的市场形象

树立市场形象可从旅游产品自身的有形特征与无形属性入手,如强调旅游企业的地理位置或服务水平方面的特征,也可以从旅游者对旅游产品的心理趋向入手,如澳大利亚的旅游促销口号"澳大利亚,奇妙的感受",就传达了这方面的市场形象。

2.确定旅游者购买一定旅游产品的所获利益

旅游者对某种利益的要求是促成购买行为的决定性因素,也是有效市场定位中要考虑的最重要因素。核心利益是旅游者购买旅游产品的原因所在。新奇的经历、舒心的休息都可能是旅游者对旅游产品核心利益的追求。旅游企业为旅游者提供附带服务项目,如代购车、船、机票,代客邮寄,附赠小礼品等还可使旅游者得到附加利益。旅游服务设施的艺术风格、旅游服务人员对旅游者自尊心的满足等,都可能构成旅游者购买旅游产品的利益追求。

3.形成本旅游企业旅游产品与市场上同类旅游产品的区别

这是形成本企业旅游产品特色的必备条件,否则旅游企业只能树立雷同的市场形象。不论看上去有无区别,都必须充分挖掘本企业与竞争对手在同类旅游产品上的区别。

(三)旅游目标市场定位的步骤

1.发掘竞争优势

首先要了解目标市场上旅游者需要什么,其需要的满足程度如何。旅游市场定位能否成功的关键,在于企业能否比竞争者更好地了解旅游者,对市场需求和服务(包括产品、价格、渠道、促销)之间的关系有更深刻和独到的认识。其次,对在目标市场上竞争者做了什么,做得如何,包括对竞争者的成本和经营情况,做出准确的估计。

2.选择竞争优势

选择竞争优势即运用一定方法对本企业产品的若干竞争优势加以具体评价,以准确确定企业产品的定位优势。选择竞争优势通常采用评分法,即就本企业产品可能具有竞争优势的若干因素(如服务质量、服务设施、地理位置与环境因素等),让有关专业人员和顾客同时给本企业和竞争者的产品评分,以优选出本企业产品的市场定位因素。

3.凸显竞争优势

要使企业的竞争优势发挥作用,影响旅游者的购买决策,还需要以产品特色为基础树立鲜明的市场形象,通过积极主动地与旅游者沟通,引起旅游者的注意和兴趣,获得旅游者的认同。有效的市场定位并不取决于企业是怎么想的,关键在于旅游者是怎么看的,市场定位的成功直接反映在旅游者对企业及其产品所持的态度和看法上。旅游者对企业的认识不是一成不变的。由于竞争者的干扰或企业与顾客之间沟通不畅,会导致市场形象模糊、旅游者对企业的理解出现偏差、态度发生逆转等。因此,树立了企业的市场形象,还应不断地向旅游者提供新的论据和观点,及时纠正与市场定位不一致的行为以巩固市场形象,维持和强化旅游者对企业的看法和认识。

(四)旅游目标市场定位的方法

1.根据产品特色或特殊用途进行定位

这是最为常见的一种定位方法,即根据自己产品的某种或某些优点,或者说是根据目标顾客所看重的某种或某些利益进行定位。当企业某种特性超出竞争对手水平时,企业就应在市场上重点强调产品的这些特性,以推进市场的认可,实行市场定位与产品差异化结合起来。

2.根据"质量价格"进行定位

"质量—价格"反映了消费者对企业产品实际价值的认同程度,即对产品"性价比"的分析判断。按产品的"质量—价格"定位主要包括两种情况:第一种情况是强调质量—价格相符。例如,在企业产品价格与同类产品相比更高的情况下,企业可以强调产品具有更高质量,说服顾客购买本企业的产品。国际上许多知名饭店就是根据这种方法来考虑自己的定位。第二种情况是质高价低。一些企业采用质高价低的定位方式作为竞争手段,以加速市场渗透,提高市场占有率。

3.根据产品使用者进行定位

根据产品使用者进行定位指企业主要针对某些特定顾客群进行促销活动,以期在这些顾客心目中建立起企业产品"专属性"特点,激发顾客的购买欲望。这种定位方式能在一定程度上满足顾客的心理需求,促进顾客对企业产生信任感。采用这种定位方式时,企业要为目标顾客设计专门产品,并采取不同的营销措施。例如,某些饭店通过营销努力,特别是通过公关活动,同某一社会阶层或社会名流建立起较为经常的主顾关系,则会变得为某些类型的顾客所关注。

4.市场领先式的定位方法

这是指旅游企业选择的目标市场尚未被竞争者所发现,企业率先进入该市场,抢先占领该市场的一种定位策略。对于本企业来说,该市场暂时处于无竞争状态。这种市场定位策略取决于这样的情形:旅游企业有超前的市场意识,能准确判断和预测旅游市场发展的趋势,寻找到新的市场机会并能针对人们的潜在消费需求开发相关产品;本企业具有同类企业所不具备的条件和优势,能将目前市场上部分旅游者的消费愿望变成现实,从而形成市场。这种定位策略要求旅游企业时刻关注旅游市场的需求变化,注意搜集各种信息,将产品开发与市场变化紧密结合起来,才能在市场开拓中居于同类企业的领先地位。

5.平分秋色式的定位方法

这是旅游企业出于与竞争者正面竞争的考虑,把自己的市场位置定在竞争者的附近,以期获得对手部分市场份额的定位策略。当旅游企业发现旅游目标市场上竞争者充斥,市场没有空白处时,如果该市场旅游需求的潜力还很大,就应提供与竞争者相类似的旅游产品,与竞争者展开竞争。采用这种策略的旅游企业,往往后来者居上,具有比竞争者更强的条件与实力,其旅游产品特色明显,与同类企业相比更符合该市场旅游者的需要。一般大型旅游企业或有相当实力的新建旅游企业可采用这种定位策略,通过与竞争者正面竞争,可以让旅游者直接比较,既有利于企业在竞争中壮大,也能让旅游者获得更好的产品和服务。

6.针锋相对式的定位方法

针锋相对式定位是指旅游企业选择在目标市场上靠近现有竞争者或与其重复市场位置定位,以夺取同样的消费者。这种定位实质上是直接同另一品牌竞争。针锋相对式具有一定的风险,采用不当会使旅游企业在竞争中失利。但作为一种具有挑战性的定位方式,它更能激励企业背水一战,奋发向上。一旦成功也会取得更大的竞争优势。在旅游行业,资源雄厚、实力强大的酒店常采取这样的产品定位策略。

7.见缝插针式的定位方法

这是旅游企业避开强有力的竞争者,把自己的市场定位于竞争者没有注意和占领的市场位置上的策略。如果本企业所面临的旅游目标市场存在一定的市场缝隙或空白,而自己的旅游产品又难以正面匹敌,这时就应把自己的旅游产品位置定在旅游目标市场上的空白处,通过设计和提供该市场上目前没有的特色旅游产品满足部分旅游者的特殊需要,起到拾遗补缺的作用。这种定位策略能使旅游企业迅速地在旅游目标市场上站稳脚跟,并能使这种特色产品在旅游者心目中较快地树立起一种良好的形象。由于这种策略风险较小,成功率较高,常常为许多旅游企业特别是中小型旅游企业所采用。

8.另辟蹊径式的定位方法

另辟蹊径式的定位是指旅游企业对已经上市的产品实施再定位,也就是旅游企业改变目标消费者对其原有的印象,使目标消费者对其建立新的认识。这种定位旨在摆脱困境,重新获得增长与活力。

第三节　当代旅游景区市场营销的基本特征

旅游景区产品是一种特殊的产品,它属于服务产品,和一般的实物产品不一样,其特征对其营销方法有着很大的影响。

一、旅游景区市场营销的主体是员工和游客

游客是生产过程的一部分,而员工是产品的一部分。前者是服务的对象,服务过程就是生产过程,他们的态度和行为,不仅会影响自己的经历,也会影响其他游客的经历;后者直接参与产品的生产和销售,因为员工直接与游客接触,他们的态度和行为会直接影响到游客是否喜欢该产品。因此,员工和游客都是营销的重要组成部分。在旅游景区进行市场营销时,员工和游客是旅游景区创造力的最重要来源。

二、旅游景区形象依"口传"而塑造

旅游景区产品是无形的,这决定了游客在购买之前无法体验或试用产

品。因此,要通过一定渠道让公众产生对景区产品的认知,这就是说营销的重点是借助公众舆论和公共关系传播景区的形象和信息。由于许多没有访问过旅游景区的人依靠的是亲朋好友的"口头推荐",所以让每一个游客都有满意的游览经历很重要,这就要求旅游景区要本着以游客为本的原则,推出一系列人性化服务来弥补旅游景区的劣势,在游客中塑造"美好的口传形象"。同时,加强内部的解说系统建设,够提高旅游者对景观的消费水平,深化对景观和整个景区的旅游体验,塑造旅游景区形象,还可以通过解说系统有意识地增加旅游者的环保意识,并促使旅游者进一步尊重自然和人文生态,支持旅游景区的营销工作。

三、旅游产品的"不可储存性"导致定价的特殊性

旅游产品具有空间上的不可转移性、生产与消费的同一性、时间上的不可储存性等特点,给旅游产品的经营和管理带来严峻的挑战。由于旅游产品属于服务产品,游客在接受旅游景区产品的同时更多的是接受旅游景区提供的服务。旅游商品的时效性和不可储存性的特点,使得一些经营者为了不让商品的价值白白流失,就会采取低价策略以吸引消费者,甚至不惜以低于成本的售价进行倾销,试图扩大其产品的市场占有率。于是,出现了一系列严重的问题,如旅游市场竞争过度、低价倾销严重,政府定价和政府指导价没有得到有效执行;部门与地方利益严重影响了正常旅游价格秩序;违反旅游价格相关法律、法规的行为未受到相应的打击;旅游价格管理相关的政策法规不够健全等。因此,加强旅游价格管理,严厉打击违反相关法律法规的低价倾销、价格欺诈等行为,采取正当合理的定价成为必然,主要可采用两种手段:第一,根据销售情况来确定旅游产品价格,尤其是旅游景区可根据旅游产品规模、价值来确定价格,另外,还可根据不同层次消费者、消费者数量的多少来定价;第二,多地点经营性导致价格的差异性。旅游景区通过在不同的市场上分设营销点来占领市场。因此,旅游景区只有多地点经营才会有较高的经济性和较大的规模。多地点经济性客观上要求旅游经济总量构成上的多元化和旅游经济的国际化,最终导致旅游产品价格的差异性。

四、游客在景区的逗留时间决定其消费额度

旅游景区的地理位置决定游客在景区的逗留时间。旅游景区如果位于市中心,其设施和服务一般都趋于全面,常年营业,客人逗留时间较长,消费

也较多。而设在机场、火车站、港口等地的旅游景区,由于是旅客的中转地,多数旅客是在消磨等候时间、休息放松而已,所以,此类客人一般逗留时间较短,消费量较。因此尽可能地延长逗留时间成为很多旅游景区的重点工作。因为这样做,可以完善旅游景区产品结构,延长游客活动和停留时间,增强旅游景区的吸引力,提高旅游景区的市场竞争能力。

五、旅游景区可利用时尚的影响推销自己

旅游是一种时尚。中国旅游业已经形成"买方市场",市场竞争日趋激烈,这就迫使各地不得不投入比以往更多的资金、运用比以往更多的手段来推销本地旅游。旅游景区易受大环境特别是易受时尚的影响。

旅游景区的一切经营活动都必须以消费者为中心,吸引消费者比开发产品更为重要。具体说是研究消费者利益、适应消费者需要以及维护其利益、满足其需要,并尽力创造和满足消费者的需要,要致力于如何方便合作者认同产品和消费者认识产品、接纳产品。旅游景区在营销过程中,不再是运用广告宣传、人员推销等或拉或推的策略,而是侧重于同消费者进行情感交流、思想融通,以寻求旅游景区同消费者的认识的时尚契合点。

旅行社是旅游时尚的天然载体,在旅游产业中居于龙头地位,具有组织、掌握客源的巨大能量和串联六大要素的社会功能,同时,它见多识广,能够对景区做出恰当定位,有完整成熟的销售体系。所以,旅行社来推销景区,打造时尚氛围,能立竿见影。

六、交通状况是旅游景区经营成功的关键

旅游消费的特殊性在于游客必须前往产品的生产地而不是产品被送给游客。因此,交通是否方便是旅游景区成功的关键,路标、恰当的方向指示和宣传品都是旅游景区营销的重要工具。旅游交通是旅游业的重要支柱产业之一,在旅游景区的经营中占有重要的位置。如果大交通顺畅但通往旅游景区的小交通相对滞后,就会成为制约旅游景区发展的一大瓶颈。目前,我国旅游交通的现状有如下特点。

(1)大交通已形成。近年来,随着国民经济的发展与旅游业的繁荣兴旺,旅游景区的公路交通事业迅猛发展,在大交通方面,已形成铁路、高速公路、空中纵横交叉的旅游交通网络,为海内外旅游者提供了大交通保障与方便,旅游大格局已形成。依托四通八达、纵横交错的公路、铁路、航空网络,旅游景区的收入和游客数量连年高速增长,游客对旅游景区大交通的便利

感到非常满意。

(2)小交通待改善。随着旅游景区大交通的形成,游客数量逐年增长,通往部分景区的道路不畅问题也日益显现出来。此外,很多景区没有停车场,也是造成很多外地游客不能成行的主要原因之一。

(3)道路通,旅游兴。我国的很多旅游景区大都在各县区、乡村。通往景区的路通畅了,公交车就可进入这些县、区景点。县、区景点游客增多,能带动很多相关产业的发展,可解决一部分农民就业,吃、住、行、游、购、娱旅游"六要素"在县区就能得到充分开发,还能为农村脱贫致富开辟一条捷径。景区得到开发,县区财政增长,农民收入提高,实为一举多得。当然,前提是不能破坏生态环境。

七、旅游景区淡旺季的经营需要平衡

由于旅游需求的季节性很强,再加上节日的影响,旺季和周末景区的访问量大大高出淡季和工作日,因此,景区营销常常是设法刺激"淡季"的需求,以提高景区"淡季"时的使用率。我国大部分景区均存在淡旺季问题,淡季时客流量小,管理维护的投入亦少;旺季时游客流量大,因而对开发的旅游产品造成了巨大的压力。

任何旅游景区都会面临淡旺季的营业额差异问题,如何平衡淡旺季的利润差异几乎是所有旅游景区需要面对的问题。在过去,赶上旺季的时候,旅游景区的游客能排成几十米长的队买票;但到淡季的时候,游客又非常少,常常不得不裁减一部分员工。因此,采取积极有效的措施是必要的。

(1)实行浮动票价制度可通过淡季降低票价,旺季提高票价,以平衡市场需求。

(2)针对自助游客,实行通票制。通票的实施,自助游客的增多,也有利于平衡景区内的淡旺季、平衡景区联合体间的热点与冷点。传统景区内的一票制主要是在门票上做文章,给予价格优惠。而我们倡导的跨景区通票则同时要解决大交通、景区小交通、住宿、门票等问题。通票的功能不仅仅是给予价格优惠,同时也要给予半自助游客充分的信息,彻底解决纯粹自助游者信息不对称问题。

(3)开发国际市场。旅游景区要带领员工积极地开发国际客户,使国际团体呈现上升的趋势,进而改善淡季游客量少的状况,平衡旅游景区淡旺季的收益,稳定员工的队伍。

八、固定成本高而变动成本低

从旅游经济学角度分析,景区的固定成本(不随游客数量的变化而改变的成本,如资源、设施等)高,变动成本(随游客数量的变化而改变的成本,如导游费用等)低。景区的固定成本支出相对稳定,利润对收入增长的依赖性较高。但是,游客数量的剧增并不会大量增加成本;而游客数量的减少,也不能大量地减少成本。这一点对营销,特别是对定价和促销都很重要。景区要想增加利润,就要增加游客接待量,扩大旅游景区的规模。

九、景区属性的不同导致营销力度和对象各异

我们将旅游景区划分为两类:一类以经济开发为主要目的,另一类以资源保护为主要目的。由于两类旅游景区在功能、目标与管理方式上存在重大区别,所以其营销力度和对象也有所区别。

经济开发型旅游景区主要包括主题公园和旅游度假区等。主题公园用舞台化的环境气氛为游客提供主题鲜明的旅游体验,主要功能是为游客提供快乐,为投资者赢得利润。旅游度假区的主要功能是为游客提供度假场所和活动。其管理方式采用的是政府指导下的企业化管理模式。因此,市场营销的力度较大。

资源保护型旅游景区是以公共资源为依托,主要包括风景名胜区、森林公园、自然保护区和历史文物保护单位等。由于该类旅游景区的资源具有不可再生性,所以其社会文化和环境价值往往超过经济价值,其经营目标也具有双重性。因此,进行市场营销时应注意以保护环境和资源为前提。

第三章　当代旅游消费者购买行为研究

旅游消费者是旅游活动的主体,也是旅游业得以生存和发展的关键因素。旅游者既是旅游企业进行市场营销的出发点,也是归宿点,只有对旅游者的特点进行深入的了解和分析,对旅游者的购买行为能够准确地把握,对影响旅游者购买行为的各种因素等进行研究,这样才能使旅游市场营销的效率提高,才能有利于旅游市场营销活动的有效顺利开展。本章先对旅游消费者购买行为进行概述,接着对旅游消费者购买行为的影响因素和营销手段对旅游消费者的影响进行具体阐述。

第一节　旅游消费者购买行为概述

对旅游消费者的购买行为进行研究是旅游市场营销的基础和决策依据,本节将对旅游消费者购买行为的概念、旅游消费者购买行为的类型、旅游消费者购买行为的模式以及旅游消费者购买决策过程进行具体阐述。

一、旅游消费者购买行为的概念

旅游者购买行为是旅游者受到外界刺激之后,在旅游动机的支配下,为满足较高层次的心理需要而选择购买旅游产品的活动。诸如经济环境、社会环境、政治法律环境等外部因素决定了一个国家或地区的旅游消费总量和消费类型,而旅游者购买行为则表现为个体内在的、心理上的动态决策过程,它决定了旅游者最终将如何选择何种旅游产品。

二、旅游消费者购买行为的类型

旅游者在现实的购买活动中,受各种因素的影响,呈现出复杂多样的购买行为。按照不同的标准可以将旅游者购买行为划分出多种类型,这里只对以下三种进行详细研究。

（一）按旅游购买决策单位划分

1.旅游者购买行为

旅游者购买行为是指购买旅游产品是供个人、家庭或结伴消费群体的最终消费，而不是为了转让赚取利润或供法人单位旅游消费的购买行为，分为个人购买和群体购买两类。时下的旅游市场由单个旅游者组成的"团购"行为日渐增多，一些旅游企业已注意到这一现象，通过给予一定优惠来吸引团购者。

2.组织机构购买行为

组织机构购买行为是指购买旅游产品是为了营利目的而进行转卖或供法人单位消费的购买行为，分为旅游中间商的购买和团体消费购买两类。这两类客户都是旅游市场的庞大客户，其中团体消费购买包括各类企事业单位、政府机构、社会团体等的购买，针对旅游中间商的营销策略与团体消费购买有较大的差别。一些旅游企业开发团体消费市场时，通过组织由法人单位秘书参加的秘书俱乐部使旅游购买者组织化，授予法人代表签单权以方便购买等，以此来开发团体消费客户。还有一些企业开发旅游中间商时，通过联合广告、联合营业推广、价格优惠等吸引中间商经营或代理本企业产品。

（二）按旅游购买能力划分

1.经济型购买行为

经济型购买行为是指旅游购买者由于受经济能力制约或因为图实惠、讲求实用价值，倾向于购买较为廉价的旅游产品。经济型旅游购买者数量众多，而一些旅游企业却往往不够重视，如一些中低档次酒店的经营者不切实际地把眼光向"高"处看，仅仅盯着高中档消费客人，其结果是生意清淡；而另一些中低档酒店经营者则面向工薪阶层、面向社区推出餐饮、娱乐等旅游产品，走大众化、经济型经营道路，不仅人气很旺而且效益可观。

2.标准型购买行为

标准型购买行为指购买能力一般的旅游购买行为。购买者多属于中等收入阶层，如果是旅游团一般称标准团。

3.豪华型购买行为

豪华型购买行为指购买能力强的旅游购买行为。这类旅游购买者追求个性化需求的满足、上档次的产品和服务及较有知名度的品牌,比较挑剔。

(三)按旅游购买方式划分

1.单项旅游产品购买行为

单项旅游产品购买行为是指只购买某单项旅游产品的旅游购买行为。例如,北京旅游者驾自备车去八达岭长城,只要购买登长城的门票即可。旅游企业根据这类购买行为,把旅游产品"拆零"销售大有可为。绝大多数酒店都把餐饮、康乐、客房、车务、洗衣等旅游产品以"拆零"方式供旅游者选择消费。

2.包价旅游购买行为

包价旅游购买行为是指购买者购买包价旅游线路的购买行为,分为全包价购买行为、半包价购买行为、小包价购买行为和自助旅游购买行为四类。

(1)全包价旅游购买行为。这是指购买整个包价旅游线路的旅游购买行为。为满足旅游过程中的食、住、行、游的需要,旅游购买者所需支付的费用包括综合服务费、房费、交通费、专项附加费等。

(2)半包价旅游购买行为。这是指不含午餐、晚餐的包价旅游线路的旅游购买。

(3)小包价旅游购买行为。这是指购买者可从包价旅游线路中进行选择性购买,如顾客购买旅游期间的客房使用权、交通工具使用权等,其他项目自理。

(4)自助购买行为。自助旅游,仅需旅游公司提供订房服务和交通票务服务,旅游者付给订房服务费、订票服务费,旅游过程中的食、购、娱等所有费用全部自理。

三、旅游消费者购买行为的模式

(一)"需求—动机—行为"模式

旅游消费者的需要、动机以及购买行为构成了旅游购买活动的行为链条。当旅游者产生旅游需要而未得到满足时,就会引起一定程度的心理紧张。当出现满足需要的目标时,旅游者的这种需要就会转换为内在的动机,动机驱动旅游者产生具体的旅游消费行为。当旅游者的具体需要通过旅游活动得到满足时,内在的心理紧张感就会消失。如果出现了新的需要,就开始了下一个循环,如此反复就形成了旅游"需求—动机—行为"模式,如图3-1所示。

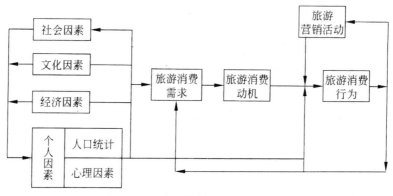

图 3-1

旅游者的需求受社会因素、文化因素、经济因素以及旅游者个人因素的影响。另外,社会文化和经济因素都对个人因素产生影响,从而间接地从更深层次上对旅游者的旅游需求产生影响。

从旅游动机到最终付诸旅游消费行为的过程中,旅游者会主动地搜寻相关信息,并同时接受来自旅游营销者的信息,以便形成消费决策。同时,旅游者自身的心理活动也会影响搜寻和接受外界信息的效果,最终影响到旅游消费行为。

(二)"刺激—反应"模式

行为主义心理学家认为,人的消费行为是外部刺激作用的结果。行为是刺激的反应,当行为的结果能满足人们的需要时,人们就会重复该行为,反之,则放弃该行为。而人的内部心理活动则是不可掌握的,就像一个看不透的"黑箱",由此提出了旅游者购买行为的"刺激—反应"模式,如图3-2所示。

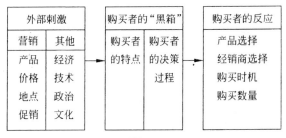

图 3-2

购买者做出购买决策的心理过程及影响购买行为的因素怎样起作用，这是深藏在消费者内心深处的，如同一个"黑箱"，营销人员无法了解，但是可以通过采取多种刺激手段(如广告、人员推销等)来促使他们做出相应的反应，然后根据他们的反应来推断出其心理活动(黑箱)是如何变化的，从而更好地采取有针对性的营销活动。

四、旅游消费者购买决策过程

旅游者对旅游产品和服务的购买消费活动，是通过一定的消费行为过程来实现的。旅游者的消费过程，是一个相互关联的消费行为的系列，旅游消费过程在购买行动发生之前已经开始，而且还包括购买后的行为，它一般分为五个阶段(图 3-3)。

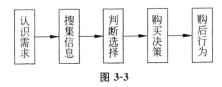

图 3-3

(一)认识需求

购买决策首先从认识需求开始，即人们认识到自己对旅游服务产品的需求。对于旅游营销人员而言，他们必须一方面了解自己的产品能够满足消费者哪些内在需求；另一方面通过哪些外在刺激能引发人们对旅游服务产品的需求。一项旅游活动能够满足旅游者的需求越多，就越有可能受到旅游者的欢迎。在这一阶段，旅游营销人员要了解旅游消费者有什么需要，努力唤起和强化消费者的需求，并协助他们确认需要，创造需求。比如，一位有工作和家务双重负担的妇女想独自外出度假，但考虑到家人的反应、时间限制、在陌生环境中的人身安全问题等，她可能会极力压抑去旅游的愿望，这个时候，旅游营销人员便可以设法唤醒她的需求，使其产生外出游玩的动机,卸下工作和家务的重担,放松身心。

(二)搜集信息

搜集信息是购买决策的调研阶段。人们认识到自己对某项旅游产品的需求后,就会对他所需对象发生兴趣,因而有意识地去搜集相关信息,来加深认识。一般而言,旅游者的信息来源于四个方面(图3-4)。

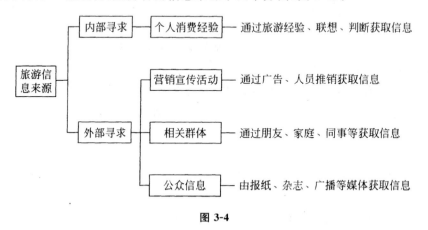

图3-4

旅游营销人员应该了解消费者的各种信息来源及每种信息来源对旅游消费者购买决策的影响程度。一般来看,对某种特定的产品和服务,旅游消费者接触最多的信息来源于旅游企业的营销宣传活动,而对消费者决策起关键作用的却是相关群体的信息来源、公众信息来源以及自己的消费经验,即消费者更相信来自人际传播渠道的意见和建议。

(三)判断选择

判断选择是指旅游者搜集各方面相关旅游服务产品的信息,并对其进行分析、整理、评估,以形成自己的观念和倾向。旅游者在评估选择的过程中,有几方面应引起旅游营销人员的注意:第一,旅游服务产品的属性;第二,服务产品对不同旅游者的重要性程度;第三,旅游者对品牌的信念和旅游者评估程序。

(四)购买决策

旅游者通过对信息、资料、可选方案进行比较评估后,初步产生购买意图,如果没有其他相左意见或信息的干扰,购买决策过程即可完成。购买意图和购买决策包括品牌、经销商(或代理商)、购买时间、购买数量和支付方式决策。

旅游者的购买意图经常会受到来自他人的意见、突发因素的干扰。他人的意见对购买决策的影响取决于他人对购买决策的否定程度以及他人对购买者的影响力。突发因素可分为与产品和服务有关和无关的因素,前者如旅游目的地社会政治环境突发变化,使得前往该地区的不安全因素增加;后者如个人的经济条件、社会地位、心理状况等因素的变化,也会影响购买决策。旅游营销人员要充分认识到旅游者的购买意图并不一定会有最终的购买决策,要尽量将与旅游产品和服务相关的不利因素减小到最低程度。

(五)购后行为

顾名思义,购后行为就是购买消费产品之后的行为,它既是一次旅游消费活动的结束,同时也可能是下次购买或不购买的开端。购后行为在一定程度上是对购买决策的"反馈"。当旅游者认为购买到理想的旅游服务产品时,就会认可接受该产品,如果不满意其服务与质量,今后就会转而选择其他的旅游产品。旅游者购后的评价取决于心中对产品的期望与实际产品绩效之间的对比。如果实际效果能够达到期望,旅游者的评价就会满意,反之则会不满意。

因此,企业在产品营销推广中,对旅游产品的广告宣传应实事求是,不要夸大其词,此外,还要采取积极的步骤(如赠送纪念品、面对面或电话沟通等),促使旅游者消除不满意感,使他们相信自己的选择是正确的。

第二节 旅游消费者购买行为的影响因素

当旅游消费者决定购买一项旅游产品时,他的购买行为会受到多重因素的影响,对这些影响因素加以分析和研究,有助于营销活动的进一步展开。本节将对影响旅游消费者购买行为的政治艺术、经济因素、文化因素、社会因素、自然环境与交通因素、个人因素进行阐述。关于政治因素和经济因素的影响在旅游市场营销的宏观环境那一部分会有详细的介绍,这里就简单提及一下。

一、政治因素

影响旅游购买行为的政治因素包括政治制度、法律法规、政局、国家关系等四方面。

(一)政治制度

政治制度对旅游购买行为有较大影响,如我国实行的是社会主义政治制度,不准生产、销售和购买有违社会主义制度的旅游产品;而对于属于体现社会主义制度和革命传统文化的某些旅游产品的生产、经营和购买则受到鼓励和提倡,如"井冈山红色摇篮之旅""革命圣地延安之旅"等。

(二)法律与法规

旅游产品生产和经营必须符合国家法律、法规的要求,旅游购买行为也要受到法律法规的约束。在旅游市场全球化的时代,旅游产品生产经营和购买行为还要受到国际法和国际惯例及国家之间所签订的具有法律约束力的相关协议的约束。

(三)政局

政局稳定,旅游者安全有保障才愿意外出旅游、才会产生旅游购买行为;政局动荡,旅游者唯恐避之不及,客源国政府也会警告本国居民不去旅游,甚至干脆不签发旅游护照,旅游购买行为会大为减少。

(四)国家关系

国家关系也是旅游购买行为的影响因素。当两国之间关系良好时,两国间的各种政治经济往来频繁,会促进旅游者相互访问,旅游购买行为也会相应地增加;当两国关系恶化时,首当其冲受冲击的是两国间的旅游,旅游购买行为会大为减少甚至完全停止。

二、经济因素

经济因素是制约或者促进消费购买行为的一个基本因素。经济因素包括宏观经济因素和微观经济因素两方面。宏观经济因素指整体的经济环境,这与经济周期有关,当经济处于繁荣时期,人们总体经济状况良好,就会有更多的可支配收入,消费水平也会相应提高;如果当经济危机来临,人们基于现实的或预期的收入减少,就会降低消费支出,或寻求新的消费模式。微观经济因素主要指消费者本人的经济状况,包括以往的、现有的以及预期的经济状况。

经济因素对消费者购买行为的影响主要体现在以下几个方面。

(一)消费需求弹性

受经济因素影响,绝大多数消费者对商品的价格都是比较敏感的。消费需求与商品价格紧密相关,经济学中一般可以用商品的需求价格弹性来表示,即需求的数量随商品的价格的变动而变动的情况,不同的商品需求的价格弹性也不同。一般认为旅游产品或旅游景区点的需求价格弹性比较大,一旦价格上涨较多,则需求下降更快。

(二)消费者收入与消费者支出结构有密切关系

恩格尔系数指出,随着家庭收入的增加,人们在食品方面的支出在收入中所占的比例变小,用于文化、娱乐、休闲、卫生等方面的费用支出比例开始增多,恩格尔系数越低用于购买食品的支出比例越小。具体指标是:恩格尔系数 59% 以上,绝对贫穷;恩格尔系数 50%～59%,基本温饱;恩格尔系数 40%～50%,小康水平;20%～40%,富裕;20% 下,极其富裕。2016 年《社会蓝皮书》中国社会科学院发布的数据,到 2015 年中国城乡居民恩格尔系数将分别降低到 34.8% 和 37.1% 左右,总体上已经进入小康居民消费阶段。我国居民消费支出结构的改变,会带来消费模式和消费习惯改变。目前旅游产品的发展也显示,旅游产品正从居民的奢侈性消费转向生活性、常态性消费。

三、文化因素

文化因素对旅游者影响极深,它通过影响社会的各个阶层和家庭,进而影响到每个人及其心理活动。

(一)文化

文化作为社会环境的最主要方面,对消费者的影响是很普遍的。文化是一个群体(可以是国家,也可以是民族、企业、家庭)在一定时期内形成的思想、理念、行为、风俗、习惯、代表人物,及由这个群体整体意识所辐射出来的一切活动。文化是一个综合的概念,而且是人类欲望和行为最基本的决定因素,它几乎包括了影响人们行为的思想过程的每一事物。

社会文化对人的影响是全方位的,当然也包括对人的购买行为的影响。文化对消费者购买行为的影响主要体现在对风俗习惯、价值观念等方面。

1.风俗习惯

风俗习惯反映了一个国家或民族的物质生活、文化生活、家庭生活等方面的传统,这些风俗习惯不仅反映了一个国家或民族的共同的心理,而且也是一个国家或民族的某种标志。具体表现在饮食、居住、服饰、婚丧嫁娶、节庆、禁忌等方面。风俗习惯在消费方式上的表现就是消费习俗,这些消费习俗虽然是非强制性的、无形的,但是生活在其中的人们都要受到它的影响。比如对于传统节庆像春节、元宵、中秋人们都非常重视,围绕这些节庆形成的消费方式都受到风俗习惯的影响。

2.价值观念

是在同一文化下被大多数人所信奉和倡导的信念。这种信念反映了人们对某一类事物的总的看法和评价,并通过某种特定的规范来影响人们的行为,包括消费购买行为。消费者的兴趣、需求、生活水平等都能使消费者的价值观表现出一定的差异。例如我国过去长期处于物质匮乏阶段,年纪大的一辈人的消费价值观希望商品"越便宜越好,越耐用越好",而改革开放后出生的"80后"和"90后"对商品消费则呈现一种快速消费、时尚消费的特点。

(二)亚文化

每种文化都由更小的亚文化组成,亚文化为其成员带来更明确的认同感。亚文化是指根据共同生活经验及情境而产生共同价值体系的一群人所遵循的文化标准,它流行于不同国籍团体、宗教群体、种族群众和地理区域之中。例如,中国文化按宗教信仰可以区分为佛教、道教、基督教、天主教、伊斯兰教等亚文化,即使是企业文化,也还可以区分为各种部门文化。

亚文化有许多不同的分类方法。一种比较有代表性的分类方法是由美国学者罗伯逊提出的按人种、年龄、生态学、宗教划分亚文化的分类法。目前,国内外营销学者普遍接受的是按民族、宗教、种族和地理划分亚文化的分类法。

1.民族亚文化

几乎每个国家都由不同民族所构成。不同的民族,都各有其独特的风俗习惯和文化传统。尤其是我国共有五十六个民族。各民族虽然受社会文化的直接影响而带有明显的中华民族烙印,但各民族也都还保持着自己传统的宗教信仰、消费习俗、审美意识和生活方式。例如,朝鲜族人喜食狗肉、辣椒,喜欢穿色彩鲜艳的衣服,群体感强,男子的地位比较突出;蒙古族人的习惯则是穿蒙袍,住帐篷,吃牛肉、羊肉,喝烈性酒。旅游者进入不同的民族地区要了解和适应当地的文化。由此可见,民族亚文化对旅游者行为的影响是巨大的、深远的,也是旅游营销者不容忽视的。

2.宗教亚文化

不同的宗教群体,具有不同的文化倾向、习俗和禁忌。宗教能影响人们的行为,也能影响人们的价值观。这并不是说每个人都一定是宗教信徒,但对一个社会或群体有着深远影响的宗教,却会给其成员的态度和行为留下深刻的印迹。宗教因素对于旅游企业营销有着重要意义。例如,宗教可能意味着与一定宗教节假日相联系的高旅游消费期(基督教的圣诞节)。对旅游企业来说,宗教节假日是推销旅游产品和服务的良好时机,伴随一个重要节假日的,往往是一个旅游销售旺季。

3.种族亚文化

白种人、黄种人、黑种人都各有其独特的文化传统、文化风尚和生活态度。他们即使生活在同一国家甚至同一城市,也会有自己特殊的需求、爱好和购买习惯。

4.地理亚文化

由于自然状况和社会经济历史发展的结果,地理上的差异,往往导致人们消费习俗和消费特点的不同。例如,中国举世闻名的川菜、鲁菜、苏菜等八大菜系,皆风格各异,自成一派,就是因地域不同而形成的。长期形成的地域习惯,一般比较稳定。我国北方人由于气候寒冷,有冬天吃酸菜和火锅的习惯,几乎家家都备有火锅、砂锅,而南方人由于气候炎热,养成了吃泡菜、腊肠的习惯。同是面食,北方人喜欢吃饺子,南方人喜欢吃包子,西北部人却喜欢吃饼和馍。

四、社会因素

任何一名旅游者都是存在于特定社会之中的购买者,因此旅游者购买行为会受到诸如社会阶层、相关群体、家庭、社会角色与地位等一系列因素的影响。

（一）社会阶层

所谓社会阶层，是指一个社会中，依照一定的分组标志而划分的，具有相对的同质性和持久性的集团。它们是按一定等级排列的，每一阶层成员具有类似的价值观、兴趣爱好和行为方式。每一个社会阶层都会有一种被本阶层广大成员接受和认可的价值观和行为规范，处于同一阶层的人为了使自己的角色、地位与所属阶层相符，他们往往都会有意无意地遵循一种共同的规范行事。处于不同阶层的人，生活方式和消费习惯有相当大的差别。例如，商务客人一般入住星级饭店，选择飞机作为旅游交通工具；而一般工薪阶层和青年学生则选择普通招待所和选择汽车、火车作为旅游交通工具。因此，旅游营销人员必须了解不同阶层的特征及心理状态差异。

不同社会阶层的成员有着不同的旅游购买行为，主要体现在以下三个方面。

1.对旅游休闲方式的影响

高阶层的旅游者从事较多的户外活动，这一点在西方表现尤为明显。他们多进行如网球、高尔夫球、保龄球、滑雪、海滨游泳等活动。此外，高阶层的旅游者较少看电视，他们喜欢各种时尚活动和戏剧。而低阶层的旅游者，由于经济条件所限，无法从事那些高级的娱乐活动，更乐于收看家庭系列轻喜剧和猜谜游戏等。

2.对媒介和广告的影响

高阶层的旅游者比低阶层的旅游者更喜欢读报纸、杂志，而现在在西方国家，不同的报刊杂志都倾向于把自己定位于不同阶层之中。由于阶层不同，对于信息符号系统的反应也不相同。以广告而言，具有比较深刻含义而富有幽默性的广告，对高阶层的旅游者可能产生较好效果，而对于低阶层的旅游者，可能由于文化水平所限而无法理解广告的含义。此外，有研究表明，高阶层的旅游者，特别是女性消费者，在选择旅游商品时比低阶层的旅游者更多地依赖于广告。

3.对价格心态的影响

低阶层的旅游者总是倾向于把价格和旅游服务质量联系在一起，他们认为一定的价格反映一定的质量。对于中层和中下层的旅游者而言，他们对价格过低的旅游产品总会产生怀疑，认为这必然意味着服务质量的低劣，他们更多的是追求适中的价格。而对于上层的旅游者，价格和质量有时是可以脱离的,他们评价旅游商品和服务多以自己的喜好为依据,注重旅游商品和服务的象征性。

(二)相关群体

指对个人的态度、意见和偏好产生直接或间接影响的群体。相关群体有两种基本类型:一种是成员群体,即个人所属并直接受影响的群体,这其中又包括主要群体和次要群体两个方面。主要群体是给个人行为以最大影响的群体,如家庭、朋友和同事等,次要群体则对个人影响较小,如各种宗教组织、各类专业协会和工会等;另一种类型是崇拜性群体,即个人并不具有正式成员资格,而是希望从属的群体。

相关群体对旅游者购买行为的影响,主要表现在两个方面:其一,人们可以从相关群体中获取大量的经验和知识,这种方式已成为最具影响力的信息沟通渠道;其二,相关群体通过对群体成员观念和行为准则的影响和制约,促使人们行为趋于一致,从而影响着旅游者对产品类型和品牌的选择。

相关群体的影响力还取决于产品和产品的生命周期。一般而言,它对洗衣粉、食盐之类象征性小的产品影响较小,而对象征性强的旅游产品影响力则较大。而且,在旅游产品生命周期的不同阶段,相关群体对个体有着不同程度的影响。在产品的介绍期阶段,相关群体仅对产品购买决策起着强烈影响;在产品的成长期阶段,它对产品类型选择和品牌选择都有很强的影响;在产品成熟期内,则只是对品牌选择有强烈影响;而在产品的衰退期阶段对产品类型选择和品牌的选择影响都很小。举个例子来讲,在度假产品刚刚出现之时,相关群体对该类旅游产品的评价可能在某种程度上决定了群体内部成员是否会购买度假旅游产品。在旅游度假活动迅速开展之后,相关群体不仅影响着成员是否采取度假活动,而且对选择何种度假方式也产生影响。当度假旅游已广为普及时,相关群体对品牌的评价通常决定了旅游者到何处度假。

由于相关群体对旅游者购买行为具有较强的影响力,营销人员应对其予以充分认识。通常的做法是,营销人员可以通过了解群体中某个成员的购买特征而把握群体购买特征。

(三)家庭

家庭是社会组织的一个基本单位,是由居住在一起的,彼此有血缘、婚姻或抚养关系的人群所组成。对于个人来讲,家庭是最为重要的相关群体,因而对旅游者购买行为的影响程度也最大。

传统家庭模式随着时间的流逝会经历几个不同阶段,专家称之为家庭生命周期。家庭生命周期包括独身阶段、新婚阶段、满巢一阶段、满巢二阶段、满巢三阶段、空巢一阶段、空巢二阶段七个阶段。随着家庭生命周期的变化,购买行为也会随之变化,如表 3-1 所示。

表 3-1　家庭生命周期购买行为模式分类

家庭生命周期阶段	购买行为模式
独身阶段	无经济负担,购买行为以娱乐为导向;消费倾向用于娱乐和度假设施
新婚阶段	年轻无孩,较好的经济状况,最高的购买率;购买意愿倾向添置家具以及休闲度假
满巢阶段一(小孩在6岁以下)	家政购买达到高峰,流动资金较少;对新产品感兴趣,比如广告产品,购买日常用品和儿童用品居多
满巢阶段二(最小的孩子6岁以上)	经济状况较好,小孩长大,较少受广告影响,购买大宗和系列产品,如食品、清洁用品、教育支出开始增加,旅行支出开始增加
满巢阶段三(夫妻年老,孩子尚未成熟)	夫妻年老加上尚未成熟的孩子,或有的孩子开始工作。经济状况不错,消费习惯更不易受广告影响,愿意购买耐用品。例如,更具品位的家具,旅游产品,资产升值
空巢阶段一(夫妻仍工作,孩子离开)	夫妻年老,孩子不在身边。家庭财政拥有量达到高峰,经济状况最好,拥有更多的存款,对旅游、娱乐和自我教育感兴趣;经常购买礼物,更倾向于消费度假、奢侈品和家居用品
空巢阶段二(夫妻退休)	夫妻退休,收入锐减。加大医疗保健投资,养生产品购买需求增加

(四)角色和地位

每个人在一生中都会参加许多群体,如家庭、工作单位等,并在社会群体网络中扮演着一定的角色和地位。角色是一个人在特定的群体中所期望具有的行为。每一种角色都伴随着一种地位,这种地位反映了社会对他的总体评价。

人们往往结合自己在社会中所处的地位和角色来选择旅游产品类型和品牌。例如许多企业的商务代表喜欢选择星级酒店进行商务洽谈,来显示公司的声望与地位。有较高收入和社会地位的人较多地偏好于高尔夫球运动,并希望通过加入高尔夫俱乐部以显示其社会地位。因此,针对这种社会特征对旅游者购买行为的影响,营销人员需要充分考虑产品对旅游者的地位和角色的象征意义,并以此为依据在目标市场中树立起符合消费者角色和地位的产品形象。

(五)意见领袖

每一个社会团体都有观念上的意见领袖,这些人为社会团体中的其他成员输送信息。意见领袖率先收集信息或购买产品和服务,以此引导潮流。每一个社会团体都会有几个意见领袖,每一个意见领袖对于不同种类的旅游和酒店业服务都有专业的知识和信息。例如,同样是自助游,意见领袖可以被分成自驾游热衷者、徒步游热衷者、野营游热衷者和自行车游热衷者等。意见领袖倾向于寻找和吸收有关他们专业领域的更多信息。

旅游产品的主要信息来源是商业和社会,商业信息来自公司及其他组织设计的广告和促销材料;社会信息更多的是人与人之间的信息沟通渠道,其中就包括意见领袖。商业信息以不同渠道传递到目标群体那里,有的是直接传递到消费者手中,有的是一些信息先传递到意见领袖手中,再转送到消费者那里,这被称为两步式信息传送。如果是信息通过多组意见领袖传递,就被称为多步式信息传送。

产品采纳者曲线是一个与意见领袖和信息交流相关的概念。消费者对产品的接受程度呈现类似于正态分布,曲线中将消费者分为创新者、较早采纳者、大多数紧跟者、后期紧跟者和落后者(图3-5)。创新者和较早采纳者指那些最早接受产品的群体,人数相对较少,意见领袖通常在创新者和较早采纳者之中,因为他们比别人更易尝试新的产品和服务。大多数紧跟者和后期跟随者指那些看到意见领袖使用产品或接受服务,而紧随其后的人。这部分人是消费者分类中人数最多的,是市场营销的目标人群,但是他们受意见领袖的影响,看到别人行动才采取行动,因此意见领袖在市场营销中占有重要地位,他们能影响他人的行为,需要花费一定的精力来确认意见领袖,并想办法吸引他们。

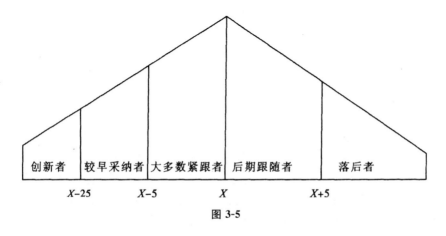

图 3-5

五、自然环境与交通因素

影响旅游购买的外部因素除了政治因素、经济因素、社会因素和文化因素外，还包括自然环境和交通因素。

(一)自然环境因素

自然环境因素是旅游者选择旅游目的地的重要参考因素，旅游者会优先选择环境质量高的地区为旅游目的地。对于那些长期生活在"三废"污染严重地区的人们来说，回归自然、享受自然风光是旅游购买所希望实现的主要目的。

(二)交通因素

交通运输条件是解决旅游者可进入性、舒适性问题的基础。有的旅游景点观赏价值虽然很高，但由于进入的时间成本、金钱成本、精力成本较高，旅游者购买兴趣不浓；而一些景点看起来平平，但由于交通条件好，旅游者购买热情往往很高，例如一些城郊的景点就属此类。

六、个人因素

影响旅游者购买行为的个人因素是指个人的心理因素，包括需求动机、感知、领会、个性特征、生活方式和自我概念这六个方面。

(一)需求动机

旅游消费者的需求是市场营销的基础，而满足旅游消费者的需求是企业获取成功的关键。需求是指旅游消费者目前所有经历过的旅游活动和他们想要拥有的旅游活动之间的缺口，这种状态被称为"需求不足"。这些需求普遍存在于旅游消费者对食物、住宿、游览、安全感、归属感以及获得愉悦心情的需要之中。在旅游产品的选择中，旅游消费者的需求还可分为两类，一类是从单纯满足生理上的需求，即旅行途中感到饿了，有对食物的需求；另一类是心理上的需求，如入住旅游目的地最好的酒店，不仅是为了享受完善的硬件设施和优良的服务，还带有一种自我满足和获取他人尊重的心理。

每个人都有需求，包括生理上的和心理上的。人们对于这种需求，有的自我意识到了，而有的可能并未意识到。市场营销人员必须要让旅游消费者意识到自己是处于需求不足的状态，而营销人员所提供的产品正好可以消除这类不足。对于旅游消费者只有意识到不足,才能开始产生想要弥补不足的愿望,从而开展搜寻满足需求产品的行动。

针对消费者需求的不足而产生需求的动机,目前比较盛行的需求动机理论分别是马斯洛的需要层次理论和赫茨伯格的双因素理论。

1. 需要层次理论

马斯洛需要层次理论,也称作"基本需要层次理论",是行为科学的理论之一。马斯洛需要层次理论把需要分成生理需要、安全需要、情感和归属的需要、尊重需要和自我实现需要五类,依次由较低层次到较高层次排列,呈现金字塔形,如图 3-6 所示。

图 3-6

生理需要是人类维持自身生存的最基本要求,包括对呼吸、水、食物、睡眠、生理平衡等的需要,人们在考虑其他需要之前,这些需要首先应当被满足。如果这些需要中任何一项得不到满足,人类个人的生理机能就无法正常运转。换而言之,人类的生命就会因此受到威胁。从这个意义上说,生理需要是推动人们行动最首要的动力。马斯洛认为,只有这些最基本的需要满足到维持生存所必需的程度后,其他的需要才能成为新的激励因素,而此时,这些已相对满足的需要也就不再成为激励因素了。

安全需要包括对人身安全的希望,健康保障的需要。大部分人都需要感到安全,不想受到始料不及的事情的影响,这就是安全需要。马斯洛认为,人作为完整的有机个体是一个追求安全的机制,人的感受器官、效应器官、智能和其他能量主要是寻求安全的工具,甚至可以把科学和人生观都看成是满足安全需要的一部分。当然,当这种需要相对满足后,也就不再成为激励因素了。

情感和归属的需要是人人都希望得到相互的关系和照顾。感情上的需要比生理上的需要来得细致,它和一个人的生理特性、经历、教育、宗教信仰都有关系。大部分人都想要被不同的社会团体所接受，这也表明了人的社会性需要。

尊重需要意味着人人都希望自己有稳定的社会地位，要求个人的能力和成就得到社会的承认。尊重的需要包括希望被他人尊重、对他人的尊重以及自我尊重。尊重的需要又可分为内部尊重和外部尊重。内部尊重是指一个人希望在各种不同情境中有实力、能胜任、充满信心、能独立自主，内部尊重就是人的自尊。外部尊重是指一个人希望有地位、有威信，受到别人的尊重、信赖和高度评价。马斯洛认为，尊重需要得到满足，能使人对自己充满信心，对社会满腔热情，体验到自己活着的用处和价值。

自我实现需要作为马斯洛需要层次理论的最高层次，是指实现个人理想、抱负，发挥个人的能力到最大程度，达到自我实现境界的人，接受自己也接受他人，解决问题能力增强，自觉性提高，善于独立处事，要求不受打扰地独处，完成与自己的能力相称的一切事情的需要。也就是说，人必须干称职的工作，这样才会使他们感到最大的快乐。马斯洛提出，为满足自我实现需要所采取的途径是因人而异的。自我实现的需要是在努力实现自己的潜力，使自己越来越成为自己所期望的人物。

马斯洛需要层次的概念是以一种金字塔的形式来表明，只有当客户低层次的需要得到满足的前提下，例如生理和安全需要，才能追求更高一级的需要——心理上的归属感、尊重和自我实现。例如在酒店业，当旅游消费者了解到所有的酒店都能保障食物、住宿及安全，那么生理上和安全上的需求对他们而言就不再是首位重要的，酒店营销人员在做推广时，就要考虑提供更高级别的产品，满足旅游消费者更高一层次的需求。例如温馨周到的服务，让所有到来的旅游消费者感觉自己的尊贵，满足旅游消费者被尊重的需求。

2. 双因素理论

弗雷德里克·赫茨伯格认为影响人们行为的因素主要有保健因素和激励因素两类。

保健因素是指与基本环境或基本条件相关的因素，如酒店业所提供的基本服务，例如住宿、餐饮等。保健因素处理不好，例如客房面积过小，床单不够整洁，会引发旅游消费者不满情绪的产生，最终流失消费者；处理得好，可以预防或消除这种不满。但这类因素并不能对消费者起激励作用或者说能吸引消费者的到来，例如一家酒店客房的床垫非常舒适，但是很少有消费者会因为床垫的舒适这单一因素而选择该酒店。因此保健因素只能起到保持人的积极性、维持现状的作用。

激励因素是指与产品核心内容紧密相连的因素,还是以酒店住宿服务提供为例,如酒店客房的整洁度、客房卫生间的清洁程度、提供餐饮的美味等。与激励因素有关的内容处理得好,能够使人们产生满意情绪,如果处理不当,其不利效果大多只是没有满意情绪,而不会导致不满。

赫茨伯格的"双因素"理论表明,市场营销人员不仅需要了解哪些是满足消费者的东西,还必须确认那些不能满足消费者,但是会让消费者离开的因素。

(二)感知

感知是客观事物通过感觉器官在人脑中的直接反映。旅游者运用他们的五种感觉方式——看、听、闻、尝和触摸来评价和衡量旅游产品以及与之相关的信息。这个评价的过程就是旅游者的感知。旅游者对产品的选择决策是建立在对实际事物的感知的基础上,有时这并非事物本身。只有当旅游者有了购买需求动机,并且感知到产品能满足他们的需要,才会决定购买此项产品和服务。

1.感知的阶段

感知是一个个人挑选、组织和解析信息以及再输入的过程,在此过程之后得到对于世界的一个总体认识。不同的人对不同的事物或者产品之所以认识不同,是因为他们经历的感知过程不同,有这样几类感知阶段会导致差异的产生——刺激过滤、晕轮效应、选择后的保留和信息处理完成。

(1)刺激过滤。刺激过滤最初用于生物界,是指动物有选择地接受外界刺激或环境信息。每一个动物在任何时刻都会面对无限量的外界刺激或环境信息,但在信息的海洋中,对动物有用的信息只占很小的一部分,因此对动物来说最重要的任务之一就是有选择地对外界刺激做出反应。

同样处于社会的消费者每天都受到大量的广告、文字和信息的轰炸。生活中信息的传递无处不在,首先是各类媒体,无论是电视、电台还是互联网都充斥了各种商业信息;其次植入式信息在生活的每个角落也随处可见,如人们穿着的 T 恤、手提的环保袋、公共交通的表面、城市建筑的外立面等。人们也离不开信息,在被动接受大量信息的同时,我们每天还主动搜索,看报纸、听新闻、收看各类节目。

消费者过滤或是筛选了大部分他们所接受到的信息,关注并且保留其中很小一部分,这部分信息被称之为选择后的陈列,即对信息刺激的过滤。市场营销人员要确保自己所传递的信息能被消费者过滤保留下来,在选择后陈列。

（2）晕轮效应。晕轮效应指人们对他人的认知判断首先是根据个人的好恶得出的，然后再从这个判断推论出认知对象的其他品质的现象。如果认知对象被标明是"好"的，他就会被"好"的光圈笼罩着，并被赋予一切好的品质；如果认知对象被标明是"坏"的，他就会被"坏"的光圈笼罩着，他所有的品质都会被认为是坏的。这种强烈知觉的品质或特点，就像月亮围绕的光环一样，向周围弥漫、扩散，从而掩盖了其他品质或特点，所以就形象地称之为"光环效应"或晕轮效应。

所有的消费者都有这类感知偏见，他们扭曲了所接收到的信息。营销的信息在不同消费者的眼中，所感知的内容会由于消费者本身的素质而产生晕轮效应，导致所达到的效果不一。

（3）选择后的保留。营销专家将信息精心装扮，避免了刺激过滤和晕轮效应，通过重重困难呈现到消费者眼前，但信息还面临另一类风险，即不能被消费者长期保留。消费者往往要经过选择后保留这一阶段，才会对支持他们的嗜好、态度或者需求的信息保留更长的一段时间。

（4）信息处理完成。人们一般都倾向于看到他们想看到的东西。人的大脑不喜欢处理不完整的影像。在信息不足以形成某一完整影像的地方，大脑会自动加上那些丢失的部分，不管这个信息正确与否。人脑所具有的此类特质，也会对营销人员想要传递的信息造成一定的影响。

2.旅游消费者对信息的感知特质

经研究发现了下面这些旅游者对信息的感知特质：旅游者不再理会他们已经熟悉的信息；旅游者注意和保留那些与他们所意识到的或他们正尽力想要满足的需求相关的信息；旅游者会购买那些符合他们自身形象的服务（某些人对奢华旅游产品有特殊偏好）；旅游者注意和保留那些超越常规的信息（某一酒店提供超大的床）；旅游者想要看那些他们预期想要看到的东西（旅行社提供的宣传手册）；旅游者注意那些让他们曾有成功体验的旅游组织所传播的信息（携程网的促销宣传）；相对于商业广告，旅游者更信赖人与人之间传递的信息（驴友之间的交流）。

感知的特征，导致旅游者不太可能运用晕轮效应来扭曲人与人之间传递的信息（家庭成员之间），吸收那些复杂的、需要花费精力的信息；如果旅游者已满足于一个品牌，还会去注意和保留另一个竞争对手的信息（常住"锦江之星"的旅游者也会经常关心"如家"的营销广告）。市场营销人员要能够使用各类营销工具组合和销售技巧，来操控受众群体的感知过程，他们需要了解哪些是影响消费者感知的刺激因素，包括个人刺激因素和外界刺激因素。无论是哪类刺激因素都是通过旅游产品和服务本身或是形象来进行表现。研究表明规模、颜色、强度、动态、位置、对比、材料等等都是可以用来支持感知的有效刺激因素,营销人员正确地使用这些因素,有助于巧妙地避开刺激过滤、晕轮效应这类感知阶段,把希望传递的信息最完整地输入消费者的脑海。

一些旅游者在选择旅游服务企业的时候会将规模与质量等同,更大的旅行社、酒店集团、航空公司或是旅行社集团,让人感到能提供更好的服务,从而吸引旅游者的注意力。

(三)领会

领会是了解、认识事物并有所体会,平时生活中我们能从每一个经历中都有所获得,这就是领会。在得到某一类经验之后,消费者就会不断地修正原有的感知,从而形成一些行为模式。旅游产品的选择和购买就是这样一种不断体验、领会、修正、形成的过程。领会是通过综合性因素——需求动机、目标、信息提示、反应和强化来最终达成。

(四)个性特征

消费者的个性是许多因素的混合体,包括需求动机、感知、领会和情感。但在本质上,每个人的个性特征都是独一无二的,正是这些特征使其想法和行为与他人不同。个性特征往往会对消费者的购买行为有一定的影响,一个性格开朗的旅游者与一个偏好安静的旅游者对旅游目的地的选择显然是会有所区别的。

(五)生活方式

生活方式包括人们的衣、食、住、行、劳动工作、休息娱乐、社会交往、待人接物等物质生活和精神生活的价值观、道德观、审美观。这些方式可以理解为在一定的历史时期与社会条件下,各个民族、阶层和社会群体的生活模式。生活方式一般指人们的物质资料消费方式、精神生活方式以及闲暇生活方式等内容。它通常反映个人的情趣、爱好和价值取向,具有鲜明的时代性和民族性。

生活方式是人的"社会化"一项重要内容,决定了个体社会化的性质、水平和方向。生活方式也是一个历史范畴,随着社会的发展而变化。生活方式的变化直接或间接影响着一个人的思想意识和价值观念,从而影响人的消费选择行为。

中国旅游企业的发展也受到人们生活方式改变的重要影响。早在20世纪八九十年代,旅游产品还是一项奢侈品,中国消费者以国内游、团队游、观光游为主。进入 21 世纪后，随着经济的发展，人们的生活方式发生了很大的变化，出国旅游不再是憧憬；团队游也不能满足年轻人的消费需求；深度游、休闲游越来越成为流行。

（六）自我概念

自我概念即一个人对自身存在的体验，包括一个人通过经验、反省和他人的反馈，逐步加深对自身的了解。自我概念是一个有机的认知机构，由态度、情感、信仰和价值观等组成，贯穿整个经验和行动，并把个体表现出来的各种特定习惯、能力、思想、观点等组织起来。人们会选择购买那些他们感觉与自身形象相匹配的产品。这时，两种心理过程——感知和自我概念同时发挥作用。

消费者的自我概念，即对自己在心理上的勾画，包括：真实的自我——自己真正的样子；理想中的自我——自己希望成为的样子；相关团体——自己认为其他人能看到自己的感觉；以及自我影像——自己看自己的感觉。

其中自我影像是市场营销学自我概念理论中最重要的一个因素，因为它通常是真实的自我、理想中的自我和别人眼中的自我三者的混合体。消费者在进行选择购买行为时，往往会买一些给相关团体正面印象的东西，或是人们认为你会购买的产品。例如第一次到法国旅游，绝大部分人都会选择到巴黎以及埃菲尔铁塔一游，因为旅游者周围的人都认为他会去或者应该去。

第三节　营销手段对旅游消费者的影响

行为主义心理学认为，人的行为是外部刺激作用的结果。事实也证明，一些具体的营销手段会对旅游消费者产生极大的影响，引起他们的购买行为。本节将对广告对消费者的影响、情感服务对消费者的影响以及价格策略对消费者的影响进行阐述。

一、广告对消费者的影响

（一）广告对消费者的影响力

现代心理学认为成功的广告对消费者一般具有六种影响力。

第一，吸引注意力。广告以新颖独特的方式给消费者以一定的震撼并吸引其注意力。

第二，传播信息。广告向消费者传播商品信息，以使之形成对商品特别是品牌的认知和印象。

第三，情感诉求。广告以情感方式打动消费者的心理，引起其情绪与情感方面的共鸣，使其在好感的基础之上进一步产生信赖感。

第四，进行说服。广告可以传播商品信息，引起消费者情绪共鸣，逐渐影响消费者的态度，并说服消费者改变原来的态度，促使消费者逐渐喜欢并购买某商品。

第五，指导购买。广告中宣传模式化的消费与购买行为，大力渲染消费或购买商品之后的美妙效果，给消费者明显的示范作用，指导人们的消费与购买行为。

第六，创造流行。广告常以完全相同的方式，向消费者多次重复同样的内容和诉求，利用大众流行的社会心理机制创造轰动效应，激发更多的消费者参与购买。

广告实践表明，要实现广告对消费者这六种影响力，一个重要方面就是研究广告心理学，并据此创意、设计与实施广告。广告心理学就是广告中广告与消费者相互作用产生的心理现象及其心理规律。它旨在说明，广告对消费者的影响主要表现为消费者对有关广告内容（如产品或服务）心理倾向或品牌态度的影响而并非购买行为，也就是说，广告效果不能仅从经济效益来考虑。

（二）广告魅力的来源

成功的广告富有魅力，激发情感，令人难忘。成功的广告一定是依据消费者心理规律策划出来的。主要包括以下八个方面的内容。

1.善于应用消费者的心理机制

广告所期望达到的目标是销售产品，但实质上是要对消费者心理产生影响，因为消费者在受到广告影响后才可能采取购买行动。只有了解消费者的心理活动和行为规律，才能以适当的广告刺激激发消费者做出反应。

2.分析广告诉求的心理依据

广告通过向消费者"说什么"来引导消费者的思想、情感和行为变化。但要使广告"说什么"有的放矢，这就要了解消费者需要什么、对什么事情比较敏感，哪些问题会引起他们的兴趣，哪些问题会使得他们置若罔闻。也就是说，要探讨消费者的需要、动机以及影响他们购买、消费的原因等。在广告诉求过程中除了研究"说什么",还要研究"如何说",这也是至关重要的。

3.掌握消费者对广告的认知规律

人们受外界事物的影响是从认识外界事物开始的。广告对消费者的影响也是从消费者对广告的认知开始的。消费者对广告的认知过程涉及对广告的注意、感觉、知觉、理解和记忆等方面的内容。

4.广告媒体接触心理

广告信息是借助于媒体送达消费者的,广告信息能否有效地送达消费者不仅取决于广告本身,还取决于媒体和媒体内容的吸引力。于是了解媒体的心理特性,了解消费者接触媒体的意图、目的以及心理活动,比较各种媒体在受众心目中的差异等,也是做好广告必须解决的问题。

5.广告构成要素与广告效果的关系

广告作品的基本构成要素包括语言(解说词或文案)、画面(图像和插图)和音响。一般平面广告包括标题、副标题、小标题、图面和正文等。画面包括构图和色彩,构图中又有人物、景物和商品之分。音响包括音响效果、音乐。一则广告作品的构成要素有很多。广告效果的产生是广告各个构成要素共同作用的结果,但是不同的构成要素在广告中所发挥的作用可能不同,对广告效果做出的贡献也可能不一样。因此,需要很好地掌握各种广告构成要素的作用及其运用原则。

6.广告效果及其测量方法

好的广告必须考虑广告活动究竟产生了哪些效果,对消费者产生了哪些影响,对社会、文化的进步和发展起到什么样的作用,这些问题的研究不仅对广告实践具有重要的意义,而且对检验广告效果也有直接的意义。

7.消费者的心理差异

广告通常对特定的消费者进行宣传,对哪些消费群体做宣传,识别广告要面对的消费者群体,对一些特定的消费群体的心理特点也要有清楚的了解。

8.消费者对广告的反应

广告会对消费者产生影响,但是消费者如何看待广告也是测量广告效果的重要方面。随着时代的进步和广告业的发展,人们对广告的看法、意见、态度和处理广告的方式方法也会不断地变化。这就需要广告营销策划者密切关注和及时了解这方面的信息。

(三)旅游广告应注意的问题

人们出门旅游是为了休闲、商务或其他的目的,离开他们惯常的生活环境,追寻新奇的事物,获得各种精神上的刺激,从而更新自己对世界的观点。正是由于对未知事物的新奇感,引领他们去不同的旅游目的地,因此旅游广告的定位及广告元素的选择,必须以"特色"为主,包括特色自然景观、特色人文景观、特色民族文化、特色民族习俗与人文风情,以及特色产品与服务。

中国旅游广告要实现跨地区、跨国界的传播,说服和吸引更多的旅游消费者,在确定广告诉求的主题理念、模特形象、符号形式、信息内容和表达方式时,尤其不能忽视旅游广告的跨文化交流特征。这一特征要求旅游目的地和企业在确立广告诉求信息时,必须重视以下几点。

1.关注不同国家与不同民族的文化背景和价值观念

旅游广告在面对来自国内外不同民族与不同文化背景的群体时,必须重视和尊重不同文化的多样性,根据对象群体的文化背景和价值取向,应选择不同的传播方式和符号体系。

2.了解不同国家、不同地域与不同民族的社会规范

社会规范是文化要素之一,是指人们应该做什么、不应该做什么,可以做什么、不可以做什么的规则。这种规则构成了一种文化群体的特点。社会文化的具体形式有风俗习惯、道德规范和宗教规范等。它们是跨文化交流中引起误会和冲突的重要因素,也是旅游广告诉求中必须重视的要点。

3.分析不同文化背景消费者的心理需求

不同的人会选择不同的旅游目的地,那么不同的旅游目的地的广告就应该体现不同的文化诉求,以满足不同的文化背景的消费者的心理需求。

4.关注不同国家与不同社会的语境差异

旅游广告实际是一种符号的传递过程,在旅游广告信息元素的选择中,怎样用合适的广告词语,含蓄还是直白等,都应该根据不同地域、不同国家与不同民族的语境状况加以正确选择,以尽量达到诉求与解读的一致性。

二、情感服务对消费者的影响

众所周知,服务在旅游过程中是至关重要的。所谓服务,是一种用以解决或减轻困难的行为,是援助某人或有益于某事的行为,服务可满足被服务者生理或心理的需求。旅游服务是旅游企业向旅游者提供的一种无形的互动活动,是一种情感劳动。

(一)情感劳动的含义

1.情感劳动的概念

20世纪80年代初,美国社会学家霍切查尔德首先提出了"情感性劳动"的概念。她对民航乘务员进行了研究,指出乘务员不仅从事体力劳动,例如为乘客指引座位、提供饮料、在紧急情况下做出迅速反应,而且需要向顾客表现正面情感,即微笑。

霍切查尔德认为,服务性企业员工在服务过程中,不仅要从事体力和脑力劳动,而且还须从事情感性劳动,为顾客营造良好的情感氛围,从而提高顾客满意度。她把服务人员的情感劳动定义为员工通过情感管理来压制或强装某种情感,以形成交往对象可观察到的面部表情或肢体语言,影响交往对象的心理感受。

2.情感劳动的类型

(1)表面表演。表面表演指员工在工作中不改变自己内心的情感,尽力按照企业的情感表现规则来表现企业需要的某种情感。在这种情况下,员工内心真实的情感感受与他们表现出来的情感是不同的。

(2)深层表演。深层表演是指员工努力改变自己内心的情感,使自己内心经历企业要求他们表现的某种情感。在这种情况下,员工通过调节自己内心的感受,尽力达到企业对他们情感表现的要求。

(3)自然表演(加拿大学者谢福斯和赫姆费雷提出)。当员工需要表现的情感与他们内心实际经历的情感一致时,就会自然地表现出企业需要的情感,不必努力调节自己的情感,即自然表演。

3.情感劳动的特征

(1)情感劳动是在员工与他人交往的过程中发生的。
(2)员工表现的情感影响交往对象的情感、态度和行为。

（3）员工表现情感应遵守某些规则。例如：酒店服务、导游服务、景点服务等。服务员接待顾客时要彬彬有礼，面带微笑，即使当他们面对挑剔的、令人不快的顾客时，也应表现出这些情感。

（二）情感劳动的重要性

研究结果表明，员工内心的真实情感与他们表现的情感的一致性程度是决定情感劳动成败的关键。员工在服务工作中真实自然的情感表现（自然表演和深层表演）有助于提高员工的服务业绩，增强顾客的满意感。相反，员工表现虚假的情感（表面表演）会引起顾客的反感，降低他们感知的服务质量和满意度。而且，如果员工长期在工作中表现与自己内心感受不一的情感，会引发员工的情感疲惫，降低员工工作满意感，增强员工的"跳槽"意向，造成员工离职率的上升。

（三）情感劳动对消费者的影响

首先，情感劳动最核心的作用在于服务人员可通过自己表现出来的情感，影响消费者的态度、情绪、情感及行为。

其次，情感劳动的意义在于它可以丰富消费者的消费体验，满足消费者的情感需求，并为他们创造一份美好的回忆。而旅游产品就是游客花费了一定时间、费用和精力所换取的一次旅游经历。

作为服务业的旅游业也可通过应用情感劳动以为游客提供更优质的服务，为企业创造更好的经济效益，进而促进产业发展。

三、价格策略对消费者的影响

（一）边际效用模式

经济学理论认为，旅游消费者的购买行为是理性行为。理性旅游者会在产品的价格及自己的收入之间进行合理的购买决策，以便最终最大限度地满足自身的需要。在既定的价格下，消费者总是力求每元钱购买的商品能使自己的边际效用最大化。

产品的效用是产品对消费者使用欲望的满足的能力，边际效用是指每增加一单位产品的消费所导致的效用的增加量。随着购买者消费产品的增加，产品的边际效用总是趋于递减的。由于边际效用是递减的，因此购买者不会把所有的钱都花在一项产品和服务的消费上。购买什么产品则取决于哪一种产品能在相同的支出下给消费者带来最大的边际效用。当消费者面对多种需要购买的产品时,对每种产品购买后则会出现一种均衡状态,即在每种产品上的相同花费都会产生相同的边际效用,用公式表示为:

$$\frac{Mu_1}{P_1} = \frac{Mu_2}{P_2} = \cdots = \frac{Mu_n}{P_n}$$

其中,P_1、P_2、$\cdots P_n$ 为各种产品的价格;Mu_1、Mu_2、$\cdots$、Mu_n 为各种产品的边际效用。

通过以上分析可以看出,旅游营销人员应力求提高每种产品的效用,并尽可能地降低价格,这样就可以刺激购买行为的产生。然而,在现实生活中,不同购买者的效用观差异很大,而且价格并非限制购买的最核心的因素。

(二)消费者对价格的诉求

从消费者的角度来看价格,最重要的决定因素是消费者对于质量和物有所值的预期。消费者必须看到价格与产品质量之间的联系。旅游企业制定较高的价格,这种价格就必须通过设计、服务等方面的独特之处体现出来。不同的价格策略将会刺激消费者选择不同的市场。价格策略既可以鼓励消费者选择一种市场,也可以用于防止消费者过度浪费自然资源和设施。

例如:从 2005 年 6 月开始,武夷山景区实行新票制,将武夷山景区门票分为三类,即 100 元人民币的一日有效票、120 元的二日有效票和 130 元的三日有效票(后来票价有所提升,但总体制度不变);九曲溪竹筏漂流票价未发生变化,还是每人 100 元。与原先的 111 元景点通票或 126 元的所有景点票相比,新票制在价格上并未发生太大变化,只是把原先的景点游改为景区游,这样可更有效地兼顾到景区、游客、旅行社等各方的利益,实现"多赢"。

实行新票制后,游客无论买任何一种门票都可游览景区所有景点,且多次进入景区不需重复购票,从三类门票的价格上看,旅游天数越长越划算,真正体现了"游超所值",同时也可避免游客受蒙蔽错过精华景点,减少游客投诉。不仅如此,武夷山还将采取资金补贴的形式,鼓励国内外旅行社组织游客包机和旅游专列到武夷山旅游观光。另外,实行新票制后,还将对武夷山人游武夷提供更为方便、灵活、人性化的优惠政策。

这一举措将原有的景点游改为景区游,不仅实现了经营形式的创新,更重要的是以人为本,从旅游者的角度出发提升了产品质量。

第四章　当代旅游市场营销环境研究

　　旅游企业总是在一定的外界环境条件下开展市场营销活动,而这些外界环境条件的不断变化,既给旅游企业创造了新的市场机会,又给旅游企业带来了某种威胁。因此,市场营销环境对旅游企业的生存和发展具有重要意义。旅游企业必须重视对市场营销环境的分析和研究,掌握旅游市场营销环境分析的方法,能认清旅游行业面临的总体宏观环境,能判断一般环境因素的变化对旅游行业带来的积极、消极影响,能够运用SWOT分析法分析自身或旅游产品的优势和劣势,并根据市场营销环境的变化制定有效的市场营销战略,扬长避短,趋利避害,抓住机会,从而实现自己的市场营销目标。

第一节　旅游市场营销环境的内涵

　　旅游市场环境与旅游市场营销关系十分密切,一个良好的市场营销环境可以促使旅游企业营销活动顺利开展;反之,则会阻碍。归纳起来,旅游营销环境对旅游营销活动的影响分为两类:积极正面的影响和消极负面的影响。以下就旅游市场营销环境的概念、类型以及特征进行阐述。

一、旅游市场营销环境的概念及类型

　　市场营销环境是一个不断完善和发展的概念。在20世纪初,西方的企业仅将销售市场作为营销环境。到了20世纪30年代以后,又把政府、工会、竞争者等对企业有利害关系者看作环境因素。进入20世纪60年代,西方企业家又把自然生态、科学技术、社会文化等作为重要的环境因素。20世纪70年代以来,资本主义国家政府加强了对经济的干预力度,于是西方企业家开始重视对政治、法律环境的研究。20世纪80年代后期至90年代,企业家们普遍认识到环境对其企业生存和发展的重要性,因而在企业营销活动的研究中将对环境的分析、研究作为最基本的课题。据此,所谓旅游

企业营销环境,是指"由一些影响着旅游企业能否成功开展并维系与目标顾客进行交易的各种因素和势力的构成"①。

旅游市场环境可以分为宏观和微观两个部分。宏观环境要素,即影响企业微观环境的巨大社会力量,包括人口、经济、政治、法律、科学技术、社会文化及自然地理等多方面的因素,间接影响和制约企业的市场营销活动。微观环境要素包括企业的供应商、营销中间商、顾客、竞争者以及社会公众和影响营销管理决策的企业内部各个部门,这些因素直接影响和制约企业的市场营销活动。市场营销环境之间具体关系如图 4-1 所示。

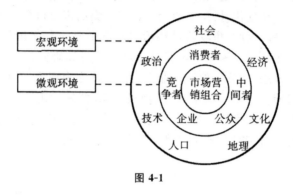

图 4-1

二、旅游市场营销环境的特点

旅游市场营销环境是一个多种因素、多层次而且不断变化的综合体,具有客观性、差异性、系统性、动态性、不可控性、可转化性特点。

(一)客观性

环境是客观存在的,旅游企业总是在特定的社会经济和其他外界环境条件下生存、发展。旅游企业只要从事市场营销活动,就必须要面对这样或那样的环境条件,要受到各种各样环境因素的影响和制约。企业要生存和发展,就要努力适应客观存在的营销环境,企业决策者还要清醒地认识到环境给企业带来的影响是多样的,要及早做好充分的思想准备,随时应付企业面临的各种环境的挑战,抓住机会,实现企业目标。

(二)差异性

旅游市场营销环境的差异性不仅表现在不同的企业受不同环境的影

---

①　程㭊,朱生东.旅游市场营销[M].合肥:合肥工业大学出版社,2005:30.

响,而且同样一种环境因素的变化对不同企业的影响也不相同。例如,不同的国家、民族、地区之间在人口、经济、社会文化、自然地理等各方面都有所不同,这给旅游企业及其营销活动也就带来不同的影响。例如,我国的不同地区在地理、自然条件以及民族文化等方面就会有很大差异。由于自然环境的差异,哈尔滨的冰雕世界与海南岛的热带风情就是迥然不同的旅游特色。又如,同处于某一城市的一家大型的国际旅行社和一家小型的国内旅行社,其宏观环境相似,但微观环境却截然不同,大型的国际旅行社由于自身实力强,在旺季来临之前可以综合运用各种各样的营销手段来推广自己的旅游产品,而小型的国内旅行社此时限于自身的人力、财力,只能通过人员推销、网络营销等有限的几种低成本手段来推广产品。因而,企业应该要清楚地识别,哪些因素可以带来机会,而哪些因素又会带来潜在的威胁,据此采取不同的营销策略,以应付和适应不同的营销环境。

(三)系统性

某种社会经济现象的出现,往往不是由某个单一的因素所能决定的,而是受到一系列相关因素影响的结果。在市场营销环境这个系统中,既有宏观环境,又有微观环境,既有外部环境,又有内部环境,各个影响因素相互依存、相互作用和相互制约,其中某一项因素的变化,都会引发连锁反应,带动其他因素的相互变化,形成新的市场营销环境,正所谓"牵一发而动全身",从多方面影响旅游企业的市场营销。例如,竞争对手是旅游企业重要的微观环境因素之一,而宏观环境中政治法律因素或经济政策因素的变动,均能影响到其竞争对手数量的增减,从而形成不同的竞争格局。又如,旅游企业开发新产品时,不仅要受到经济因素的影响和制约,更要受到社会文化因素的影响和制约。以建一座旅游饭店为例,不仅要分析市场对何种等级饭店的需求已达到饱和状态,目标市场规模的大小,何时能收回投资,经营风险如何;还要考虑其地理位置、交通条件、饭店的设计与建筑、设施设备的布局、职工的招募等多方面因素。因而,旅游企业在进行市场营销环境分析时,不能只关注单个因素所产生的影响,还要充分注意各种因素之间的相互作用。

(四)动态性

营销环境是旅游企业营销活动的基础和条件,这并不意味着营销环境是一成不变的、静止的。恰恰相反,营销环境总是处在一个不断变化的过程中,它是一个动态的概念。例如,在过去,我国消费者的消费主要倾向于追求物质的数量化,如今正转变为追求物质的质量及个性化,可见消费者的消费心理正趋于成熟。一项生活调查表明，八成多被调查者的"黄金周"生活计划安排为"回家""读书""美食""购物""健身""买车""买房"等，只有不到12%的人选择"出游"。留守于都市的休闲生活成了众多都市人的共同选择。众多单位"带薪休假"制度的推广，也使广大都市人可以选择在旅游淡季出门，以避开黄金周热潮。不出门旅游，照样能放松身心。许多人选择了网上遨游、听音乐会或看电影戏剧等休闲方式。假日旅游市场趋于平静，以及度假方式的多样化，正是假日经济走向成熟的表现。

2015 年，国内旅游人数 40 亿人次，入境游客为达到 1.34 亿人次，游客量的迅速增长在带来可观收益的同时，对景区的游客接待能力提出了更高的要求。随着互联网的发展，大量的游客行为线上化，根据艾瑞咨询 2016 年《中国景区旅游研究报告》显示，2015 年中国旅游市场的份额上升至 24.3%，门票的在线市场规模增速高达 57.2%，82.7% 的游客在出行时会选择在线预订方式，可见，互联网对游客行为的影响越来越大，游客行为正从线下往线上转移，游客可以在网上获得景区产品的价格、评价等信息，可以在网上实现查询、预定、下单等一站式的购买服务。中国互联网发展迅猛，互联网及移动互联网已经深深地改变了每个人的行为习惯。随着市场环境和用户习惯的改变，旅游企业也必须跟上时代的步伐，才可能不会被消费者和市场给淘汰，因此，旅游企业的运营方式需从以门票经济为主的粗放运营向以游客体验为核心的精细化运营方式转变。

旅游市场营销环境各项因素的状态随着时间变化而变化，多因素变动的各个状态的多重组合，形成了与不同时间相对应的多样化环境。旅游需求由于可自由支配收入变化、闲暇时间的分布差异，易形成旅游流的时空波动；旅游目的地的旅游资源禀赋造成相对的旅游流季节波动；另外，政治形势剧变、重大自然灾害发生、传染性疾病流行等环境变化都会给旅游业造成巨大冲击，从而直接影响到旅游企业的市场营销工作。2003 年肆虐中国的SARS，2008 年 5 月发生在四川汶川的 8 级大地震都对当时当地的旅游业造成了重大损失。

当然，旅游市场营销环境的变化是有快慢大小之分的，有的变化快一些，有的则变化慢一些；有的变化大一些，有的则变化小一些。例如，科技、经济等因素的变化相对快而大，因而对企业营销活动的影响相对短且跳跃性大；而人口、社会文化、自然因素等相对变化较慢较小，对企业营销活动的影响相对长而稳定。因此，旅游企业的营销活动必须适应环境的变化，不断地调整和修正自己的营销策略。

(五)不可控性

影响市场营销环境的因素是多方面的,也是复杂的,并表现出企业不可控性。例如,一个国家的政治法律制度、人口增长以及一些社会文化习俗等,企业不可能随意改变。而且,这种不可控性对不同企业表现不一,有的因素对某些企业来说是可控的,而对另一些企业则是不可控的;有些因素在今天是可控的,而到了明天则可能变为不可控因素。另外,各个环境因素之间也经常存在着矛盾关系。例如,消费者对某个景区的兴趣与热情可能与该景区的容量相矛盾,那么这种情况就使企业不得不作进一步的权衡,在利用可以利用的资源前提下去开发新产品,开拓新的旅游空间,而且企业的行为还必须与政府及各管理部门的要求相符合。

(六)可转化性

有时,旅游企业表面上看机会颇多、面临着十分美好的发展前景,实际上却潜伏着巨大的风险。一些陶醉于已取得的辉煌成就的旅游企业,因不能正确把握机遇和风险的辩证关系,很有可能将原本面临充满光明和希望的机会环境,变成了把企业带入绝境的威胁环境。例如,希尔顿先生正是很好地把握了经济危机周期的不同阶段,在危机和萧条时,低价收购有增值潜力的饭店,用自己的模式加以经营管理,再在景气和高涨阶段以高价出售。希尔顿先生正是通过把环境威胁转化为环境机会并通过资本运营做大公司的。当年在美国西部出现的淘金热潮中,有两个随机应变,以奇制胜的经营事例,至今仍让人们津津乐道。一个是第一个发明牛仔裤的人——李维·施特劳斯,另一个是菲力普·亚默尔。在淘金热中,这两人没有加入淘金的行列中,却做起了卖牛仔裤、卖水生意,结果两人都取得了很大的成功,赚取了巨大的金钱。另外还有卖铁锹、卖铲子、卖篮子的人,他们才是真正淘到金的人。这些都充分说明了环境的可转化性,认识到当中的辩证关系,就很有可能找到成功的突破口。

市场营销环境是企业经营活动的约束条件。现代营销学认为,企业经营成败的关键,就在于企业能否适应不断变化着的市场营销环境。然而,强调企业对所处环境的反应和适应,也并不意味着企业对于环境无能为力或束手无策。实际上,旅游企业可以从积极主动的角度出发,能动地去适应营销环境。也就是说,企业既可以采取各种不同的方式增强适应环境的能力,避免来自营销环境的威胁,并将威胁转变为机会;或者说运用自己的经营资源去影响和改变营销环境,为企业创造一个更有利的活动空间,然后再使营销活动与营销环境取得有效的适应。旅游企业对营销环境具有一定的能动性和反作用,它可能通过各种方式如公共关系等手段,影响和改变环境中的某些可能被改变的因素,使其向有利于企业营销的方向变化,从而为企业创造良好的外部条件。美国著名市场学者菲利浦·科特勒正是针对该种情况,提出了"大市场营销"理论。该理论认为,企业为了成功地进入特定市场或者在特定市场经营,应以经济的、心理的、政治的和公共关系技能,赢得若干参与者的合作。科特勒举例说:假设某家百货公司拟在美国某城市开设一家商店,但是当地政府的法律不准许,在这种情况下,必须运用政治力量来改变法律,才能实现企业的目标。

有时候,旅游企业之间的联合甚至可以改变顾客的消费行为习惯。在当今的互联网时代,在大数据分析平台的应用上,国内的航空公司远远领先于国内大部分旅游企业。航空订票系统的数据平台里,每个航空公司的售票情况一目了然,包括:起飞降落时间、日期、经停点、餐食,以及各个舱位的折扣和座位情况。国内航空业也曾经历过计划经济时代,单一的票价卖了很长一段时间。改革后,航空业也出现过价格战。但时至今日,即便有廉价航空的冲击,航空公司还是坚持按照市场细分、按照顾客消费习惯的定价策略。他们成功地改变了顾客的消费习惯,使顾客认识到要定到廉价机票,需要提早预订,但改签的费用很高,甚至不能改签;而临近起飞时段,机票价格会很高,但改签很方便,改签费用也很低,甚至免费。

第二节　旅游市场营销的宏观环境

旅游企业的宏观营销环境是指旅游企业或行业运行的外部大环境,既包括国际环境,也包括国内环境,它既不受企业控制也不受其影响,而它对旅游企业营销的成功与否却起到非常重要的作用。旅游市场营销的宏观环境主要包括政治法律因素、经济因素、文化因素、技术因素、自然因素和人口因素。

一、政治法律因素

政治与法律是影响企业营销的重要的宏观环境因素。在任何社会制度下,企业的营销活动都必定要受到政治与法律环境的强制和约束。旅游业的发展不仅与本国政治法律相关,而且与客源国的政治法律密切相关,政治法律环境主要指政策的稳定性、国与国之间的关系、行政法律干预手段等。政治因素像一只有形之手,调节着企业营销活动的方向;法律则为企业规定商贸活动行为准则。政治与法律相互联系,共同对企业的市场营销活动发挥影响和作用。

(一)政治环境因素

政局稳定是旅游企业顺利开展市场营销活动的关键因素。如果政局稳定,生产发展,人民安居乐业,就会给企业造成良好的营销环境。第二次世界大战后至 20 世纪六七十年代,美国和欧洲旅游业的迅速发展是与其稳定的政治局势分不开的。自 20 世纪 90 年代以来,我国国内国际旅游人次和旅游外汇收入迅速增长,也与中国改革开放以来稳定的政治局势密切相关。旅游企业在进入一国或一个地区之前,除了要对该国或该地区的政局稳定性进行预测外,还应了解该国或该地区的方针政策的稳定性,以充分利用这些方针政策带来的市场机遇做好营销工作。

相反,政局不稳,社会矛盾尖锐,秩序混乱,不仅会影响经济发展和人民的购买力,而且对企业的营销心理也有重大影响。战争、暴乱、罢工、政权更替等政治事件都可能对企业营销活动产生不利影响,能迅速改变企业环境,影响旅游者的旅游意向和旅游企业营销活动的开展。美国"9·11"恐怖袭击、澎湖空难、巴厘岛爆炸案和美伊战争等事件,对中国台湾旅游业的沉重打击,充分说明政治环境对旅游业形成的环境威胁。傍山而建的伯利恒被犹太教和基督教称为"圣城中的圣城",《旧约圣经》称伯利恒是大卫王的故乡。这里既是耶稣的出生地,又是犹太人的先祖雅各(后易名以色列)之妻拉结的葬身处,在历史遗迹上建的"圣诞大教堂""乳石洞"等都极其有名。这里曾经游客云集,仅 2000 年就有 240 万人次世界各地的游客到以色列。然而,巴以之间 2000 年 9 月底爆发大规模流血冲突后,到以色列的游客在接下来的两年间骤降,2002 年落入谷底,甚至还不足 100 万人次,伯利恒更是萧条,几乎门可罗雀。以以色列入境游市场为主要目标市场的旅游企业经营遭受重大损失。因此,企业开展旅游市场营销活动时一定要着重考察目标市场的政治稳定性,认真考察政权更迭的频率和政策的连续性,种族、民族、宗教和文化的冲突,以及暴力恐怖活动、示威事件的多寡等多方面因素,尽可能求稳、避险、应变。

旅游企业的所属国与目标市场国之间关系的好坏,也影响着政局及国家政策的稳定。因为当一国与另一国通商时,整个双边关系,包括政治、文化、法律等方面都会影响双边不同的经济关系。政府在政策上采用关税减免、信誉担保、减少手续、实行特殊的旅游兑汇等措施,从而给两国的旅游往来创造条件。例如,北美自由贸易区和欧盟内部各成员国之间由于关系稳定,在一系列互惠条例的前提下,公民旅游往来频繁。"一带一路"国际合作高峰论坛成功召开,旅游业无疑是最大的红利收货者之一。借"一带一路"东风,中国及沿途各国旅游业都迎来新的发展机遇。据统计,2017 年前 4 个月泰国接待外国游客 1 202 万人次,创收 6 216 亿泰铢(约合 1 243 亿元人民币),其中中国游客对泰国旅游创收贡献最大,稳居泰国旅游创收大户。"一带一路"建设更催生出旅游业发展新的机遇。据统计,2016 年中国赴"一带一路"沿线国家出游总人次是 2015 年的 2.7 倍,高于中国出境游整体水平。国家旅游局预计,"十三五"期间,中国将为"一带一路"沿线国家输送 1.5 亿人次中国游客和超过 2 000 亿美元的旅游消费。无论是丝绸之路沿线的欧亚大陆国家,还是海上丝绸之路的海岛国家,都将中国看作最重要的客源市场。可见,"一带一路"国际合作创造的良好政治环境给沿线国家的旅游带来广阔的发展前景,说明了政治环境对旅游市场的影响和作用。

(二)法律因素

国家政府会运用法律手段,干预社会经济生活,因而政府的法令条例,特别是有关旅游业的经济立法,对旅游市场需求的形成具有不可忽视的调节作用,而这些法律或规定是在企业的控制范围之外的。旅游市场与其他有形产品市场不同,它很敏感,如果没有客源,旅游产品就要浪费掉而无法保留。比如,政府下令禁止公费出游的政策颁布后,旅游团体量立刻受到影响。某些地区关于喝酒年龄限制的规定会对餐饮业有较大的影响。交通运输条款规定也对旅游需求产生作用,全国铁路客运票价和航空票价对旅游的影响显而易见。旅游娱乐消费税和扣除额的变化对旅游者的消费行为将产生更大影响,从而也影响到旅游企业的营销活动。20 世纪 80 年代以来,世界许多国家为促进旅游业的发展纷纷采取国家直接投资、减税、设立旅游发展基金等财税政策,调动旅游投资的积极性。例如,澳大利亚政府对饭店、旅游地、度假地等基建开发项目实行减免 25~40 年所得税的政策;马来西亚将所有名牌物品豁免进口税,以刺激购物旅游的发展。因此,旅游企业需要针对政策法规情况的变化来调整营销策略以适应市场的变化。

2009 年 2 月 27 日,国务院公布新的《旅行社条例》。新条例降低了旅游市场准入门槛,这主要反映在旅行社设立条件的限制上。例如,新条例不再分国际旅行社和国内旅行社注册,无论经营国内业务还是入境、出境业务,注册资金一律是"不少于 30 万元人民币的注册资本"。这有利于旅行社数量的增长,有利于我国国际旅游业务的发展。新条例大力鼓励经营国内旅游业务的同时经营入境业务,存入 20 万元人民币可以同时经营国内和入境业务,不再有原来存入 10 万元经营只经营国内业务之说。新条例还取消了增加注册资本的规定,增加的质量保证金的金额也维持不变,只是按照经营国内入境业务和经营出境业务两类来交。由此可以看出,旅行社的设立受到了鼓励,顺应了我国旅游业快速发展的需要;经营入境旅游业务受到了鼓励,适应了我国即将成为第一旅游目的地的需要;出境旅游业务单独作为旅行社的一类,有利于加强对出境游的管理。

二、经济因素

一个国家或地区的经济迅速发展能刺激人们对外出旅游、餐饮、娱乐、购物、住宿等产品和服务的消费,反之,则使人们减少对这些产品和服务的消费。经济环境因素主要包括经济发展阶段、收入、消费结构、产业结构和全球经济模式等。其中,经济发展阶段、收入及消费结构构成了经济因素的主体。

(一)经济发展阶段

经济发展阶段是综合的经济环境,按照美国学者罗斯托(Rostow)的观点可分为:传统社会、起飞前准备阶段、起飞阶段、趋向成熟阶段、大量消费阶段和追求生活质量阶段。一个国家或地区的经济发展规模和水平通常以GDP(或 GNP)和人均 GDP(或 GNP)的统计指标来反映。一般来说,客源地的国民生产总值高,旅游需求量就会增加,旅游目的地的设施及接待条件就好,对旅游者的吸引力就大。国际上有这样一种经验判断,旅游活动经历了三个阶段,当人均国民收入达到 300～450 美元时,居民就会产生国内旅游动机;达到 800～1 000 美元时,居民就产生邻国旅游动机;达到 3 000 美元时,居民就会产生洲际旅游动机。2007 年,我国的人均 GNP 已达到 2 456 美元,进入旅游消费快速增长阶段。2017 年 1 月 11 日,携程旅游集团发布《2016 年国民旅游消费报告》,披露了年度旅游"账单"。2016 年中国游客在旅游上花了 4.66 万亿元,消费总额上海排第一,人均消费北京夺冠。该报告的数据显示,2016 年国民的旅游消费总计达到 4.66 万亿元。其中,国内旅游总收入 3.9 万亿元,同比增长 14%;出境旅游花费 1 098 亿美元(约 7 600 亿元人民币)。从人均消费指数看,报告根据用户调查统计,2016 年游客在携程网上报名旅游,每次人均消费超过 3 000 元。

(二)收入

关于收入,这里重点说国民收入和消费者收入。

国民收入可以衡量一国的富裕程度,它是指一个国家在一定时期内所生产的以市场价格计算的最终产品与劳务。一般来说,国民收入高的地区、发展水平比较高的地区,在市场营销方面,强调产品款式、性能及特色,品质竞争多于价格竞争。而在经济发展水平低的地区,则较侧重于产品的功能及实用性,价格因素比产品品质更为重要。从国际范围来看,收入差距已成为不同国家旅游消费差异的主要原因。人均收入高的国家,其消费水平高,旅游市场的潜力大。但是,由于各国的收入分配方式不同,收入的均等程度也就不同。因此,人均收入水平还不能反映国家真实的消费购买能力。旅游营销者要分析不同收入层次的旅游消费者的消费结构,制定不同的营销策略,为不同收入的旅游消费者提供不同的产品和服务。

收入水平是影响消费者购买力的关键性因素。消费者收入可分为名义收入和实际收入;现期收入和预期收入;个人收入、个人可支配收入和个人可任意支配收入。其中,实际收入和现期收入直接影响现实购买力;个人可支配收入可用于消费和储蓄,是影响消费品支出的决定性因素,而个人可任意支配收入是影响旅游者购买力的最活跃的因素。也是企业开展营销活动时所要考虑的主要对象。因为这部分收入主要用于满足人们基本生活需要之外的开支,一般用于购买高档耐用消费品、旅游、储蓄等,它是影响非生活必需品和劳务销售的主要因素。在这方面,法国统计学家恩格尔提出了恩格尔定律。其中,恩格尔系数是衡量一个国家、地区、城市、家庭生活水平高低的重要参数,其可反映一个国家或地区的居民生活水平和经济发展程度,联合国粮农组织提出的标准是:59%以上为赤贫,50%～59%为温饱,40%～49%为小康,40%以下为富裕,其中20%以下为最富。一般来说,高收入旅游者往往比低收入旅游者在旅游过程中平均逗留时间长、花费高。不同收入的旅游者在旅游过程中选择参加的活动类型、购买的旅游产品也有很大的差别。

(三)消费结构

消费结构指消费过程中人们所消耗的各种消费资料(包括劳务)的构成,即各种消费支出占总支出的比例关系。优化的消费结构是优化的产业结构和产品结构的客观依据,也是企业开展营销活动的基本立足点。第二次世界大战以来,西方发达国家的消费结构发生了很大变化:恩格尔系数显著下降,目前大都下降到20%以下;衣着消费比重降低,幅度在20%～30%之间;住宅消费支出比重增大;劳务消费支出比重上升;消费开支占国民生产总值和国民收入的比重上升。从我国的情况看,消费结构还不尽合理。长期以来,由于政府在住房、医疗、交通等方面实行福利政策,从而引起了消费结构的畸形发展,并且决定了我国居民的支出模式以食物、衣物等生活必需品为主。随着我国社会主义市场经济的发展,以及国家在住房、医疗等制度方面改革的深入,人们的消费模式和消费结构都会发生明显的变化。企业要重视这些变化,尤其应掌握拟进入的目标市场中支出模式和消费结构的情况,输送适销对路的产品和劳务,以满足消费者不断变化的需求。

(四)产业结构

产业结构是指一个国家或地区各产业部门在国民经济中所处的地位和所占的比重及相互之间的关系。在经济发达的国家和地区,第三产业在国民经济中所占的比重越来越高,如德国、日本、美国、西班牙、奥地利、芬兰、爱尔兰、加拿大、新加坡、英国和荷兰等,这些国家或地区是重要的旅游目的地和客源地。从我国的经济发展状况来看,第一产业国内生产总值和就业人口比重呈逐渐下降趋势;第二产业国内生产总值略有上升,就业人口保持基本不变;第三产业国内生产总值和就业人口比重正在逐渐上升。这种变化趋势给旅游业的发展提供了历史性的机会。旅游企业必须时刻关注和认真分析产业结构的变化趋势,制定相应的营销策略,开拓新市场。

(五)全球经济模式

旅游业的经营已经处于全球环境中。国际间的贸易是各国争取外汇的主要途径,而外汇的获得又决定一国的国际收支状况。外贸收支状况可以通过货币汇率的变动来表现。货币汇率反映不同国家不同货币之间的比价,对国际旅游需求的变化起重要的作用。对旅游目的地国来说,货币升值会减少旅游,货币贬值则会促进旅游。当中国人民币与美元的外汇比价有利于人民币时,美国前往中国的游客数目就会减少,而像迈阿密这样的美国旅游目的地就会从中受益。阿根廷货币贬值的一个好处就是它能够通过举办会议而赚取外汇。2007年以来在美元贬值、人民币升值的环境下,美国人到中国旅游的人数明显减少。对旅游客源国来说,货币升值会促进本国居民到国外旅游,货币贬值则减少国民外出旅游。因此,旅游企业必须意识到全球的旅游趋势以及新兴旅游目的地的发展。

意大利经济存在着严重的结构性缺陷,生产效率低,政府和私营部门内部缺乏竞争,劳动力市场存在着"二元化"的分割状态。希腊债务危机爆发后,意大利的债务负担显然超出了"可持续"的限度,其经济陷入了一种恶性循环:为在国际市场上融资,意大利必须忍受较高的筹资成本,其结果必然是加重债务负担,而日益沉重的债务负担进一步侵蚀了主权信用等级。为了尽早平衡预算,意大利政府从2010年年底至2011年12月,分别推出了5份总额涉及2 350亿欧元的经济紧缩计划。经济紧缩计划削减政府开支和增加税收,将减少社会消费,从而阻滞经济的增长,形成一个恶性循环。

这导致人们花钱更加保守,尽量减少不必要的开支,以应对可能出现的经济危机。旅游作为一项非必要性活动,自然会受到很大影响,形式包括缩短旅行时间,远程旅行改为近程旅行,豪华旅行改为更加经济的旅行,甚至干脆取消旅行。中国作为远距离目的地,旅行费用相对较高,自然会因此而受到影响。截至 2011 年 10 月,意大利旅华总人数为 19.8 万人次,较 2010 年同期增长了 2.1%。但与 2010 年较 2009 年同期 20% 的增幅相比,相差甚大。

三、文化因素

社会文化是指一个社会的民族特征、价值观念、生活方式、风俗习惯、伦理道德、教育水平、语言文字、社会结构等的总和。文化作为一种适合本民族、本地区、本阶层的共同意识和价值观念,强烈地影响着旅游者的消费喜好、消费行为和购买行为。因为不同的社会文化,代表着不同的生活模式,对同一产品可能持有不同的态度,直接或间接地影响产品的设计、包装、信息的传递方法等。社会文化因素通过影响消费者的思想和行为来影响企业的市场营销活动。因此,企业在从事市场营销活动时,应重视对社会文化的调查研究,并做出适宜的营销决策。社会文化所包含的内容很多,如教育水平、价值观念、宗教信仰、风俗习惯。

(一)教育水平

教育水平是指消费者受教育的程度。一个国家、一个地区的教育水平与经济发展水平往往是一致的。不同的文化修养表现出不同的审美观,购买商品的选择原则和方式也不同。一般来讲,教育水平高的地区,消费者文化程度高,思想比较先进,能尽早摆脱日出而作、日落而息的旧观念,不满足于单调枯燥的生活节奏,要追求生活质量,从而有强烈的旅游需求。他们对报纸杂志、电视广播、录像带等宣传工具的接触比较多,这对旅游企业达到营销广告效果非常有利。当然,文化程度高的消费者对旅游产品的要求也较高,不容易接受广告宣传和新产品,购买的理性程度高,通常会偏向于博物馆、美术馆、科技馆、名人故居等知识含量较高的旅游景点。在教育落后的国家进行市场调查或与旅游者交换意见比较困难,在当地也难寻找到合适的代理商和市场调研人员,促销方式也受到一定限制。例如,在苏州的外国游客中日本人占了相当比例,原因就在于日本的小学课本中将唐诗《枫桥夜泊》收入,他们从小就受到"姑苏城外寒山寺,夜半钟声到客船"的文化熏陶。因此,教育水平高低影响着消费者心理、消费结构,影响着企业营销组织策略的选取以及销售推广方式方法的差别。

(二)价值观念

价值观念是人们对社会生活中各种事物的态度、评价和看法。不同的文化背景下,人们的价值观念差别是很大的,而消费者对商品的需求和购买行为深受其价值观念的影响。在工业文明时期,人类中心主义作为一种社会生产世界观、文化观、实践观和伦理观,让人类肆无忌惮地掠夺,浪费和滥用自然资源,造成了严重的环境污染和生态破坏,甚至威胁着人类本身的存在与发展。在这不容忽视的严峻问题下,全球掀起了一片要求旅游业实现可持续发展的呼声,要求重视资源环境和生态平衡,在实践中尊重自然,保护环境,维护"人—社会—自然"复合系统的统一和良性循环。这也就是一种生态价值观。承认生态价值是生态价值观的核心,是与人类中心主义思想最明显的区别。旅游业的发展必须要有相应的旅游资源和生态环境作为物质载体和基本保障,通过对旅游目的地旅游资源的规划和开发,经营和管理,才能实现旅游经济产业的发展。因此,生态价值观必须作为一种世界观和价值观贯穿于旅游发展的始末。

(三)宗教信仰

不同的宗教信仰有不同的文化倾向和戒律,从而影响人们认识事物的方式、价值观念和行为准则,影响着人们的消费行为,带来特殊的市场需求,与企业的营销活动有密切的关系,特别是在一些信奉宗教的国家和地区,宗教信仰对市场营销的影响力更大。例如,在以基督教徒为主的旅游市场,就不合适做其他宗教相关的旅游营销活动。因为基督教是一神教,教徒不接受其他宗教的信仰和相关活动。尤其要注意的是,在展开旅游市场营销活动时,不要触碰目标消费者的宗教信仰禁忌,因此一定要事先做好市场调查。

(四)风俗习惯

风俗习惯是人们根据自己的生活内容、生活方式和自然环境,在一定的社会物质生产条件下长期形成并世代相袭而成的一种风尚和由于重复、练习而巩固下来并变成需要的行动方式等的总称。风俗习惯遍及社会生活的各个方面,包括婚丧习俗、饮食习惯、节日习俗、商业习俗等,是人们长期自发形成的习惯性的行为模式。例如,中国人有春节辞旧迎新、端午节赛龙舟、中秋节庆团圆等许多具有特色的风俗习惯;信奉伊斯兰教的国家的穆斯林,在伊斯兰历每年的 12 月上旬,汇集于沙特阿拉伯的麦加城,以朝拜圣地,并亲自去做完他们的"四大功课"。所有这些习俗,给旅游营销提供了良好的机遇。

不同的国家、不同的民族有不同的风俗习惯,它对消费者的消费嗜好、消费模式、消费行为等具有重要的影响。例如,不同的国家、民族对图案、颜色、数字、动植物等都有不同的喜好和不同的使用习惯,像中东地区严禁带六角形的包装;英国忌用大象、山羊做商品装潢图案即是如此。再如中国、日本、美国等国家对熊猫特别喜爱,但一些阿拉伯人却对熊猫很反感;墨西哥人视黄花为死亡,红花为晦气,而喜爱白花,认为可驱邪;德国人忌用核桃,认为核桃是不祥之物;匈牙利人忌"13"单数;日本人忌荷花、梅花图案,也忌用绿色,认为不祥;南亚有一些国家忌用狗做商标。国内某家国际旅行社,曾在杭州定做了一批纯丝手帕,名厂名产。每块手帕上都绣着花草图案,美观大方,装在特制的纸盒内,盒上印有旅行社社徽。一位导游员带着盒装的纯丝手帕,到机场迎接来自意大利的游客,给车上每位客人两个包装精美的手帕作为礼品。没想到车上一片哗然,议论纷纷,游客显出很不高兴的样子。原来在意大利和西方一些国家有这样的习俗:亲朋好友相聚一段时间告别时才赠送手帕,取意为:"擦掉惜别的眼泪。"尤其是有些手帕上绣着菊花。菊花在中国是高雅的花,但在意大利却是葬仪用花。这就是导游事先没有做调查的后果。

旅游企业在开拓国际市场时,一定要注意不同民族、不同国家地区的文化传统及宗教习惯的差异,尤其是要充分考虑目标客源的宗教信仰及相关禁忌,针对不同习惯,进行区别性营销。重视对目标旅游市场的社会文化环境的分析,将有助于旅游企业制定适应社会文化环境的营销战略和策略。社会文化环境与旅游市场营销的关系可参看图4-2。旅游营销要建立在对客源市场深入了解的基础上,从游客的角度去着想,适应当地社会文化,市场经营活动才能成功。

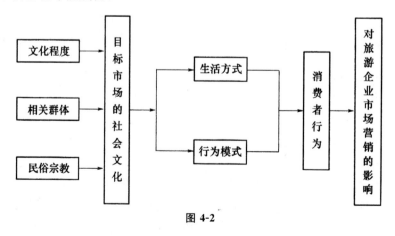

图 4-2

四、技术因素

"技术"是指人们所有行事方法的总和。它是现代生产力发展中最活跃和最具有决定性的因素。它作为重要的营销环境因素,不仅直接影响企业内部的生产和经营,而且还同时与其他环境因素相互依赖、相互作用,影响企业的营销活动。科学技术的发展为提高营销效率提供了更新更好的物质条件。

第一,科学技术的发展,为企业提高营销效率提供了物质条件。例如,新的交通运输工具的发明或旧的运输工具的技术改进,使运输的效率大大提高。现代交通运输条件的改善,大大缩短了通往旅游目的地的时空距离,如波音747-SP型飞机飞行速度已达1 000千米/时,高速公路上的车速可达100千米/时以上,磁悬浮子弹火车可超过300千米/时。便捷舒适的交通为旅游市场的发展创造了良好的条件。旅游交通工具的发展,还为旅游市场带来了新型游客,例如,英国的"伊丽莎白皇后号"、德国的"欧洲号"、美国的"君王占领号"游轮举世闻名,我国长江旅游船年接待能力已达45万人次。一些交通工具还丰富了旅游产品,如滑竿、旅游缆车、雪橇等特色旅游交通工具本身就是旅游市场上吸引力很强的旅游项目。自2006年7月1日青藏铁路通车至2011年,乘坐列车进出藏的旅游者突破了1 000万人次,青藏铁路对西藏旅游业的辐射带动作用日益增强。青藏铁路的通车,突破了制约西藏旅游业发展的交通瓶颈。同时,青藏铁路自身也成为旅游者青睐的"旅游产品",众多游客专程选择乘坐青藏铁路列车进入西藏,以此体验全球海拔最高的铁路。

信息、通信设备的改善,更便于企业组织营销,提高营销效率。2010年上海世界博览会对高科技的应用和展示更具特色,充分体现了"科技世博"的风采。只需掏出手机,轻轻一刷,就可进入世博园区,这是中国移动与上海世博局联手推出的世博"手机门票"带来的无"线"乐趣。"手机门票"是全球首次把RFID技术与移动SIM卡相结合,也是历届世博会和移动通信史上的双首创。用户不需要换手机,只需更换一张具有非接触通信功能的(U)SIM卡片,就能在世博期间享受"一机在手,购票无忧,园区畅游"的服务。

现代商业中自动售货、邮购、电话订货、电视购物等方式的发展,尤其是网络技术的使用,实行真正的网络化电子商务经营,这既满足了消费者的要求,又使企业的营销效率更高。虽然大多数网站都已提供出售机票、预订酒店、预订旅游线等商业服务,但传统的企业对于网站来说还只是一种客户关系,一种业务合作关系。2006年成立的旅游网络公司——新旅网,其目标是把与其合作的传统企业(旅游饭店、度假村)结合成一个紧密的网络联盟,对其存量资产进行有效重组。通过运用分时度假这种全新的营销方式,辅以现代电子商务技术和资产证券化的金融手段,将相关旅游企业联系起来,组成一个适当规模的利益同盟,实行网络化经营。网络联盟的形成,将借助于互联网和银行特约商互联网结算系统,将国内现有酒店订房系统、酒店管理系统、电子商务交易系统等电脑网络系统和企业界内联网进行有机结合而形成新旅网独有的信息技术网络。新旅网将是以整体业务流程为核心,能安全、便捷地进行电子化交易,完成商品和服务等价值交换的实实在在的电子商务平台。

同时,因特网作为跨时空传输的"超导体"媒体,能够克服营销过程中时空的限制,可以为市场中所有顾客提供及时的服务,同时通过因特网的交互性可以了解不同市场顾客特定需求并针对性地提供服务。

第二,科学技术的发展,可使促销措施更有效。例如,广播、电视、传真技术等现代信息传媒的发展,可使企业的商品和劳务信息及时准确地传送到全国乃至世界各地,这将大大有利于本国和世界各国消费者了解这方面的信息,并起到刺激消费、促进销售的作用。

第三,现代计算技术和手段的发明运用,可使企业及时对消费者的消费需求及动向进行有效的了解,从而使企业营销活动更加切合消费者需求的实际情况。科学技术的发展,推动了消费者需求向高档次、多样化方向的变化,消费者消费的内容更加纷繁复杂。因此,生产什么商品,生产多少商品去满足消费者需要的问题,还得依靠调查研究和综合分析来解决。这种情况,完全依赖传统的计算和分析手段是无能为力的,而现代计算和分析手段的发明运用,提供了解决这些问题的方法。例如,利用高级电子计算机对消费者及其需求的资料进行模拟和计算、分析和预测,就能及时、准确地为企业提供相关资料,以作为企业营销活动的客观依据。

综上所述,旅游企业应特别重视科学技术这一重要的环境因素对企业营销活动的影响,以使企业能够抓住机会,避免风险,求得生存和发展。

五、自然因素

对于旅游产业而言,自然环境主要是指优越的地理位置和丰富的景观资源。旅游业与自然环境存在着密切的联系,旅游业的发展必须依托于一定的自然地理环境,而自然资源、气候条件的变化对旅游业都存在着一定的制约作用。当代自然环境最主要的动向是:自然资源日益短缺,能源成本趋于提高,环境污染日益严重,政府对自然资源的管理和干预不断加强。所有这些,都会直接或间接地给企业带来威胁或机会。

变化万千、差异悬殊的自然环境是旅游活动的基础环境,对当地旅游业生存、发展起着至关重要的承载作用。优越的自然条件给旅游营销提供了得天独厚的机遇。在自然地理环境中,风景是众多旅游资源中最活跃、最富于变化、最能激发游客想象力的重要因素。我国各地的旅游胜地拥有众多绚丽壮观的风景资源,如泰山日出、黄山云海、三峡云雾、峨嵋佛光等。气候、空气、阳光等是构成自然条件的主要因素,也是能否吸引游客的重要因素,被誉为世界"旅游王国"的西班牙,其出售的就是"阳光、空气和海滩"。

自然条件可以给旅游营销带来良机,环境变化有时又会给旅游营销带来危机。地震、山崩、火山爆发、洪水袭击、恶劣天气等自然灾害都可能给旅游业造成损失,给旅游营销带来危机。例如,2008年四川遭遇"5·12"汶川大地震,使当年四川的旅游业一落千丈,到九寨沟、黄龙等著名景区的游客大幅度减少。可见,自然界的变化会从不同方面影响着旅游营销,需要进行具体的调查研究而做出相应的反应。

旅游自然环境不仅决定旅游目的地的分布,对旅游区的可进入性、交通路线、网络等有重要影响,而且对旅游客体的形成、特色、分布等都有决定作用。例如,我国西北地区的干旱自然环境,形成了沙漠、戈壁、雅丹地貌等自然旅游景观,以及与之相对应的人文景观,如坎儿井、绿洲农业等;青藏地区高寒的自然环境,形成了高山、雪原、冰川、湿冷植被和高寒动物等;云贵、两广和福建一线,其自然环境特点是气候湿热、多山地、广布可溶性灰岩,因此岩溶景观典型,山水风光秀丽;内蒙古在干旱、半干旱的自然环境条件下,形成了典型的草原和牧场风光。

保护好自然环境对发展旅游业大有益处。保护自然环境有赖于政府、企业和旅游者的共同努力。许多国家和地区的政府制定各种政策和法规,致力于保护当地的旅游资源和环境。例如,中国香港政府将迪斯尼乐园的到来视为一次改善自然环境的好机会。旅游企业则应树立现代营销观念,在景区景点的开发建设中采用无污染或少污染的设备设施,制定并实施废物回收计划,采用节能技术,合理控制旅游者容量以减少对生态环境的破坏,在开展旅游营销活动时对旅游者加强环保教育。

六、人口因素

旅游市场是由具有购买欲望和购买能力的人所构成的,旅游企业市场营销活动的最终对象是旅游者。影响旅游企业市场营销的人口因素是多方面的,通常包括人口数量、自然构成、增长速度、教育程度、地区分布及地区间流动等因素。人口环境的这种影响直接反映到消费需求的变化上。旅游企业必须重视对人口环境的研究,密切注视人口特性及其发展动向,不失时机抓住市场机会,当出现威胁时,应及时、果断调整营销策略以适应人口环境的变化。

(一)人口规模

人口是构成市场的第一位因素。因为市场是由那些想购买商品同时又具有购买力的人构成的。收入接近的条件下,人口规模决定着市场容量的大小。一般情况下,人口数量与市场容量、消费需求成正比。因而人口数量的增加为旅游企业扩大市场空间和创造市场机会提供了可能性。但是人口规模过度的增长也会影响经济的发展,使购买力下降,进而限制旅游企业的发展。例如,非洲的很多国家人口过度增长,但因购买力不强,旅游人数仍然为数不多,占其总人口的比例甚少。

(二)人口结构

我国人口年龄结构的显著特点是:现阶段,青少年比重约占总人口的一半,反映到市场上,在今后 20 年内,婴幼儿和少年儿童用品及结婚用品的需求将明显增长。目前我国人口老化现象还不十分严重,但在不久的将来,同世界整体趋势相仿,我国将出现人口老化现象,而且人口老化速度将大大高于西方发达国家。反映到市场上,将使老年人的需求呈现高峰。这样,诸如保健用品、营养品、老年人生活必需品等市场将会兴旺。另外,我国目前处于一个婚育高峰期,蜜月旅行已成为时尚。鉴于此,旅游企业营销者既应该注重老年人市场,推出适合老年人的需求的各种服务项目,也应该开展多姿多彩的蜜月旅游活动,从人们的实际需求出发,举办吸引客源的营销活动。

另外,家庭是购买、消费的基本单位。家庭的数量直接影响到某些商品的数量。目前,世界上普遍呈现家庭规模缩小的趋势,越是经济发达地区,家庭规模就越小。欧美国家的家庭规模基本上户均 3 人左右,亚非拉等发展中国家户均 5 人左右。在我国,"四代同堂"现象已不多见,"三位一体"的小家庭则很普遍,并逐步由城市向乡镇发展。家庭数量的剧增必然会引起对炊具、家具、家用电器和住房等需求的迅速增长。

人口的性别不同,其市场需求也有明显的差异。目前来看,女性旅游者迅速增加,原因是近年参加工作的女性增多,要求妇女解放、男女平等、经济自立渐渐成为一种风尚。针对女性旅游人数的增加,旅游市场营销者可根据女性消费的特点,推出一些刺激女性出游的活动,如购物健美之旅、国际服装艺术节之旅等。

从职业结构来看,企业主、商人业务繁忙,出差机会多;科技人员、医生、教育工作者等外出学术交流机会多;职员、自由职业者假日外出旅游也较多。旅游企业的营销活动应针对不同的职业群体采用不同的措施,例如,对教师群体的宣传应放在寒暑假前夕;整体素质较高的群体比素质较低的群体渴望了解世界的愿望更强烈,对他们的宣传就更要注重形式和效果。

(三)人口的地理分布

地理分布指人口在不同地区的密集程度。由于自然地理条件以及经济发展程度等多方面因素的影响,人口的分布绝不会是均匀的。从人口地域分布与旅游市场的关系看,随着地理距离的增大,客源逐渐衰减,因为随着距离加大,旅游费用和时间逐渐增多,旅游流强度逐渐减弱。在旅游的格局里,国内旅游流大于国际旅游流,中短程国际旅游流大于远程国际旅游流。在相同目标的前提下,舍远求近是一切旅游市场选择的共同原则。针对这一特性,旅游市场营销活动应注重近距离市场的开发。例如,亚洲国家多在吸引日本、韩国等较近的富裕国家的游客。

从我国来看,人口主要集中在东南沿海一带,约占总人口的94%,而西北地区人口仅占6%左右,而且人口密度逐渐由东南向西北递减。另外,城市的人口比较集中,尤其是大城市人口密度很大,在我国就有上海、北京、重庆等好几个城市的人口超过1 000万人,而农村人口则相对分散。一般而言,城市居民对旅游有需求的人数比乡村的多,而且比例也高。其原因是:城市居民收入较高。旅游需求的经济条件较好;城市交通发达,旅游信息灵通,旅游社会条件较好;都市人口稠密,环境污染大,迫使人们旅游调节生活环境。

随着经济的活跃和发展,人口的区域流动性也越来越大。在发达国家除了国家之间、地区之间、城市之间的人口流动外,还有一个突出的现象就是城市人口向农村流动。在我国,人口的流动主要表现在农村人口向城市或工矿地区流动;内地人口向沿海经济开放地区流动。另外,经商、观光旅游、学习等使人口流动加速。对于人口流入较多的地方而言,一方面由于劳动力增多,就业问题突出,从而加剧行业竞争;另一方面,人口增多也使当地基本需求量增加,消费结构也发生一定的变化,继而给当地企业带来较多的市场份额和营销机会。如何利用人口流动的特点去开发旅游市场,这是旅游营销活动面临的新问题。

第三节　旅游市场营销的微观环境

　　所谓的旅游市场营销的微观环境是指存在于旅游企业周围并影响其营销活动的各种因素和条件。旅游市场营销微观环境影响着企业为目标市场服务的能力。构成旅游企业营销微观环境的各种制约力量存在于企业周围，与企业形成协作、竞争、服务、监督的关系。旅游市场营销工作的成功，不仅取决于能否适应宏观环境，适应和影响微观环境也是至关重要的。旅游市场营销的微观环境包括企业自身、营销中介、供应商、购买者、竞争者和公众。

一、企业自身

　　旅游企业中的各种活动和部门构成了旅游企业营销环境的第一个微观要素。旅游企业内部环境包括市场营销管理部门、各职能部门及最高管理层(图4-3)。例如，营销经理必须与企业最高管理层及各个部门紧密合作，才能保证营销活动顺利进行。会计核算部通过测算收益和成本帮助营销人员了解是否达到了营销目标；产品开发部负责产品创新，以满足不断变化的市场需要；客房部负责提供销售部卖出的客房的清洁卫生。高层管理者制定企业的使命、目标、战略和政策，营销决策必须与高层管理者的战略和计划保持一致。因此，旅游企业自身内部环境的优劣，反映一个企业应付激烈竞争和适应市场变化与环境变化的能力。

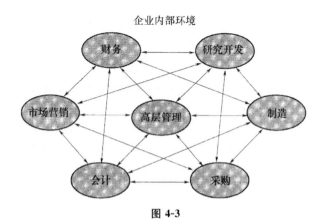

企业内部环境

图4-3

　　除了企业组织结构，企业使命、企业文化、企业资源也是企业自身内部环境的重要组成部分。所谓企业使命是指企业在社会进步和社会经济发展中所应担当的角色和责任。说明企业的经营领域、经营思想,为企业目标的确立与战略的制定提供依据。全球知名企业迪斯尼公司的企业使命是"使人们过得快活",索尼公司的企业使命是"体验发展技术造福大众的快乐",耐克公司的企业使命是"体验竞争、获胜和击败对手的感觉",IBM 公司的企业使命是"无论是一小步,还是一大步,都要带动人类的进步",麦肯锡公司的企业使命是"帮助杰出的公司和政府更为成功",联想电脑公司的企业使命是"为客户利益而努力创新"。

企业文化是企业内部生产关系的外在表征,包括企业职工共有的信念、期望和价值观,企业法人的形象,企业内部管理的规章制度,领导与职工的关系等方面。企业文化是企业这个有机体的"大脑",它决定或影响企业的组织结构和企业资源的开发利用。企业资源是企业的人力、物力、财力和各种管理技术与管理能力的总和,它是企业这个有机体的"血液",影响市场营销工作的可进入性和效率。

二、营销中介

营销中介是指协助企业促销、销售和配销其产品给最终购买者的企业或个人。旅游营销中介是指处在旅游企业与旅游者之间,参与商品流通业务,促使交易行为顺利发生和实现的企业或个人。它包括旅游中间商、营销服务机构和金融中间商等。

(一)中间商

中间商是指处于旅游生产者与旅游者之间、参与产品流通、促成贸易达成的组织和个人。例如,旅游目的地需要供应商。航空公司的服务、饭店、酒店、餐馆、会议设施以及娱乐等都属于旅游目的地所应提供的服务项目。旅游产品的空间组合、使用权与所有权的分离,旅游者的空间流动,结算付款,信息沟通,广告促销策略等的实施,单靠企业本身的力量是不够的,旅游企业必须利用一切可以利用的营销中介力量,最大限度地把本企业的产品以适当的方式、适宜的价格,在适当的地点、适当的时间销售给适当的顾客。供应商一方面要把相关产品信息告知旅游消费者;另一方面又要使旅游者方便实现旅游目的。其有如下特点:购买的次数较少、数量大;购买为了转卖,其目的是获取利润;一般为专家购买,他们对价格、行业动态十分了解。

旅游中间商在营销活动中的地位很重要,它会在多个环节中出现。例如,某旅行社的外联人员出去联系业务,他就在旅行社与旅游者之间扮演中间商的角色;旅游者最终确定目的地后,此旅行社就会与目的地某一旅行社进行联系,由当地那家旅行社提供地陪,全权负责当地游览。在这个过程中这家旅行社又充当了中间商的身份。在整个旅游活动过程中,中间商出现了两次。旅游供应商的数量及其所提供的旅游资源和旅游产品的价格、供应量和质量,都会影响旅游企业的产品和服务的价格、质量、销量和利润。因此,旅游企业应选择信誉好、实力强、经营规范的供应商。在与中间商建立合作关系后,要随时了解和掌握其经营活动,并可采取一些激励性合作措施,推动其业务活动的开展,而一旦中间商不能履行其职责或市场环境变化时,企业应及时解除与中间商的关系。

以是否拥有商品所有权为标准,中间商可分为两类:代理中间商和买卖中间商。代理中间商有代理商、经纪人和生产商代表。他们专门介绍客户或与客户磋商交易合同,但并不拥有商品所有权。买卖中间商又称经销中间商,主要有批发商、零售商和其他再售商。他们购买商品,拥有商品所有权,再售商品。中间商由于与目标顾客直接打交道,因而它的销售效率、服务质量就直接影响到企业的产品销售。

(二)营销服务机构

营销服务机构是帮助企业选择最恰当的市场并协助企业向选定市场推销产品的企业,主要包括广告公司、传播媒介公司、市场调研公司和营销咨询公司等。旅游生产企业可以依靠市场调查公司进行市场信息的收集、整理和分析;向营销咨询公司征求营销活动的意见、建议和指导;依靠广告公司制作旅游产品广告;通过传播媒介公司传递信息。在企业决定委托营销服务机构来处理这些业务时需要谨慎选择,仔细考察每个不同的专业公司所提供的服务质量、服务内容、服务特色及其价格水平,对它们做出恰当的判断和评价。

(三)金融机构

金融机构主要是指协助旅游企业进行融资活动,为旅游产品购买与销售提供资金保障服务的各种公司,如银行、信贷公司、保险公司等。旅游企业和金融机构的联系是非常密切和频繁的,旅游企业的财产需要通过保险公司进行保险,企业间的业务往来要通过银行账户进行结算。

三、供应商

供应商是指向企业及竞争者提供生产经营所需资源的企业或个人。旅游企业是服务企业,经营的旅游产品更多地表现为旅游服务的提供,是有形的物质与无形的服务相交融的"组合型"产品。例如,旅行社的供应商有旅游风景管理区、交通部门、宾馆酒店和娱乐场所等,旅游饭店的供应商有定点旅游用品商店、水电气公司和果蔬市场等。

旅游供应商所提供产品和服务的数量、质量、时间、价格等是旅游企业进行正常运转的保障,是向市场提供旅游产品的基础;还直接影响旅游企业的成本和费用高低,进而影响企业的经济效益和营销目标的实现。所以,旅游企业与供应商之间的紧密联系是对企业营销活动产生直接影响和制约的因素。例如,在我国每年的旅游黄金周期间,由于某些产品和服务不能充分保证供给,有的旅行社不得不婉拒游客。

供应商对企业营销活动的影响主要表现在以下几方面。

(1)供货的稳定性、及时性和准确性。供应商及时、稳定、准确地提供旅游企业需要的物质资源和信息是旅游企业营销活动顺利进行的前提。

(2)供货的价格变动。很显然,供货的价格直接影响旅游企业的成本,如果供应商提高了所提供物质资源和信息的价格水平,旅游企业也要在相应的程度上提高其旅游产品的价格。因此,旅游企业应该对价格的变化趋势有一个充分的认识和把握,这样才能从容地应对突如其来的市场变化。

(3)供货的质量。供应商提供的各种物质资料的好坏将直接关系到旅游产品和服务质量的差异。

四、购买者

旅游生产企业的营销活动是以旅游购买者的需要为中心而展开的,旅游生产企业的目的是要有效地向目标市场提供旅游产品,可以说旅游购买者是影响旅游企业营销活动的最基本、最直接的环境因素。从旅游购买者的角度看,这一因素又可分为个体购买者和公司购买者。

(一)个体购买者

个体购买者也就是终端的旅游消费者,其主要是为了满足个人或家庭物质需要和精神需要而购买旅游产品,如观光旅游者、度假旅游者、商务旅游者、会议旅游者、体育旅游者等。这类购买者购买旅游产品是用于自己消费,以获得物质享受和精神享受,并无牟利动机。个体购买者具有以下几方面的特征。

第一,人多面广。个体购买者多以个人或家庭为基本消费单位,来自各阶层,更多地受到消费者个人因素影响,对旅游产品的价格需求弹性较大。

第二,需求差异大。个体购买者因性别、年龄、习惯的不同,对旅游的需求存在较大的差异。

第三,多属小型购买。个体购买者多以个人或家庭为单位,故购买的数量较小。

第四,购买频率较高。个体购买者多以个人或家庭为单位,故个体购买者的购买量虽小但品种多样、频率较高。

第五,个体购买者大多缺乏旅游产品的专门知识。由于大多数个体购买者对旅游产品缺乏专门知识,对旅游产品的购买是一种非专家购买。

第六,购买流动性较大。个体购买者的购买能力及用于消费旅游产品的时间都有一定限度,而且旅游产品之间具有较强的可替代性,使得个体购买者在购买旅游产品时有较大的选择性。

同时,消费者个人行为也影响着旅游营销活动。其内容涉及广泛,包括心理学、社会学、人类学、经济学等多方面。

由于上述特点,大多数个体购买者喜欢通过旅游中间商来购买旅游产品。旅游企业应该根据自身的特点来分析企业所提供的产品和服务最适合于哪一种旅游者类型、购买行为以及消费方式。

(二)公司购买者

公司购买者是指各种企业或组织为开展业务而购买旅游产品的购买者,如到宾馆举行会议或展销会的企业和协会等购买者。公司购买者具有以下几方面的特点。

第一,公司购买者数量较少,但购买规模较大。此类购买者大多是企业单位,购买者的数目很少,但由于公司是为举办会议等用途购买,所以,购买规模较大。

第二,公司购买属于派生需求。公司购买者购买旅游产品的最终目的并不是追求旅游产品所带来的身心享受,而是为了通过旅游产品给人所带来的享受达到开展业务活动的最终目的。因此,公司购买具有派生性,其购买费用是属于生产性费用。

第三,公司购买需求弹性较小。公司购买者对旅游产品的需求不容易受到价格变动的影响。因为公司是为开展业务而购买,费用由单位支出。

第四,专业人员购买。公司购买者在公司内部一般都有专门从事旅游产品购买的部门和专业人员,其购买行为是一种专家购买。

从以上分析可以看出,个体购买者和公司购买者在购买旅游产品时会表现出不同的特征。旅游企业应该要考虑到这种差异,据之对公司购买者和个体购买者分别制定不同的营销策略,在产品、价格、渠道、促销方面针对其特点采取不同的措施,以满足他们各自不同的需求。

五、竞争者

竞争者的状况直接决定企业的生存状况。旅游企业要在激烈的市场竞争中获得营销的成功,就必须比其竞争对手更有效地满足目标顾客需求。因此,除了发现并迎合消费者的需求外,识别自己的竞争对手、时刻关注他们,并随时对其行为做出及时的反应亦是成败的关键。

(一)竞争者类型

竞争者可分为一般竞争者、产品形式竞争者、品牌竞争者、意愿竞争者。

1.一般竞争者

一般竞争者指能向消费者提供与本企业不同品种的产品,争夺满足消费者同种需要的产品供应者。这是一种平行的竞争关系。例如,某一消费者,在经过一段时间的紧张工作之后,迫切想外出旅游,这样便使不同特色的旅游目的地(山岳型、海岸型等)为满足其旅游的需要而形成一般竞争者的关系。

2.产品形式竞争者

产品形式竞争者指能向消费者提供与本企业产品不同形式的产品,争夺满足消费者的同种需要的产品供应者。例如,旅游者到达某一旅游目的地之后,需要解决住宿问题,这样不同档次的饭店之间便形成了产品形式竞争者的关系。

3.品牌竞争者

品牌竞争者指能提供与本企业性能几乎相同但品牌各异的产品供应者。这是企业最直接而明显的竞争对手。这类竞争者的产品内在功能和外在形式基本相同,但品牌不同。例如,某外国旅游者来华旅游,欲住五星级酒店,这样便使能提供五星级服务的酒店(如假日、希尔顿等)之间形成品牌竞争。

4.意愿竞争者

意愿竞争者是指向消费者提供与本企业不同类型产品,以满足消费者其他需要的产品供应者。在一定时期内,每一个购买者的实际购买力相对于其尚未满足的需要与欲望而言总是有限的,因而无法同时满足所有的需要和欲望。于是,一个购买者想要满足的需要与欲望由于经济条件和其他因素的制约,在客观上形成一个按轻重缓急排列的购买阶梯。例如,某一消费者,迫切感到要买代步工具,不得不暂时放弃也很需要买衣服的想法。这样,本来素不相干的代步工具与衣服的生产者、经营者之间也就形成了一种竞争关系,彼此成为对方的消费者购买意愿的竞争者。

虽然每一个旅游企业都可能遇到上述四类竞争者,但在实际进行竞争决策时,往往只能把目光集中于主要对手。一般来说,企业应优先考虑对付品牌的竞争者,它构成的威胁最大。

(二)识别、评估竞争者

在市场营销活动中,企业要了解市场的需要,还要全面了解竞争对手的数目、分布状况、综合能力、竞争目标、竞争策略、营销组合状况、市场占有率及其发展动向等方面的情况,从而制定出有效的竞争性营销策略。因此,识别竞争对手,并及时对竞争对手做出评估是成败的关键。

1. 识别竞争者

公司最直接的竞争者是那些为相同的目标市场推行相同战略的人。一个战略群体就是在一个特定行业中推行相同战略的一组企业。一个公司需要辨别与它在竞争的那个战略群体。识别竞争对手,可以从以下几个方面着手。

(1)明确主要竞争者

在旅游市场竞争中,拥有不同规模和实力的竞争者对企业的影响是不同的。旅游企业应着重针对主要竞争者进行分析,并将其与本企业进行全方位的比较评价,比较的重点应放在市场定位、产品设计和分销渠道等方面。对于旅游企业而言,其主要竞争者一般为同种产品或同类产品竞争者。由于选择权在于旅游者,因而企业竞争的结果主要看谁更能有效满足消费者的需求。以饭店为例,它主要为旅游者提供住宿及餐饮服务,但在一定地域范围内能提供同类服务的饭店不止一家,如何才能将旅游者吸引到本饭店来,归根结底是一个竞争的问题,这时该饭店就与周边同档次或同类型饭店之间互为主要竞争者。

(2)识别竞争者战略

一个公司必须不断地观测竞争者的战略,富有活力的竞争者将随着时间的推移而修订其战略。例如,福特是早期的赢家,因为它成功于低成本生产。通用汽车超过了福特,因为它响应了市场上对汽车多样化的欲望。后来,日本公司取得了领先地位,因为它们供应的汽车省油。日本人下一步的战略是生产可靠性高的汽车。美国的汽车制造商注重质量时,日本汽车商又转移至知觉质量,即汽车及部件更好看和感觉更好。很清楚,公司必须警惕顾客欲望的变化和竞争者的战略变化,以满足这些新出现的欲望。

根据竞争者的表面言论和行为,旅游营销者往往难以清楚地判断其当前所实施的战略。要正确识别竞争者的现行战略,最有用的办法就是把其战略看作是在该企业的各个职能领域内的主要经营策略以及如何寻求把这些职能互相联系起来的途径。为此,旅游企业应通过积极的努力去收集相关直接竞争者的详细资料,而不是仅仅依靠报刊等媒体所获得的信息。通常情况下,从年度报告或者通过竞争者高级管理人员接受采访时所说的情况,可以发现该企业致力实现的或者是对外宣传的战略。此外,这种直接的观察还可以用其他方法来补充,具体包括有意识地寻找与本企业及竞争者都有关系的供应商的评论、访问旅游者、招聘竞争者的高级管理人员,或与新闻记者交谈、征求行业分析专家的意见等。

(3)判断竞争者的目标

每个竞争者都有侧重点不同的目标组合,如获利能力、市场占有率、现金流量、技术领先和服务领先等。企业要了解每一个竞争者的重点目标是什么,才能对不同的竞争行为做出不同的正确反应。例如,一个以"低成本领先"为主要目标的竞争者,对其他企业在降低成本方面的技术突破的反应,要比对增加广告预算的反应强烈得多。

2.评估竞争者的优势和劣势

旅游市场竞争分析的核心内容是对旅游企业的主要竞争对手进行评估,从而为企业制定有针对性的竞争策略提供依据。旅游企业在对竞争者进行分析时可采用SWOT分析法。

3.判断竞争者的反应模式

竞争者的经营目标、战略、优势和劣势决定了它对降价、促销、推出新产品等市场竞争战略的反应及可能采取的行动。竞争者的反应模式可分为缓慢反应者、局部反应者、隐蔽反应者、激进反应者。

缓慢反应者指旅游企业的竞争者面对冲其而来的竞争行为反应迟缓,且缺乏攻击力。竞争者对竞争行为反应缓慢,可能是因为竞争者深信自己已经建立起顾客的品牌忠诚,目前的竞争行为对自身的市场规模不会有太大影响;也有可能是竞争对手缺乏对市场变化的敏感性,或缺乏足够的资源和能力来做出反应。

局部反应者,即竞争者只对竞争行为中的部分活动做出反应,对其他部分却"视而不见"。这种情形可能是由于在旅游企业的竞争行为中只有一部分对竞争者构成了威胁,也可能是受资金或人力限制。

隐蔽反应者,是指从表面上看旅游企业的竞争者似乎没有对竞争行为做出反应,而事实却在暗中实施早已酝酿成熟的应对方案。这种竞争反应模式虽然不那么直接,但容易达到"以假乱真,后发制人"的效果,因而要格外提防。

激进反应者指旅游企业的竞争者对任何竞争行为都将做出强烈、快速的回应或反击。这可能是因为企业的竞争行为涉及竞争者的关键性产品或市场,甚至对其根本利益造成了威胁;也有可能是竞争者已经养成了一种争强好胜的习惯。

关于竞争战略的分析,迈克尔·波特于20世纪80年代初提出了五力分析模型。五力分别是供应商的议价能力、购买者的议价能力、潜在竞争者进入的能力、替代品的替代能力、行业内竞争者现在的竞争能力。五种力量的不同组合变化最终影响行业利润潜力变化。一种可行战略的提出首先应该包括确认并评价这五种力量,不同力量的特性和重要性因行业和公司的不同而变化。

(三)制定旅游市场竞争战略

旅游企业在清晰地掌握了竞争对手情报之后,确定竞争目标并设计竞争方法。一般来说,行业中存在着领导者、跟随者、挑战者、利基者,相应地可以制定市场领导者战略、市场跟随者战略、市场挑战者战略、市场利基者战略。另外还有一般竞争战略。

1.市场领导者战略

市场领导者,指在相关产品市场上占有率最高的企业。一般来说,大多数行业都存在一家企业被公认为市场领导者,它在新产品开发、价格调整、促销等方面一直处于主导地位。因此,它是市场竞争的导向者,也是竞争者挑战、效仿或回避对象。当然,市场领导者的地位并不是固定不变的。一般来说,市场领导者为了维护自己的优势,保持自己的领导地位,可采取以下三种战略。

(1)扩大市场需求总量

总市场的扩大,得益最多的无疑是处于统治地位的企业,因为它在总市场中所占的份额最大。通常企业可以通过发掘新的使用者,开辟产品新用途,增加产品使用量来扩大总市场。

（2）保护市场占有率

除了要扩大总的市场份额外，领先企业还注意保护自己现有业务免受竞争者入侵，防备竞争者的攻击，其最有效的手段就是创新。为保护现有市场份额，领先者可以采取"以攻为守"的战略。日本精工公司所实行的在全世界分销 2 300 种手表品种的计划，就是为确定一个宏大的市场包围圈，以便采取四面出击的进攻式防御。领先者还可以采取阵地防御、侧翼防御、先发防御、反攻防御、运动防御、收缩防御等多种防御方法。

（3）提高市场占有率

企业在其所服务的市场上获得的市场占有率超过其竞争者，其盈利就会增加。因此，市场领导者通过提高市场占有率来增加利润，也是保持领导地位的一个重要途径。

2. 市场跟随者战略

市场跟随者，指在相关产品市场上处于中间状态，并力图保持其市场占有率不至于下降的企业。这种类型的竞争者，由于资源条件、竞争力有限，只能安于现状，愿意与领导者、挑战者在"共处"状态下求生存。当然，这并不等于市场跟随者就无策略可言。市场跟随者必须懂得如何维持现有顾客，并争取新顾客；设法给自己的目标市场带来某些特有的利益，如服务、融资等；尽力降低成本并保持较高的产品质量和服务质量，在供应渠道与价格方面完全模仿领导者或略有差异。

3. 市场挑战者战略

市场挑战者，指在相关产品市场上处于次要地位，但又具备向市场领导者发动全面或局部攻击的企业。这类型的竞争者，并不甘心居于第二位，一旦条件、时机成熟，就向市场领导者发起进攻，力求扩大市场占有率，并试图成为领导者。

市场挑战者如果要向市场主导者和其他竞争者挑战，首先必须确定自己的战略目标和挑战对象，然后还要选择适当的进攻战略。

（1）确定战略目标和挑战对象

战略目标与进攻对象密切相关，对不同的对象有不同的目标和战略。一般说来，挑战者可从下列三种情况中进行选择。第一，攻击市场主导者。这种进攻风险很大，然而吸引力也很大。第二，攻击与自己实力相当者。挑战者对那些与自己势均力敌的企业，可选择其中经营不善、发生亏损者作为进攻对象，设法夺取它们的市场阵地。麦当劳及其免费儿童乐园赢得了孩子们的欢心。汉堡王却对孩子们说："嘿，如果你还是个孩子，请到麦当劳去吧。我们只接待10岁以上的成年人。"这样一来,所有10岁的孩子会骄傲地以成年人身份去选择汉堡大王,以体现自己与众不同的品位和超越同龄孩子的特殊身份。第三,攻击地方性小企业。对一些地方性小企业中经营不善、财务困难者,可夺取它们的顾客,甚至可以收购这些小企业。

(2)选择进攻战略

在确定了战略目标和进攻对象之后,挑战者将需要考虑采取什么进攻战略。这里,有五种战略可供选择。第一,正面进攻。正面进攻就是集中全力向对手的主要市场阵地发动进攻,即进攻对手的强项而不是弱点。在这种情况下,进攻者必须在产品、广告、价格等主要方面大大超过对手,才有可能成功。第二,侧翼进攻。侧翼进攻就是集中优势力量攻击对手的弱点,有时可采取声东击西的战略,佯攻正面,实际攻击侧面或背面。侧翼进攻是效果最经济的战略形式。第三,包围进攻。包围进攻是一种全方位、大规模的进攻战略,挑战者拥有优于对手的资源,并确信围堵计划的完成足以打垮对手时,可采用这种战略。第四,迂回进攻。这是一种最间接的进攻战略,完全避开对手的现有阵地迂回进攻。具体方式如发展无关的产品,实行产品多元化;以现有产品进入新地区的市场,实行市场多元化;发展新技术、新产品,取代现有产品。第五,游击进攻。这是主要适用于规模小、力量较弱的企业的一种战略。

在美国饮料市场上,作为防御者的可口可乐长期处于领先地位,而作为进攻者的百事可乐则处于第二,始终没有超过可口可乐。但有人断言,如果没有可口可乐,百事可乐也绝没有今天。原因很简单,可口可乐的存在为百事可乐提供了竞争目标和市场的压力,而压力又成为企业前进的动力。事实上也正是如此,百事可乐一直不停地挑战可口可乐,并取得了几个回合的胜利,百事可乐也就随着发展壮大了。

需要指出的是,旅游行业主要应以特色取胜,故应更多地采用多样化的策略,以增强自己的竞争力和市场地位,避免与竞争对手发生正面的冲突。

4.市场利基者战略

市场利基者,指专门为规模较小或大企业不感兴趣的细分市场提供产品或服务的企业。市场利基者拾遗补缺、见缝插针,虽然在整个市场上仅占很少份额,但比其他企业更了解和满足某一细分市场,同样能通过提供高附加值得到高利润和快速成长。市场利基者营销的主要战略是,设法占据有利的市场夹缝,在市场、顾客、产品或渠道等方面实行专业化营销。

5.一般竞争战略

一般竞争战略具体包括成本领先战略、差异化战略、集中战略。

（1）成本领先战略

成本领先战略要求企业必须全力以赴地降低成本，严格控制成本、管理费用及研发、服务、推销、广告等方面的成本费用。成本领先战略表示企业拥有比竞争对手更低的成本，从而获得成本优势。这一优势的获得主要是通过规模经济来获得的。而在旅游业中，规模经济的获得是十分困难的，解决这一问题的最好办法是采用集团化经营，在饭店业和旅行社业中采用集团化经营尤能获得成本领先优势。

（2）差异化战略

差异化战略就是要使本企业产品与竞争对手的产品相比具有明显的特色，从而利用顾客对本企业产品（或品牌）的忠诚以及由此产生的对价格的敏感性减弱使公司得以避开竞争。旅游企业可采用多种方式，如设计名牌形象，保持技术、性能特点、顾客服务、商业网络及其他方面的独特性将产品差异化。最理想的状况是企业在多个方面都具有差异化的特点。需要注意的是，差异化战略并不意味公司可以忽略成本，企业在任何时候都不可忽视成本观念。

（3）集中战略

把企业的能力全部集中于某个特定的顾客群，某产品系列的一个细分区段或某一地区市场，就是集中战略。使企业能够以更高的效率、更好的效果为某一狭窄的战略对象服务，从而超过在更广阔范围内经营的竞争对手，并产生低成本或产品差别化的优势。

六、公众

公众是企业市场营销微观环境的重要影响因素。公众环境可对旅游环境产生现实的或潜在的影响。一个企业的公众主要有金融公众、媒介公众、政府公众、公民行动公众、地方公众、一般公众、内部公众。公众可能有增强企业实现其目标的能力，也可能会产生妨碍企业实现其目标的能力。所以，企业必须采取积极适当的措施，主动处理好同公众的关系，树立企业的良好形象，促进市场营销活动的顺利开展。旅游公关营销的宗旨是创造成功的人际关系、和谐的人事气氛、完美的社会舆论，以赢得社会公众的了解、好感、信赖、支持与合作。以大众媒介为例，报纸、广播、电视对某旅游企业一篇优质服务的报道，就能使这一企业提高信誉，扩大销售；反之，一篇损害旅游者的报道,就能使这一企业商誉形象大大受损,自然会影响销售。

第四节　旅游市场的机会与风险探析

市场营销环境的变化对任何一个企业都会产生相应的影响,或者带来机会,或者带来风险。对企业来讲,环境机会是开拓经营新局面的重要基础。为此,企业应加强对环境的分析,当环境机会出现的时候要善于捕捉和把握,以求得企业的发展。当然,营销环境也会出现许多不利于企业营销活动的因素,由此形成挑战。如果企业不采取相应的规避风险的措施,这些因素会导致企业营销的困难,带来威胁。为保证旅游市场营销活动的正常运行,旅游企业应注重对环境进行分析,及时预见环境威胁,将危机减少到最低程度。

一、机会与风险

(一)机会

所谓的旅游市场机会是指对企业的营销和有吸引力的、能享有竞争优势和获得差别利益的环境机会,换句话说,也就是营销环境中对企业市场营销有利的因素。机会对企业来说极为重要,它直接决定企业营销活动的开展,因而,企业营销人员必须对市场机会进行专门调查、评估。

1.市场机会的特点

市场机会作为特定的市场条件,以其利益性、时效性、针对性、公开性四个特征为标志。

(1)利益性

市场机会可以为企业带来经济的或社会的效益。这也就意味着企业在确定市场机会时,必须分析该机会是否能为企业真正带来利益、能带来什么样的利益以及利益的多少。

(2)时效性

对现代企业来讲,由于其营销环境的发展变化越来越快,它的市场机会从产生到消失的过程通常也是很短暂的,即企业的市场机会往往稍纵即逝。同时,环境条件与企业自身条件最为适合的状况也不会维持很长时间,因此一定要善于抓住机会,该出手时就出手。

（3）针对性

特定的营销环境条件只对于那些具有相应内部条件的企业来说是市场机会。因此,市场机会是具体企业的机会,市场机会的分析与识别必须与企业具体条件结合起来进行。确定某种环境条件是不是企业的市场机会,需要考虑企业所在行业及本企业在行业中的地位与经营特色。

（4）公开性

市场机会是某种客观的、现实存在的或即将发生的营销环境状况,是每个企业都可以去发现和共享的,可以为整个营销环境中所有企业所共用。市场机会的公开化特性要求企业尽早去发现那些潜在的市场机会。

市场机会的上述四个特性表明,在市场机会的分析和把握过程中,必须结合企业自身的内部、外部环境的具体条件,发挥竞争优势,适时、迅速地做出反应,以争取使市场机会为企业带来的利益达到最大。

2. 市场机会的识别和评估

识别市场机会的方法主要为"产品/市场拓展矩阵"（图4-4）,通过矩阵分析市场机会,可以较快、较好地识别市场机会,这种方式是一种比较方便的、实用的方式。

	现有产品	新产品
现有市场	市场渗透	产品开发
新市场	市场开拓	多角化

图 4-4

找到机会并不等于机会就适合企业发展,因此企业还要对机会进行评估,企业需要对市场机会的价值进行更为详细具体的分析。

市场机会的价值大小由市场机会的吸引力和可行性两方面因素决定。

市场机会对企业的吸引力是指企业利用该市场机会可能创造的最大利益。它表明了企业在理想条件下充分利用该市场机会的最大极限。反映市场机会吸引力的指标主要有市场需求规模、利润率、发展潜力。

市场机会的可行性是由企业内部环境条件、外部环境状况两方面决定的。企业内部环境条件如何是能否把握住市场的决定因素。企业的外部环境从客观上决定着市场机会对企业可行性的大小。例如,某公司在准备进入数据终端处理市场时,意识到尽管该市场潜力很大（吸引力大）,但公司缺乏必要的技术能力（可行性差,市场机会对该公司的价值不大）,所以开始并未进入该市场。后来,公司通过收购另一家公司具备了应有的技术(此时可行性已增强,市场机会价值已增大),这时公司才正式进入该市场。

确定了市场机会的吸引力与可行性,就可以综合这两个方面对市场机会进行评估。按吸引力大小和可行性强弱组合可构成市场机会的价值评估矩阵,如图 4-5 所示。

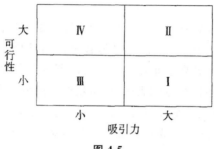

图 4-5

区域Ⅰ为吸引力大、可行性小的市场机会。一般来说,该种市场机会的价值不会很大。除了少数好冒风险的企业,一般企业不会将主要精力放在此类市场机会上。

区域Ⅱ为吸引力、可行性俱佳的市场机会,该类市场机会的价值最大。通常,此类市场机会既稀缺又不稳定。企业营销人员的一个重要任务就是要及时、准确地发现有哪些市场机会进入或退出了该区域。该区域的市场机会是企业营销活动最理想的经营内容。

区域Ⅲ为吸引力、可行性皆差的市场机会。通常企业不会去注意该类价值最低的市场机会。当然,有可能在极特殊的情况下,该区域的市场机会的可行性、吸引力突然同时大幅度增加。企业对这种现象的发生也应有一定的准备。

区域Ⅳ为吸引力小、可行性大的市场机会。该类市场机会的风险低,获利能力也小,通常稳定型企业、实力薄弱的企业以该类市场机会作为其常规营销活动的主要目标。

需要注意的是,图 4-5 的矩阵是针对特定企业的。同一市场机会在不同企业的矩阵中出现的位置是不一样的。这是因为对不同经营环境条件的企业,市场机会的利润率、发展潜力等影响吸引力大小的因素状况以及可行性均会有所不同。

在上述矩阵中,市场机会的吸引力与可行性大小的具体确定方法一般采用加权平均估算法。该方法将决定市场机会的吸引力(或可行性)的各项因素设定权值,再对当前企业这些因素的具体情况确定一个分数值,最后加权平均之和即从数量上反映了该市场机会对企业的吸引力(或可行性)的大小。

(二)风险

企业经营风险是市场营销的不利因素,它是生产经营活动中长期存在的客观现象。随着市场竞争的加剧,风险经营管理的重要性日益提高。

1.风险度的衡量

风险的衡量就是度量、评估有关风险对实现既定目标的不利影响及其程度。对风险进行衡量,需要两方面的信息:风险损失发生的频率与这些损失的严重程度。比较合理的情况是以损失的严重程度作为评价的主要依据。

2.风险的控制

控制经营风险的目的主要是阻止或减轻风险损失。风险的控制主要有以下几种方法。

(1)损失回避。这是一种对付风险的最彻底的手段,有效的损失回避可以完全解除某一特定风险可能造成的损失。但并不是所有的风险均能回避,避免了某一种风险可能又会面临另一种新的风险,所以只有在迫不得已的情况下,才使用损失回避手段。

(2)损失控制。即通过减少损失发生的机会,或通过降低所发生损失的严重性,来处理那些不愿回避或转移的风险。根据损失的目的可以分为损失预防与损失减轻两种。前者主要是试图减少或消除损失发生的机会,后者则主要是想降低损失的严重程度。

(3)风险隔离。即对所面临的风险单位进行空间与时间的分离,这样便可达到减轻风险损失的目的。风险隔离相应地增加了所有控制的单独风险单位的数量,但由此也可能会增加一定的管理费用。

(4)风险结合。这与风险隔离正好对应,是从另一个方面进行管理,即通过减少风险单位的数量来提高整体预防未来损失的能力,这在市场波动大、竞争激烈的现实世界中是极为有效的。

(5)风险转移。作为风险控制对策中的风险转移主要通过契约或合同将损失的财务负担和法律责任转移给非保险业的其他人,以达到降低风险发生频率和缩小其损失程度的目的。

二、机会—风险分析

旅游企业在进行市场营销环境分析时,不仅要注重对外部环境(包括宏观环境、行业环境)和内部条件分析,更重要的是将外部环境与内部条件结合起来分析。只有这样,才能真正做到"知彼知己,百战不殆"。常用的旅游市场营销环境分析技术是 SWOT 分析法。它是英文 Strength(优势)、Weakness(劣势)、Opportunity(机会)、Threat(威胁)的意思。

SWOT 分析是广为应用的一种机会—风险分析方法,即企业在进行环境分析时,对企业内部的优势与劣势和外部的机会与风险综合评估,据此对备选方案做出系统评价,最终达到选出一种适宜的营销战略的目的。

(一)SWOT 模型

企业内部的优劣和劣势是相对于竞争对手而言的,表现在资金、技术设备、员工素质、产品市场和管理技能等方面。衡量企业优、劣势有两个标准:一是资金、产品、市场等一些单方面的优、劣势;二是综合的优、劣势,可以选定一些因素评价打分,然后根据重要程度进行加权,取各项因素加权数之和来确定企业是处在优势还是劣势。

企业外部环境是企业所无法控制的。企业外部环境中有的对企业发展有利,可能给企业带来某种机会,如宽松的政策、技术的进步。有的外部环境对企业发展不利,可能给企业带来威胁,如紧缩信贷、原材料价格上涨、税率提高等。来自企业外部的机会与风险,有时需要与竞争对手相比较才能确定。有利条件可能对所有企业都有益,风险也不仅只威胁本企业。因此,在有些情况下还要分析同样的外部环境到底对谁更有利或更不利。

SWOT 分析的做法是:依据企业的方针列出对企业发展有重大影响的内部及外部环境因素,继而确定标准,对这些因素进行评价,判定是优势还是劣势、是机会还是风险。

在以上分析的基础上,可以根据企业的得分来判定企业应采用何种类型的战略(图

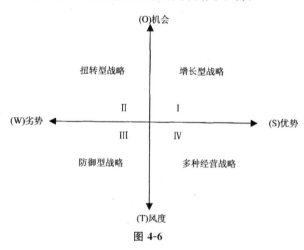

图 4-6

4-6),处于第Ⅰ象限,外部有众多机会,又具有强大的内部优势,宜采用增长型战略(SO 战略);处于第Ⅱ象限,外部有机会,而内部条件不佳,宜采取措施扭转内部劣势,可采用先稳定而后发展的防御型战略(WO 战略);处于第Ⅲ象限,外部有威胁,内部状况又不佳,应设法避开威胁,消除劣势,可采用

紧缩型战略(WT 战略):处于第Ⅳ象限,拥有内部优势而外部存在威胁,宜采用多种经营战略分散风险,寻求新的机会(ST 战略)。

(二)SWOT 分析法的步骤

使用 SWOT 分析法进行旅游企业内、外部环境综合评价可按以下步骤进行。

(1)罗列企业的优势和劣势,可能的机会与威胁。

(2)优势、劣势与机会、威胁相组合,形成 SO、ST、WO、WT 策略。

(3)对 SO、ST、WO、WT 策略进行甄别和选择,确定企业目前应该采取的具体战略与策略。

(三)SWOT 分析法的内容

SWOT 分析法的主要内容包括对外部环境的机会、威胁分析和对内部环境的优势、劣势分析四个部分。

1.竞争优势

竞争优势(S)是指一个企业超越其竞争对手的能力,或者指公司所特有的能提高公司竞争力的东西。例如,当两个餐饮企业处在同一市场或者说它们都有能力向同一顾客群体提供产品和服务时,如果其中一个企业有更高的赢利率或赢利潜力,那么,这个企业比另外一个企业更具有竞争优势。竞争优势有技术技能优势、有形/无形资产优势、人力资源优势、组织体系优势、竞争能力优势。

2.竞争劣势

竞争劣势(W)是指某些公司缺少或做得不好的东西,或指某些会使公司处于劣势的条件。可能导致内部弱势的因素有以下几个方面。

(1)缺乏具有竞争意义的技能技术。

(2)缺乏具有竞争力的有形资产、无形资产、人力资源和组织资产。

(3)关键领域里的竞争能力正在丧失。

由于企业的整体性和竞争优势来源的广泛性,在做优劣势分析时,必须从整个价值链的每个环节上,将企业与竞争对手做详细的对比。如果一个企业在某一方面或几个方面的优势正是该行业企业应具备的关键成功因素,那么,该企业的综合竞争优势也许就强一些。企业在维持竞争优势的过程中,必须深刻认识自身的资源和能力,采取适当的措施。持久竞争优势受到两个方面因素的影响:企业资源的竞争性价值和竞争优势的持续时间。

评价企业资源的竞争性价值必须进行以下四项测试。第一,这项资源是否容易被复制?一项资源的模仿成本和难度越大,它的潜在竞争价值就越大。第二,这项资源能够持续多久?资源持续的时间越长,其价值越大。第三,这项资源是否能够真正在竞争中保持上乘价值?在竞争中,一项资源应该能为公司创造竞争优势。第四,这项资源是否会被竞争对手的其他资源或能力所抵消?影响企业竞争优势持续时间的主要因素如下。第一,建立这种优势要多长时间?第二,能够获得的优势有多大?第三,竞争对手做出有力反应需要多长时间?如果企业分析清楚了这三个因素,就可以明确自己在建立和维持竞争优势中的地位。

3.市场机会

市场机会(O)是影响公司战略的重大因素。公司管理者应当确认每一个机会,评价每一个机会的成长和利润前景,选取那些可与公司财务和组织资源匹配,使公司获得的竞争优势的潜力最大的最佳机会。潜在的发展机会可能有以下几个方面。

(1)客户群的扩大趋势或产品细分市场。

(2)技能技术向新产品新业务转移,为更大客户群服务。

(3)前向或后向整合可能性加大。

(4)市场进入壁垒降低。

(5)获得并购竞争对手的能力。

(6)市场需求增长强劲,可快速扩张。

(7)出现向其他地理区域扩张,扩大市场份额的机会。

4.外部威胁

在公司的外部环境中,总是存在某些对公司的赢利能力和市场地位构成威胁的因素。公司的外部威胁(T)可能有以下几方面。

(1)出现将进入市场的强大的新的竞争对手。

(2)替代品抢占公司销售额。

(3)主要产品市场增长率下降。

(4)汇率和外贸政策的不利变动。

(5)人口特征、社会消费方式的不利变动。

(6)客户或供应商的谈判能力提高。

(7)市场需求减少。

(8)容易受到经济萧条和业务周期的冲击。

当然,SWOT分析法不仅是列出四项清单,最重要的是通过评价公司的优势、劣势、机会、威胁，最终得出以下结论。

（1）在公司现有的内外部环境下，如何最优地运用自己的资源。

（2）如何建立公司的未来资源。

表 4-1 为甘肃灵台县旅游发展 SWOT 分析。

表 4-1　甘肃灵台县旅游发展的 SWOT 分析[①]

	优势—S	劣势—W
内部环境 战略 对策 外部 环境	（1）区位优势明显 （2）旅游资源种类齐全 （3）文化资源特色明显，以皇甫谧文化旅游资源为代表的旅游文化品牌影响较大 （4）生态环境优越 （5）领导重视、宣传到位 （6）旅游开发时机成熟，从国家、省、市、县上的政策导向和领导的重视上，有利于旅游业的发展 （7）旅游基础设施建设起步良好 （8）资源保护情况较好，开发潜力大	1.旅游基础薄弱 2.旅游景点分散，资源缺乏有效整合 3.旅游业配套服务设施滞后
机会—O （1）世界旅游业持续高速发展 （2）国家"三农"政策的推动 （2）平凉市旅游发展的推动 （4）城乡居民收入水平的持续增长 （5）消费结构升级推动旅游产品结构升级，生态、休闲逐渐成为意识主流 （6）旅游向郊区化、短期化发展，一日游、两日游越来越多 （7）资金加速进入旅游领域	SO 战略 （1）加强区域合作，优势互补，形成综合吸引力 （2）整合资源、深度策划、推陈出新、形成精品	WO 战略 （1）以科学发展观为指导，制定大旅游、泛旅游理念下的旅游发展战略，发展医药业、种植业和教育培训产业 （2）改造建设原有景点，发展新的休闲度假性质的旅游景点

①　李光瑶，石斌.旅游市场营销[M].北京:清华大学出版社,2013:80.

战略对策		优势—S	劣势—W
外部环境	内部环境	(1)区位优势明显 (2)旅游资源种类齐全 (3)文化资源特色明显,以皇甫谧文化旅游资源为代表的旅游文化品牌影响较大 (4)生态环境优越 (5)领导重视、宣传到位 (6)旅游开发时机成熟,从国家、省、市、县上的政策导向和领导的重视上,有利于旅游业的发展 (7)旅游基础设施建设起步良好 (8)资源保护情况较好,开发潜力大	1.旅游基础薄弱 2.旅游景点分散,资源缺乏有效整合 3.旅游业配套服务设施滞后
威胁—T (1)同质资源竞争激烈 (2)竞争区域客源分流 (3)自然与文化生态脆弱的隐患 (4)相关利益调控的冲突		ST战略 准确定位,市场细分,强化核心竞争力,打造系列文化性、参与性、体验性、娱乐性强的文化与生态相结合旅游产品,以差异化精品取胜	WT战略 加强营销力度,提高旅游 品牌知名度

第五章 当代旅游产品营销研究

旅游产品是旅游经济活动的主要对象,是现代旅游业存在和发展的基础。因此,在发展旅游业的过程中应特别重视旅游产品,做好旅游产品的营销工作。在本章中,将对旅游产品营销的相关内容进行详细论述。

第一节 旅游产品概述

在发展旅游业的过程中,要想做好旅游产品营销,首先需要深入了解、全面掌握旅游产品的相关知识。

一、旅游产品的定义

旅游产品是整个旅游开发活动的核心,是旅游业一切经营活动的主体。由于人们从不同的学科基础、研究方法、研究目的出发,因而对旅游产品定义的角度有所不同,得出的定义也有一定的差异。具体来说,当前主要从以下几个角度对旅游产品进行了定义。

(一)从旅游市场角度对旅游产品进行定义

从旅游市场的角度看,旅游产品是指旅游者和旅游经营者在市场上交换的主要用于旅游活动中消费的各种物质产品和服务的总和。

这里所说的旅游产品既有有形的内容,也有无形的服务。它是一个整体概念,既要满足旅游者的物质需求,又要满足旅游者的精神需求,是旅游活动中的食、住、行、游、购、娱六大要素的综合体。

(二)从旅游供给者角度对旅游产品进行定义

从旅游供给者的角度看,旅游产品是指旅游经营者凭借一定的旅游资源和旅游设施,向旅游者提供的满足其在旅游过程中综合需求的服务。而对旅游者提供的旅游产品进行分析,可以发现其有广义和狭义之分。

广义的旅游产品指的是旅游经营者在旅游市场上销售的物质产品和活劳动提供的各种服务的总和。它又可分为整体旅游产品和单项旅游产品。整体旅游产品是满足旅游者旅游活动中全部需要的产品(或服务),如一条旅游路线、一个专项旅游项目。单项旅游产品则指住宿产品、饮食产品及交通、游览娱乐等方面的产品(或服务)。整体旅游产品由单项旅游产品构成。

狭义的旅游产品指的是旅游经营者为满足旅游者的游览与休闲等旅游需求,通过开发、利用旅游资源而形成的旅游吸引物(旅游景点、旅游路线或游乐项目)、旅游商品及相关的旅游服务组合。

(三)从旅游需求者角度对旅游产品进行定义

从旅游需求者即旅游者的角度看,旅游产品是指旅游者花费一定的时间、精力和费用所获得的一段旅游经历和感受。通过购买和消费旅游产品,旅游者能够获得心理上和精神上的满足。

二、旅游产品的构成要素

现代市场营销理论认为,任何产品都是由三个部分所组成的,即产品的核心部分、形式部分和延伸部分。其中,核心部分是指产品满足消费者需求的基本效用和核心价值;形式部分是指构成产品的实体和外形,包括款式、质量、商标和包装等;延伸部分是随产品销售使用而给消费者带来的附加利益。现代旅游产品也同样是由核心部分、形式部分和延伸部分所组成的。

(一)旅游产品的核心部分

核心部分是整个旅游产品的最基本构成,是向旅游者提供基本的、直接的使用价值来满足其生理需要和精神需要的。通常而言,旅游产品的核心部分主要由两方面构成,即旅游吸引物和旅游服务。

1.旅游吸引物

旅游吸引物是指一切能够吸引旅游者的旅游资源及各种事件,它既是一个地区能否进行旅游开发的先决条件和旅游者选择旅游目的地的决定性因素,也是构成旅游产品的基本要素。

旅游吸引物的存在形式,既可以是物质文体,也可以是某个事件,还可能是一种自然或社会现象。

2.旅游服务

旅游服务是旅游从业人员依托旅游资源和旅游接待设施向旅游者提供的各项服务。旅游产品除了在餐饮和旅游活动中消耗少量的有形物质产品外,大量的是接待服务和导游服务等。因此,旅游服务也是旅游产品的核心内容。

从旅游活动的内容来看,旅游服务包括住宿、餐饮、交通、游览、购物、娱乐等服务。旅游者在旅游过程中离不开旅游服务,没有旅游服务,旅游设施只能作为潜在状态下的设施,并不能真正发挥作用,那么旅游产品的价值就不可能实现。而任何服务都是要凭借一定的物质条件的,这个物质条件就是上述旅游吸引物和旅游设施。比如,没有旅游吸引物,导游服务便没有内容;没有酒店旅馆,就不存在住宿、餐饮服务;没有游乐设施,就不存在娱乐服务。因此,服务与设施二者之间是密切关联、相辅相成的。

按照旅游活动的过程,旅游服务可以分为售前服务、售中服务和售后服务三部分。其中,售前服务是旅游活动前的准备性服务,包括旅游产品设计、旅游路线安排、出入境手续、货币兑换等;售中服务是在旅游活动过程中向旅游者直接提供的食、住、行、游、购、娱及其他服务;售后服务是当旅游者结束旅游后离开目的地时的服务,包括送到机场、车站、办理有关离境手续、托运行李,委托代办服务等。

旅游服务的质量如何直接影响旅游者对它的评价,因此,热情、友好、礼貌、周到和高效的服务是旅游服务的基本要求,也是旅游经济发展不可忽视的环节。

(二)旅游产品的形式部分

旅游产品的形式部分,具体来说包括以下几方面的内容。

1.旅游设施

旅游设施是指完成旅游活动所必须具备的各种设备、设施及相关物质条件的总称。它是旅游活动得以进行的物质基础,是构成旅游产品的必备要素。旅游设施虽然不是旅游者选择旅游地的决定因素,但是不齐备的旅游设施必然会影响旅游者对旅游地的选择。

旅游地的旅游设施一般包括两个方面:一方面是直接向旅游者提供服务的设施,又称专门设备,如交通设施、餐饮设施、住宿设施、游览设施等;另一方面是间接向旅游者提供服务的设施,又称基础设施,如供电、供气、供水、排污、排水、通信、环境卫生、安全保卫等,这些设施本身虽然是为旅游地当地居民提供的,而不是直接为旅游者提供服务的,但它也是旅游活动不可缺少的基础设施。

2.旅游产品的特色和声誉

质量、特色、风格和声誉,是旅游产品依托各种旅游资源、旅游设施而反映出来的外在价值,是激发旅游者的旅游动机、吸引旅游者进行旅游活动的具体形式。由于旅游资源和旅游接待设施等方面存在差别,从而形成了旅游产品不同的品位、质量、特色、风格和声誉,即旅游产品的差异性。

3.旅游线路

从狭义的角度来讲,旅游线路是指旅游经营者或者旅游管理者向社会提供的产品,涉及旅游过程中的吃、住、行、游、购、娱等各种要素,各环节环环相扣,密切配合。

4.旅游产品的组合方式

旅游产品是一种组合性产品,即对构成旅游产品的各种要素进行有机组合,以更好地满足旅游者的多样性需求。因此,组合方式也成为旅游产品的形式部分,而不同的组合方式则形成不同的旅游产品。

(三)旅游产品的延伸部分

旅游产品的延伸部分是指旅游者购买旅游产品时获得的优惠条件、付款条件及旅游产品的推销方式等,是旅游者进行旅游活动时所得到的各种附加利益的总和。

虽然延伸部分并不是旅游产品的主要内容,但旅游者在旅游过程中购买的是整体旅游产品,因而在旅游产品核心部分和形式部分的基本功能确定之后,延伸部分往往成为旅游者对旅游产品进行评价和决策的重要促成因素。

旅游经营者在进行旅游产品营销时,必须注重旅游产品的整体效能。除了要突出旅游产品核心部分和形式部分的特色外,还应在旅游产品的延伸部分上形成差异性,才能赢得旅游市场的竞争优势。质量是旅游产品差异化的基础,因而目前许多旅游企业都把提高产品质量和改进产品延伸部分作为吸引顾客、参与竞争的有效手段。旅游产品的延伸部分有安全保障、信息服务、信贷服务等。饭店业产品的延伸部分包括预订、客房用餐服务、信息服务、信贷服务、折扣、对儿童和残疾人的照顾等。延伸部分为顾客提供了许多附加利益,能形成对顾客的独特吸引因素,从而提高顾客对产品和企业的信赖度,有助于旅游企业保持和扩大市场。

三、旅游产品的特点

就根本性质而言,旅游产品属于服务性产品。同制造业所生产的物质产品相比较,服务性产品有许多不同的特点。而旅游产品较之一般服务产品,是一种特殊的服务产品,既有有形的物质实体,又有无形的非物质服务,而且无形的非物质服务又在旅游产品中起主导作用。这些差异使得旅游企业与物质产品生产企业以及其他服务企业在生产方式、经营方法、营销模式等方面都有所不同。具体来说,旅游产品的特点主要有以下几个。

(一)愉悦性

旅游产品最主要的功能就是满足人们旅游愉悦的需要,这也是旅游者购买旅游产品最根本的原因。旅游者最终追求的是通过产品愉悦感官求得心理的美感享受,陶冶性情。旅游产品的这一特性,能够在很大程度上催促人们离家远游。

(二)体验性

旅游是人类在闲暇时间进行的一项活动,随着社会经济的发展和人们生活水平的提高,旅游也成为人类一种积极的生活方式。而不管是积极的旅游者,还是消极的旅游者,在旅游产品中都能够被吸收,并融入旅游产品中去,即旅游产品通过心智体验而吸引了体验者的注意力,并能够把体验者变成体验的一部分。通过各种形式的体验,实现了旅游者在情感世界和精神世界的徜徉和回归的旅程。因此,在旅游产品中,体验性是其十分重要的一个特点。

(三)综合性

大多数旅游者在做出购买决定时,不止考虑一项服务或某一单项产品,而是将多项服务或产品综合起来进行权衡。因此,旅游产品具有综合性特点。具体而言,旅游产品的综合性特点主要表现在以下两个方面。

第一,旅游产品是由多种多样的旅游资源、旅游设施和多种多样的旅游服务构成的,其中不仅包含了物质的有形产品,而且包含了精神的劳动产品和非劳动的自然创造物,既有物质成分,又有社会精神成分,是一种综合性产品,能够同时满足旅游者在吃、住、行、游、购、娱等方面的综合性需求。

第二,旅游产品的生产所涉及的行业和部门众多,除了直接向旅游者提供产品和服务的旅游核心行业与部门如饭店、餐饮、交通运输、旅行社等外，还涉及间接向旅游者提供产品和服务的其他部门和行业，如卫生、环保、文化、治安、商业、银行、保险、建筑业等。同时，旅游产品可以通过自身的发展，带动相关产业的发展，形成一定规模的旅游中心，推动城市化进程，带动区域经济社会的发展。

（四）无形性

旅游产品对于旅游者来说是一段经历，而对于旅游目的地和旅游企业而言，旅游产品则是借助一定的设施和条件为旅游者所提供的旅游服务。因此，旅游产品具有无形性的特点。

（五）同步性

旅游产品的同步性特点是针对旅游产品的生产与消费而言的，即旅游产品在开始生产的同时，消费也即刻启动，消费结束时生产也不再进行，其生产经营总是发生在同一时空背景下。

对一般消费品而言，从生产到消费往往需要经过一系列的中间环节，包括储存与运输。由于生产与消费在时空上可能存在差异，就允许企业在生产过程结束后，运用各种技术手段对产品进行质量检测，凡是不合格的产品予以剔除，只有合格的产品才允许流入市场。然而，旅游产品的生产与消费过程是在同一空间同时进行的，旅游者只有而且必须加入到生产的过程中才能最终消费到旅游产品，也就是说服务人员提供服务时，也正是消费者消费服务的时刻。旅游产品的这一特点使得旅游企业服务人员与顾客的互动行为成为旅游产品服务质量及旅游企业与顾客关系的重要影响因素，并给旅游服务人员带来了严峻的挑战。

（六）脆弱性

旅游产品的综合性特点决定了任何一个行业或部门在供给过程中发生问题都可能对整体旅游产品产生影响。而且，旅游产品往往受制于自然气候变化和社会等外部因素的制约，如四季的更替、节假日的不同甚至政治动乱、战争、瘟疫、国际关系等因素都会引起旅游产品需求和供给的变化。旅游产品的这两个方面就决定了旅游产品具有脆弱性。

（七）不可储存性

由于旅游产品生产与消费的同步性，所以如果没有旅游者的购买和消费，以服务为核心的旅游产品也就不会产生。因此，旅游产品不可能像其他物质产品那样,不断地生产并有效地储存起来,以备将来出售。如果无人购买和消费,随着时间流逝,旅游产品在这一时间段的价值也在消失,为生产该旅游产品所付出的人、财、物等资源就也都在浪费,并且损失的价值和效用永远也得不到补偿,因为机会已经丧失,折旧已经发生。

(八)不可转移性

旅游产品的不可转移性特点,具体来说表现在以下两个方面。

第一,旅游产品进入流通领域后其本身仍固定在原来的方位上,旅游者只能到旅游产品的生产地进行消费。也就是说,旅游产品不可能像其他产品那样送到旅游者的手中,而只能是将旅游者吸引过来,到旅游产品的生产地点进行消费。这种空间距离有时可以构成某种吸引力,有时又会随着空间距离的延伸而减弱。也就是说,空间差距越大,旅游者购买该旅游产品的阻力也会越大(因信息、交通、文化差异等问题)。因此,旅游产品吸引力的大小,在一定程度上便成为旅游企业经营成败的关键。

第二,提供旅游服务的相关设施和设备在所有权上的不可转移性。对于旅游产品,当旅游者支付了一定的费用后,旅游者只是在一定时间和空间得到了旅游产品的暂时使用权,而不是该产品永久的所有权。这一点决定了旅游者无权破坏有关的设施和设备或将其占为己有,也不能随意将其使用权转让给其他人。同时,旅游产品的这一特点很容易造成旅游产品促销和销售上的困难,因为旅游者对购买某一旅游产品可能怀有较高的风险预期。如何帮助顾客克服消极的心理预期,是旅游市场营销能否成功的关键。

四、旅游产品的类型

旅游产品依据不同的标准,可以划分为不同的类型,具体如下。

(一)以旅游产品与旅游资源的关系为标准进行分类

以旅游产品与旅游资源的关系为标准,可以将其分为两类,即资源依托型旅游产品和资源脱离型旅游产品。

1.资源依托型旅游产品

对旅游资源依赖性非常强的旅游产品,便是资源依托型旅游产品。此类产品是通过对旅游资源开发而产生的,更多地保留了旅游资源的性质和特征。武当山、秦始皇兵马俑等都属于资源依托型旅游产品。

资源依托型旅游产品对应于旅游资源自在性特点,一般是不可更新的,也不能加以创造,它仅仅是开发的产物。

2.资源脱离型旅游产品

借助人力、物力和财力资源的重新组合,并经过生产过程而创造出来的旅游产品,便是资源脱离型旅游产品。香港的迪斯尼乐园、深圳的锦绣中华等都属于资源脱离型旅游产品。

资源脱离型旅游产品的生成多是人类巧思与财力、物力结合的产物,与旅游资源无关或关系甚微,因此是可以更新和仿建的。

(二)以旅游产品的存在形态为标准进行分类

以旅游产品的存在形态为标准,可以将其分为两类,即旅游有形产品和旅游无形产品。

1.旅游有形产品

旅游有形产品主要指的是旅游者购买的和消费的有形物品。风景景观、各类旅游纪念品、旅游交通设施等,都属于旅游有形产品。

2.旅游无形产品

旅游无形产品指的是与旅游相关的各种服务,是旅游及其关联行业的从业人员为旅游者提供的各项劳务。旅游咨询服务、游览过程中享受到导游服务、旅游者出行时的交通服务等,都属于旅游无形产品的范畴。

需要指出的是,一次完整的旅游活动,既有旅游者看得见、摸得着的有形实物,又有无形的、难以言表的审美感受和经历体验,因此旅游产品是有形产品与无形产品的结合。

(三)以旅游产品所能满足的旅游功能为标准进行分类

以旅游产品所能满足的旅游功能为标准,可以将其分为三类,即观光旅游产品、度假旅游产品和专题旅游产品。

1.观光旅游产品

观光旅游产品是一种主要依托自然风景、人文景观和社会风情的独特旅游产品形式。它是最简单和最直接的一种旅游活动方式,是人类在获得最基本的物质需求及生理需求后为了满足某种精神需求而产生的,因此它是人类早期旅游活动的初级旅游产品。

观光旅游产品高度依赖原生资源,旅游对象以名山大川、名胜古迹、城市风光等为代表。

2.度假旅游产品

度假旅游产品是旅游者在假期里以身体舒适、心里愉快、精神放松的旅游为主要目的的旅游产品。该类旅游产品具有一地性、逗留时间长、旅游活动丰富、对旅游交通和旅游服务设施的要求高、注重身心放松等特点。

该类型产品不完全依赖原生资源的分布，兼顾市场引导。传统的度假旅游以阳光、海洋、沙滩（3S）的海滨旅游为主。20世纪后期，度假旅游开始转向山地、森林、湖泊和乡村扩展，并出现了规模大、类型多、项目丰富、消费较高的专营旅游度假产品的度假中心。

3.专题旅游产品

专题旅游产品又称"专项旅游产品"，是为满足某些特殊兴趣和爱好的旅游者而举办的具有特定内容的旅游项目，它是个性化时代的产物。

专题旅游产品多种多样，依据旅游者的不同兴趣和爱好，主要有疗养度假旅游、生态旅游、草原旅游、海洋旅游、河流旅游、沙漠旅游、修学旅游、体育旅游、综合娱乐旅游、观光农业旅游、文化旅游、都市旅游等形式。按旅游产品的等级可以分为豪华型、标准型、经济型三种旅游产品。

专题旅游产品的开发是现阶段国际旅游市场的热点，因为专题旅游产品以其特色多样化和个性化日益成为新的竞争力的源泉，规模也与日俱增。与之相比，我国专题旅游产品的开发尚处于初级阶段，还没有形成一定的规模。

（四）以旅游产品的组成情况为标准进行分类

以旅游产品的组成情况为标准，可以将其分为两类，即单项旅游产品和整体旅游产品。

1.单项旅游产品

旅游者根据自身情况和需要向旅游服务的供给方购买的单一的服务项目（如只要求安排住宿、航班、导游等），便是单项旅游产品。一般来说，购买单项旅游产品的多为散客，他们按照旅游过程中自己的需要，一次一次地购买和消费旅游产品。

2.整体旅游产品

旅游企业根据市场需求为旅游者编排组合而成的综合性的旅游产品，

便是整体旅游产品。

整体旅游产品是旅游企业或旅游相关企业围绕旅游产品的核心价值而做的多重价值追加,这类旅游产品几乎可以满足旅游者旅游期间的所有基本需求甚或其他相关需求。

第二节　旅游产品的营销策略

旅游企业的市场营销活动是以提供适销对路的旅游产品和服务来满足旅游者需求的,而旅游产品营销策略是旅游企业市场营销策略的基石。通常而言,旅游产品的营销策略主要包括以下几方面的内容。

一、旅游产品组合策略

旅游产品组合策略是企业生产经营多种旅游产品的合理配置及优化组合方法和技巧。为了挖掘旅游产品的潜力,充分发挥旅游资源的功能,旅游企业要以各种组合产品去吸引不同的旅游者,以创造最佳的经济效益和社会效益。

(一)旅游产品组合的内涵

所谓旅游产品组合,就是"旅游企业通过生产不同规格、不同档次的旅游产品,使其旅游产品结构更适合市场需求,以最小的投入最大限度地占领市场,实现企业的营销目标"[①]。

从旅游者开始旅游到旅游结束期间的全部内容进行的安排就叫旅游产品组合,如制定旅游线路、确定活动内容、安排旅游时间、预订食宿交通服务等。旅游者购买旅游产品实际上是购买了一定时间内固定的活动空间。因此,旅游产品组合,包含空间和时间两大要素,包括所有产品线和项目。

旅游产品组合的任务,是在富有创造性策划的基础上,通过对游览观光体系、娱乐体系、旅游线路体系的设计,最后整合为一个景观品质—活动内容—空间条件—时间序列—信息引导的有机整体,为旅游者提供舒适、优质、价格合理的旅游经历。

---

① 王纪忠.旅游市场影响[M].北京:清华大学出版社;北京交通大学出版社,2011:117.

旅游产品组合的影响因素,主要有旅游消费者的需求、旅游企业的生产能力、旅游企业的目标市场、竞争企业的状况、旅游基础设施状况、旅游产品的技术水平及政府的相关政策等。

(二)旅游产品组合的要素

旅游产品组合的要素,具体而言有以下几个。

1.旅游产品组合的广度

旅游产品组合的广度就是指旅游企业生产和经营的不同类型旅游产品的数量,也称产品线的数量。数量多说明该旅游企业的产品组合广度宽,少则说明其产品组合广度窄。

2.旅游产品组合的深度

旅游产品组合的深度是指旅游企业提供的某一类产品或某一产品线中所包含的不同类型、档次、品种、特色等单项产品项目的数量。增加旅游产品组合的深度有利于满足旅游消费者的多种需求,提高满意度,从而提高旅游企业的市场竞争力;但浅度的旅游产品组合也有利于旅游企业发挥专长、降低成本,以创造名牌产品,吸引稳定的旅游消费者群体。

3.旅游产品组合的关联性

旅游产品组合的关联性也称相关性、相关度,是指旅游产品特征与细分市场特征的相关程度,或者说是旅游企业生产经营的各类旅游产品和各单项旅游产品在生产、销售、宣传、消费等方面相互关联的程度。如果旅游企业提供的产品组合的关联程度较高,则有利于企业精于专业,提高企业及其产品的市场地位。而相关程度不高的旅游产品组合则会产生较高的成本和费用,因此,中小型企业宜于生产经营相关性大的产品组合。

(三)旅游产品组合的原则

在进行旅游产品组合时,需要遵循以下几个原则。

第一,经济价值观与人类价值观的平衡。旅游产品组合,既要遵循经济效益规律,又要遵循社会伦理道德、正确的价值观,不能为谋求企业利益而置社会责任于不顾。

第二,创造充满美感的经历体验。通过旅游产品,让旅游者体验自然美、文化美的意蕴。

第三,满足低成本及开发、运营技术上的要求。要计算投入产出,尽可能降低费用,组合旅游产品。

第四,便于后期管理。旅游产品组合既要瞻前,又要顾后,如推出后无法进行后期管理,旅游产品组合就没有多大生命力。

(四)旅游产品组合的策略

旅游企业进行旅游产品组合决策的基本思路有二:一是向旅游产品组合的深度发展,二是向旅游产品组合的广度发展。具体来说,可供企业选择的旅游产品组合策略主要有以下几个。

1.旅游产品组合扩展策略

所谓旅游产品组合扩展策略,就是扩大旅游产品组合的宽度或广度,增加旅游产品大类或产品线的数量,拓宽旅游企业的经营范围,实行多元化经营,充分利用企业资源,提高营销效益。

需要注意的是,采用这一策略需要确保增加的旅游产品系列之间有较强的关联度,并能够与企业的市场定位相符合。此外,在增加旅游产品系列时要注意提出产品优势,并分步进行。

2.旅游产品组合收缩策略

所谓旅游产品组合收缩策略,就是缩小旅游产品组合的广度,收缩旅游企业的经营范围,实行专业化经营,淘汰过时的旅游产品系列。在当前旅游市场竞争激烈和趋于饱和的状态下,这不失为一种有效的旅游产品组合策略。

集中化单一选择策略便是一种常见的旅游产品组合收缩策略,即旅游企业集中生产一种旅游产品并选择一个细分市场。由于只选择一个细分市场,旅游企业能更深入地了解细分市场内旅游者的需求;集中所有的资源生产一种产品,产品的质量较有保证。

3.旅游产品组合差异化策略

所谓旅游产品组合差异化策略,就是旅游企业生产几种不同的旅游产品,选择几个符合企业目标和有利可图的细分市场,这几个细分市场间少发生或不发生联系。这样,旅游产品的宽度较宽,旅游产品的风险也较为分散。

4.旅游产品组合改进策略

所谓旅游产品组合改进策略,就是增加旅游产品组合的深度,在原有旅游产品系列中增加新的产品项目,从而增加细分市场,吸引更多的旅游者。在运用这一策略时,旅游企业应找准利基市场,并根据市场变化及时调整产品组合结构。

5.旅游产品组合宽度化策略

所谓旅游产品组合宽度化策略,就是针对几个不同的细分市场,企业生产几个关联都不大的旅游产品分别进入这几个市场。这种策略有利于企业占领市场,扩大销售,减少风险;缺点是投资较大,成本较高。

6.旅游产品组合价格策略

所谓旅游产品组合价格策略,就是旅游企业在原有旅游产品组合系列中增加高档旅游产品项目或低档旅游产品项目。高档旅游产品项目如高级酒店中的总统套房可以提升旅游产品知名度和企业声誉,提高效益;而低档旅游产品项目则可以使旅游企业的产品和服务大众化,以原有高档产品的声誉吸引消费能力有限的顾客。但是,旅游企业在低档产品组合系列基础上增加高档旅游产品项目,容易引起顾客对产品质量和服务能力的质疑;在高档产品组合系列基础上增加低档旅游产品项目,可能有损高档旅游产品的品牌形象,因此企业应慎重使用这一策略。

(五)旅游产品组合的优化

旅游企业产品组合多种多样,为了使企业的产品组合达到最优,应考虑以下几个因素。

第一,开发某一组合产品的目的,是为了增加销售量,增加淡季设施利用率,还是为了开拓一个新市场。

第二,组合产品销售对象,即向谁销售组合产品,目标市场是谁。

第三,组合产品的名称,要能很快引起公众的注意,要努力用简短的词句反映产品的内容。

第四,组合产品的内容,既要能满足目标市场的需要,也要考虑费用问题,考虑组合产品在经营上是否力所能及、在经济上是否合算。

第五,组合产品的价格,一般应比旅游者购买单项产品的价格之和略低,使顾客感到购买组合产品有利可图,旅游企业在销售产品中也有相应的经济效益。

第六,组合产品推出的时间,应尽可能选择在旅游企业需要增加营业量和可能增加营业量的时候推出。

第七,组合产品信息传递方式。对不同类别的组合产品和不同的目标市场,应采取不同的信息传递方式。例如,对大型商社推出的组合产品可采取销售人员访问的信息传递方式;婚宴组合产品可选择以当地的报纸、电视和广播为主要媒介。

二、旅游产品生命周期策略

旅游产品同一般消费产品有一个明显的区别,即它会经历从产生到衰亡的生命过程,这便是旅游产品的生命周期。它对于企业有效利用资源、开发特色旅游产品及制定旅游营销策略具有重要指导作用。

(一)旅游产品生命周期的阶段

旅游产品的生命周期具有明显的阶段性,而每个阶段又有各自不同的特征(图 5-1)。

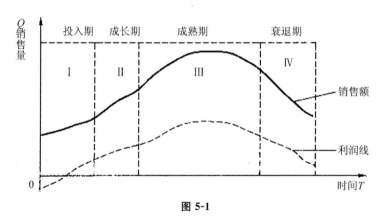

图 5-1

1. 旅游产品的投入期

在投入期,新的旅游产品刚刚投放市场,生产设计还有待进一步改进,技术和服务尚不完善,基础设施急需配套,吃、住、行、游、购、娱六大基本环节也需要进一步协调、沟通,产品质量和服务水平有待进一步提高。

另外,在这一阶段公司需要投入大量的费用进行产品推广,成本非常高,只有极少数的探险者对产品感兴趣并进行尝试,再加上顾客对产品还不了解,所以产品销售增长缓慢,几乎没有利润,甚至出现亏损。

2. 旅游产品的成长期

这一阶段,产品设计基本定型,技术日益成熟,主题明确;基础设施日趋完善,各环节之间沟通顺畅、衔接紧密;服务趋于标准化和规范化,服务质量大幅提高;社会公众和媒体的关注提升了新的目的地、景点或景区的市场形象。再加上前一时期强大的宣传攻势下,产品能够被市场迅速接受,快速成长,前往旅游的旅游者数量增加很快,销售也随之快速增长,利润大量增加。

此外,在这一阶段,由于利益驱使,仿效者逐渐增加,竞争加剧。也就是说,在这一阶段有越来越多的企业加入到这类产品的市场竞争之中。

3. 旅游产品的成熟期

成熟期是旅游市场趋于饱和的阶段。在这一时期,生产技术和产品都已标准化,新的竞争者和同类产品大量出现,产品销售量继续增加,但增长的速度趋于缓慢,市场占有率达到最高,企业利润也达到最高水平。

在这一阶段,为了对抗竞争者,维护产品的地位,产品的营销费用日益增长。因此,这个阶段的利润虽然处于高位稳定状态,但已出现下降趋势,竞争者的数量这时也是稳中有降。

4. 旅游产品的衰退期

在这一阶段,旅游产品本身已不再让旅游者感到时髦而新奇,他们大多逐渐被新的产品所吸引,只有为数很少的持有怀旧情结的人或短距离当日往返的旅游者和周末旅游者前往造访。因此,这一阶段的旅游产品销售下降的趋势非常明显,最终出现负增长,利润也开始下降,竞争者逐渐渐退出这一市场。

需要特别指出的一点是,这种产品生命模式只是理想化的模式,不同类型和质量的旅游产品的生命周期不尽相同,有的旅游产品一进入市场即能跳过介绍期,迅速成长、成熟,有的则还没有成熟就进入衰退期;有的产品生命期长而稳定,有的则吸引力不大,生命短暂。因此,在进行旅游产品开发时,需要对所开发产品所处的生命阶段进行深入的把握。

(二)旅游产品生命周期的营销策略

有效地应用旅游产品生命周期理论,可以缩短产品的投入期,使旅游者尽快熟悉并接受其产品;设法保持甚至延长产品的成熟期,防止产品过早地衰退;准确判断进入衰退期的旅游产品,采取有效策略使企业取得衰退期的最大效益。

1. 投入期的旅游产品营销策略

在这一时期,企业应通过多种宣传途径加强与旅游消费者的沟通,使之尽快熟悉和了解旅游产品;通过扩大旅游市场营销渠道来拓展旅游产品市场,提高市场占有率;通过严格控制旅游产品和服务的质量来赢得旅游消费者的信任,以良好的社会效应扩大销售,提高企业利润。具体而言,这一阶段可以采取的策略主要有以下几个。

(1)高价高促销组合策略

所谓高价高促销组合策略,就是采用高价格和投入大量促销经费推出旅游新产品,如采用广告宣传、人员推销、给中间商特殊的鼓励等办法快速推销。使用这种"双高"营销策略是希望迅速打开市场,并能在短期内得到较高的回报。这种策略最适合在以下市场环境下使用:游客对旅游新产品不了解;产品替代性强;生命周期短;市场容量相对有限;旅游者对价格不敏感。

(2)高价低促销组合策略

旅游企业采用高定价、低促销费用的手段,是希望能以小的代价,赢得最大的利润。这种策略适用于替代性不强、具有一定垄断性质的旅游产品,或知名度高的旅游企业推出的新产品;旅游者对这种产品比较了解,愿意支付高价格购买;竞争者难以模仿的产品,对本企业的新产品威胁不大。

(3)低价高促销组合策略

这一策略在于先发制人,取得较大的市场占有率,薄利多销。这种策略适用于市场容量大、替代性强的旅游产品;消费者对产品不了解、对价格敏感,竞争者较强的市场环境。

(4)低价低促销组合策略

这一策略是以低价格快速吸引游客,以较少的费用支出保证企业利润。这种策略主要针对市场规模大、需求弹性大的旅游产品。在消费者对这类产品比较了解,但对价格敏感、潜在竞争者较多的情况下,使用这种策略也可以较快地推销产品。

2.成长期的旅游产品营销策略

在成长期,旅游企业的营销重点是改善产品质量并增加新的产品特色和式样,保持市场竞争优势地位。具体来说,这一阶段可以采取的营销策略有以下几个。

(1)增加新的销售渠道

在成长期内,继续扩大宣传,进入新的分销渠道,开拓新的细分市场,提高市场占有率。在这一过程中,要注意对旅游中间商的选择,要选择有信誉、效率高的中间商,并搞好与中间商的协作,使之成为较稳定的合作伙伴。

(2)塑造品牌

提高旅游产品质量,增加旅游产品的品种,完善服务,形成特色,争创名牌产品。

（3）加强宣传

这一阶段旅游企业要加大宣传力度,宣传的重点是旅游产品的质量和特色,目的是使旅游产品成为名牌产品。在这一过程中,要利用好广告这一宣传手段,并尽可能争取较多的忠实购买者。

3. 成熟期的旅游产品营销策略

旅游产品成熟期的营销策略,主要有以下几个。

（1）差异化策略

所谓差异化策略,就是增加旅游产品的特性和功能,增加新的项目和服务等,以吸引新顾客和刺激人们购买更多的旅游产品。

（2）价格策略

所谓价格策略,就是根据旅游市场竞争程度和需求特性,可以考虑采用降价策略。以有竞争力的价格,来吸引游客,保持一定的市场占有率。

（3）产品改革策略

所谓产品改革策略,就是弥补产品的缺陷,完善产品的功能,发现产品的新用途,或者增加产品的附加利益等。在这一过程中,也要注意给产品品牌重新定位,以吸引更大的和增长更快的细分市场。

4. 衰退期的旅游产品营销策略

在衰退期,旅游产品的营销策略重点是准确判断处在衰退阶段的旅游产品,把握好产品转、改、撤的时机和方式。具体而言,衰退期的旅游产品营销策略主要有以下两个。

（1）继续经营策略

当旅游企业一时还不想放弃现有产品时,可以采取继续经营策略,但应积极进行产品的改进。促销力量集中于最有利可图的细分市场和销售渠道上,运用营业推广、广告等方式,提醒老顾客,促销的重点应放在最忠诚的中间商和顾客上。同时,可以采取降价、打折和优惠等特殊的促销手段来维持销售量。

（2）撤和转策略

旅游产品进入衰退期,如果利润下降很快,甚至发生较大亏损,若不迅速撤出市场,会拖累企业的正常经营,消耗企业的人力、物力和财力,因此,经营者应考虑产品的淘汰问题。一方面考虑怎样最有利地撤出市场,另一方面进行市场调查研究,把企业的各种资源转到新产品的开发、生产上。

三、旅游产品开发策略

没有出色的旅游产品就不会有满意的顾客,没有满意的顾客便无法在激烈的客源竞争中争取市场而保持自己的市场份额,没有市场份额就没有旅游企业的发展壮大。因此,如何开发出让旅游者满意高品质的产品,是旅游企业实现和提高经济效益的关键,是旅游业得以生存和发展的生命线。

(一)旅游产品开发的原则

在进行旅游产品开发时,需要遵循一定的原则,其中较为重要的有以下几个。

1. 市场性原则

一个新产品的开发是由市场需求决定的,只有满足了顾客的需求,企业才会产生利润,这是所有产品开发的一个共性,旅游产品的开发也不例外。也就是说,在进行旅游产品开发时,要遵循市场性原则,即针对目标市场,对消费者的所有需求进行充分的调查与研究,再根据市场的结构和偏好设计出让旅游者喜闻乐见的旅游产品。

2. 主题性原则

旅游产品开发的主题性原则,指的是在进行旅游产品开发时一定要注意主题突出的问题。在经过充分的市场调查和定位后,就应该确定产品的主题,一旦通过可行性论证,所有旅游活动的硬件和软件,如旅游线路、宾馆、景区景点设施、旅游服务等的建立与改造都要围绕这一主题展开,这样才能统筹兼顾,优化旅游资源和相关产品,同时也有利于对外宣传营销策略的制定与运行。

3. 适度性原则

旅游产品开发的适度性原则,指的是在进行旅游产品开发时必须把握好开发的范围、强度等,以免对资源、环境等造成破坏。

4. 系统性原则

现实的旅游产品由多种资源要素组合而成,每种资源要素又具有多种功能,而实际利用中,大多只偏至于某一功能。因此,要通过系列化开发把资源当中闲置的潜力挖掘出来。这样带来的一个明显的好处就是不需要过多的投入,就能生产出更多新的产品,是实现低成本扩张的一条有效途径;同时系列产品还能提高使用价值,对原有产品形成补充,使之更具吸引力。与此同时,消费者也能从系统开发中享受到更多的服务,他们选择余地会更大,满意程度就会相应提高。

5.差异性原则

旅游产品差异化程度直接决定了市场份额的大小,产品差异化程度越高,排斥新竞争者的进入壁垒就越高,旅游企业制定高价的可能性越大,其竞争优势和获利能力就越强。因此,在进行旅游产品开发时,也要遵循差异性原则。

6.效益性原则

旅游产品开发的效益性原则,指的是旅游产品的开发应注意经济效益、社会效益和环境效益的统一与和谐发展,注意兼顾保护和开发,谋求综合效益的稳步提升。

(二)旅游产品开发的程序

旅游产品的开发,通常而言要经过以下几个程序(图5-2)。

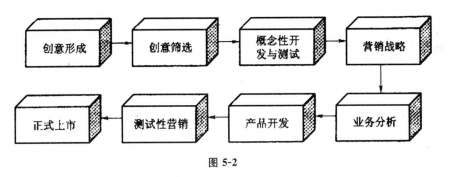

图 5-2

1.旅游产品创意形成

旅游产品创意形成段是旅游产品开发的第一个步骤,每一个创意都将为产品的开发创造机会。

所谓旅游产品创业,就是对即将开发的旅游产品的一种构思和设想。一般而言,这些设想的主要来源有企业内部员工、旅游者、竞争者、分销商、供应商及社会调研机构、研讨会、政府机构、科研机构、大专院校等。不管这个创意来自何处,一个好的创意都能为产品的成功开发打下良好的基础。

创意的最重要特质是独创性。只有做到人无我有、人有我新、人新我奇,只有独创性,才会有垄断性;只有垄断性,才会有竞争性。

2.旅游产品创意筛选

由于主观和客观条件的限制,并不是所有的创意都能开发为旅游产品。因此,在形成了旅游产品的多个创意后,还需要对其进行筛选。

旅游产品创意筛选的目的在于尽可能快地抓住好的创意和摒弃没用的想法,将企业资源集中于符合旅游企业的经营目标、可行性程度又较高、成功机会较大的创意上。企业要设立专门的机构和采用特定的系统来评定、筛选旅游新产品创意。

一般而言,在对旅游产品创意进行筛选时应特别注意到如下因素:旅游新产品是否真正符合旅行者的需求;市场规模有多大;新产品能否为本企业带来收益;新产品的市场前景如何;与国家的法律和政策规定是否相符;新产品开发是否符合企业的长远目标;企业是否有成功实现这个创意所需的人员、技术和资金等资源;该创意产品的竞争对手如何等。

3.旅游产品概念性开发与测试

一个富有吸引力的创意必须发展成为具体的旅游产品概念,才有可能进入产品研发阶段并最终生产出产品。

从产品创意到产品概念要经过两个步骤:第一个步骤是概念形成,即将一个旅游产品创意演变成几个可供选择的产品概念,再从中分析每种概念对消费者的吸引程度,最后选择最佳的一个;第二个步骤是概念测试,即通过产品概念的市场实验,让消费者来回答哪个概念最符合他们的需要,最具有吸引力,通过了解消费者的反应来进一步完善产品概念。

4.旅游产品营销战略

在确定了旅游产品的概念之后,企业就要拟定一份初步的营销战略规划。最初的营销战略应包括三部分内容:第一部分描述目标市场的规模和结构等,计划开发的旅游新产品市场定位,未来几年内的销售额、市场份额和目标利润;第二部分概述计划开发的旅游新产品第一年的价格、分销渠道、促销方式和营销预算;第三部分是预测旅游新产品的长期销售额、盈利目标及营销组合战略等。

5.旅游产品业务分析

所谓旅游产品业务分析,就是在初步的营销战略规划基础上,企业应对计划开发的旅游新产品的预计销售情况、经营成本和利润进行进一步的深入评估,分析是否能满足企业的各项经营目标,通过分析来确定旅游新产品的开发价值。

6.旅游产品开发

旅游产品开发就是旅游产品研究开发部门、工程技术部门进入产品的研究试制阶段,此时,产品概念会发展成实体产品模型或样品。在产品概念转化为产品模型或样品后,要进行严格的"功能试验"(如新产品的功能、安全性等)和"消费者试验",以发现新产品在使用中的问题并进行必要的改进。

7.旅游产品测试性营销

旅游产品研制出来之后,就要进入试销阶段。开发的新产品及其相关的营销策略在这一阶段要首次付诸实施,主要是观察顾客的反应、新产品质量情况及其营销策略的实施放果。

在进行旅游产品测试性营销时,通常是选择某一个较小的市场,做一次或是一次以上的试销,试销过程中顾客的反应、新产品的质量情况、产品实施营销效果等都会作为该产品是否全面进入市场的参考。这一阶段工作的好与坏、优与劣对未来产品的命运有决定性作用。

需要注意的是,不是在所有情况下都要进行旅游新产品的市场试销。当开发和推出一种旅游新产品的成本很低时,或当企业对一种旅游新产品极有信心时,企业可能很少或不进行市场试销。

8.旅游产品正式营销

旅游新产品试销成功后,就可以全面推向市场。这一阶段的产品还将继续接受旅游消费者的全面检验,要根据消费者的反馈不断调整和完善产品的旅游功能,使之更快地适应变化的市场需求,并努力延长产品的生命周期。

在进行旅游产品正式营销时,企业应明确四个方面的问题:一是在什么时机推出旅游新产品;二是在什么地区推出旅游新产品;三是向哪些人推出旅游新产品;四是以何种方式推出旅游新产品。

四、旅游产品品牌策略

品牌是企业为自己的旅游产品或服务确定的一个名称、术语、标记、符号、图案,或者是这些因素的组合,目的是让顾客识别产品或服务的提供者。

（一）旅游产品品牌的构成

旅游产品的品牌一般由品牌名称和品牌标志两个部分组成,其中,品牌名称是指旅游产品品牌中可以用言语称呼的部分;品牌标志是指旅游产品品牌中可以被识别,但不能用言语称呼的部分。

（二）旅游产品品牌的作用

旅游产品品牌的作用,具体而言表现在以下几个方面。

1.表明旅游产品内在属性

品牌可表明旅游产品的内在属性,以方便旅游者识别。也就是说,旅游者可以根据品牌准确地识别和挑选所需某属性的产品。

2.表明旅游产品品质

旅游者可以通过品牌了解旅游产品品质。在认牌消费的时代,知名品牌的旅游产品更能吸引游客。

3.象征利益

旅游产品品牌象征着带给顾客的利益。比如,为解决饥饿的问题去自助餐厅用餐,自助餐带给客人的就是"机能性利益";因时间紧迫,游客去快餐店用餐,餐店除带给客人"机能性利益"外还有"省时利益"等。

4.代表旅游产品价值

旅游产品品牌代表着价值,而品牌价值体现在现实中就是旅游产品的价格。有的品牌,甚至是价值连城的,如"麦当劳"品牌价值就达数百亿美元。

5.维护拥有者权益

品牌注册成为商标后即受到法律保护,具有排他性,未经拥有者授权,别人不得使用。这样能有效扼制假冒产品进入旅游市场而导致"李鬼打倒李逵"现象的发生,有利于保护知名品牌形象,保护拥有者权益。

（三）旅游产品品牌的具体策略

1.旅游产品多品牌策略

多品牌策略是企业在同一种旅游产品上设立两个或几个相互竞争的品

牌,目的是建立不同的产品特色以迎合不同的购买动机。这样,企业可以使产品向各个不同的市场部分渗透,促进企业销售总额的增长。

2.旅游产品品牌拓展策略

所谓旅游产品品牌拓展策略,就是企业利用现有的品牌名称来推出新的旅游产品项目。品牌延伸可以使旅游新产品很快被消费者认知和接受,促使旅游新产品尽快进入新的旅游市场,同时节约了旅游新产品的市场推介费用。品牌延伸策略的风险在于,如果旅游新产品质量不能保证或不符合消费者的需要,则有可能损坏旅游企业其他产品的信任度。

3.旅游产品品牌重新定位策略

旅游产品品牌重新定位策略也称品牌的再定位策略,其原因是品牌在特定目标市场上不为旅游者所欢迎。一个旅游产品品牌在市场上的最初定位即使很成功,随着时间推移也必须重新定位。

在做出重新定位选择时,企业必须考虑将品牌转移到另外一个细分市场的费用,包括旅游产品广告宣传费用、品牌管理费用以及定位于新位置的获得能力等。与此同时,企业还必须考虑投入产出是否合算、能否符合旅游者的期望能否形成新的竞争优势。只有这些问题有肯定答案,品牌重新定位才有实际价值。

4.旅游产品合作品牌策略

合作品牌是指两个或更多的品牌在一个产品上、在同一个场所等联合起来的一种策略。每一种品牌的发起人都希望与另一个强势品牌结合,来强化消费者对其产品的偏好或购买欲望,达到双赢的目的。

第三节　旅游产品的合理定价

在旅游业的经营中,随着市场竞争的加剧,产品定价工作变得越来越重要,因而对价格这一营销手段的使用也越来越为旅游营销者所重视。但是,价格是一个危险而裸露的营销工具,定价失当而造成的损害有时可能会抵消所有其他营销努力,甚至摧毁一个旅游企业。因此,旅游产品的经营者必须小心对待价格,按照理性、科学的步骤制定价格。

一、旅游产品定价的重要性

在旅游产业的发展中,对旅游产品进行定价具有重要的作用,具体而言表现在以下几个方面。

(一)能够促使旅游企业实现收入

在旅游企业经营中,价格决策是一个很重要的问题,因为在营销组合中,价格是直接产生收入的重要因素。同时,价格也是营销组合中最灵活的因素。企业营销活动带来理想的市场份额和盈利率,可以避免价格过低而造成的收入损失和由于价格过高吓跑顾客而造成减少收入的局面。

(二)能够对消费者的购买决策产生影响

价格是沟通旅游供给与需求的最有效的桥梁。在旅游者购买决策过程中,价格成为其最为重要的一个考虑因素。当今我国多数居民收入水平不是很高,旅游特别是豪华高档旅游对许多人还是奢侈品,因此,相对其他工业产品或消费品,旅游产品价格因素往往比非价格因素对顾客更具有影响力。

(三)能够帮助旅游企业在市场竞争中获得优势

旅游企业市场竞争有价格竞争、质量竞争、文化竞争等手段。价格竞争是比较原始的低层次的竞争手段,但往往也是最有效的竞争手段。因此,竞争各方对价格最敏感,关注的程度最高。

二、旅游产品定价的影响因素

旅游产品定价会受到多方面因素的影响,其中较为重要的有以下几个。

(一)宏观经济状况

在经济发展较快、宏观经济处于景气状况时,旅游产品较为旺销,价格也有上行的要求;当经济增长速度趋缓,宏观经济处于萧条时,旅游产品销路不畅,价格有下行的要求。此外,物价对旅游产品价格也有较大影响。在通货膨胀、货币贬值时期,旅游产品价格有上调的趋势,这是通货膨胀牵引所导致的;当通货紧缩时,旅游产品价格又有下调的压力。

对于跨境旅游来说,汇率变动对旅游产品价格也有一定影响。通常本币升值,旅游企业要考虑提高外币定价;本币贬值,旅游企业要考虑适当降低外币定价。

(二)企业战略与产品定位

旅游企业的战略即旅游企业在有关自身发展、市场份额以及投资回报等方面的战略决策,无疑将影响对其产品或服务项目的定价。同样,旅游企业对其产品所做的定位,也会影响对该产品的定价。由于定位的目的是树立该产品在目标消费者心目中的形象,并且战略价格的重要作用之一就在于向消费者市场传递该产品的定位或形象。因此,一个企业对其产品所做的定位,势必强烈地影响对该产品战略价格的制定。这意味着,对于那些定位于高端的产品或服务项目,其战略价格绝不可定得过低。

(三)旅游产品的成本

旅游产品的成本是制定价格的基础,由固定成本和变动成本两部分组成。固定成本是指不因产量或销售额变化而变化的成本,如固定资产折旧费、租金、办公费、固定工资等,这些成本只要存在就必须分摊到旅游产品中去。变动成本是随产量或销售额变化而变化的成本,如采购成本、奖金等。

一般情况下,旅游产品成本越高,旅游产品的价格相应也会提高。旅游企业在制定价格时,不仅要考虑本企业旅游产品的个别成本,更重要的是要把个别成本和社会平均成本进行比较,如果个别成本比社会平均成本低,制定旅游产品价格时回旋余地就比较大。因此,适当降低成本,争取使个别成本低于社会平均成本,是许多旅游企业谋求价格竞争优势的利器。

(四)旅游产品的特点

这里所说的旅游产品的特点,是指该旅游产品在同类竞争产品中的可替代程度。人们很容易发现,在当今旅游业的经营中,大多数旅游产品的销售都具有价格敏感的特点。形成这一情况的主要原因之一就在于市场上有很多同类的可替代产品。这意味着,在市场上存在众多同类的可替代产品、特别是在市场供给能力过剩的情况下,价格往往会成为旅游企业在制定营销策略时的重要考虑。

从务实的角度讲,凡是那些具有真正为消费者所看重的独特性的旅游产品,往往能在其心目中享有与众不同的地位。这一独特性或特色的存在,能够有效地降低该产品的可替代程度,从而可使该产品的销售减少对价格的依赖。也就是说,旅游产品特色显著、垄断性强、不可替代性强,营销管理人员可定高价,而平平常常、大众化的旅游产品则宜定中低价。

(五)旅游企业的营销目标

在营销导向型的现代旅游企业中,企业的经营战略必须系统而有计划地执行,市场营销工作中各方面决策的制定,都必须围绕既定营销目标的实现进行。因此,旅游营销管理人员要根据不同阶段营销目标的不同来制定不同的价格。

需要特别指出的一点是,旅游企业营销目标不仅会影响产品常规价格或标准价格的制定,在某些非常时期开展销售促进活动时,该次活动旨在实现的营销目标同样也将影响有关产品战术价格的制定。

(六)旅游目标市场

在任何产品的定价工作中,目标消费者对价格的感知都是重要的考虑因素。就某一旅游产品而言,如果价位定得很高,令消费者觉得价无所值,那么消费者很可能会放弃对该产品的选择。反之,如果该旅游产品的价格定得很低,明显低于该产品所提供的价值,那么虽然消费者可能会为此而感到高兴,却会令营销者难以控制市场需求。因此,如何在这两个极端之间求取平衡,是旅游营销者在产品定价工作中所需面对的主要任务。

由于旅游目标市场会对旅游产品定价产生重要的影响,因而旅游营销者在进行产品定价时必须要注意两个方面。一方面,所制定的产品价格必须具备现实性,即所制定的价格不能超越目标消费者的支付能力,并且不能超越其愿意支付的限度,同时所制定的产品价格不至于使目标消费者对该产品的品质产生怀疑;另一方面,要对不同的目标市场进行了解,以更好地进行差别定价差别定价是指旅游企业就同一产品或同一服务项目,面向不同的消费者人群执行不同的价格,尤其是以较低的价格出售给某些特定类型的顾客。

(七)竞争者的行动

旅游企业在为自己的产品进行定价时,无疑需要了解和比较竞争者同类产品的定价。其中的主要原因在于,对于一个旅游企业来说,在市场供大于求、客源竞争激烈的情况下,除非本企业的产品具有不可替代的特色,否则,如果本企业产品的定价高于同类竞争产品的价格,则无异于将自己的顾客推向竞争对手。

(八)政策法规

在市场经济体制下,企业虽然在产品定价方面享有自主权,但在制定产品或服务的价格时,任何企业都不能违反政府的有关政策与规定。旅游业中的情况当然也不例外。一般来讲,政府通过政策法规对旅游价格进行干预,主要是出于两个方面的原因:一是保护消费者利益;二是维护旅游业的健康发展。

政府在旅游价格方面的干预或影响,在世界各国都可见到。比如,"价格法"等相关法律法规对旅游产品定价具有同等的约束力。不论是通过价格欺诈行为获得暴利,还是低价倾销,都要受到法律法规的制裁。如一些旅游企业在暴利心态驱使下的价格欺诈行为,就会受到法律的惩处。

(九)非价格竞争策略

这里所说的非价格竞争策略,指的是"以应对竞争的各种非价格手段"[①]这意味着,旅游企业可借助某些非价格手段去减小自己产品的可替代程度,从而使本企业能够在产品定价方面保持主动,避免卷入业内同行间的削价竞争。

随着旅游市场竞争的白热化,旅游市场价格混战十分惨烈。许多旅游企业不得不卷入价格战,而明智的企业不在万不得已时不参加恶性价格战,反而是采取非价格竞争策略与同行角逐。提升旅游产品品质、增强特色、提升形象、加强促销、疏通销售渠道、提升服务品质等都是非价格竞争策略的具体形式。

三、旅游产品定价的步骤

一般而言,在进行旅游产品定价时,大致要经过以下几个步骤。

(一)确定定价目标

在市场营销组合中,任何一项营销手段的实施都服务于某一或某些既定的目标。因此,任何营销手段的策划都需要以实现特定目的或目标作为考虑基础。这一目的或目标既是该项工作的出发点,也是其归宿。旅游产品的定价工作当然也不例外。具体而言,旅游产品的定价目标主要有以下几个。

1.以利润为定价目标

这种类型的定价目标,大致可区分为两种情况,具体如下。

---

① 李天元等.旅游市场营销[M].北京:中国人民大学出版社,2012:183.

（1）以实现某一既定水准的目标利润为定价目标

在将既定的目标利润作为定价目标的情况下，所制定出来的产品价格通常反映本企业的预期投资收益。也就是说，在将既定的目标利润作为定价目标的情况下，企业是以自己所预期的目标投资回报作为制定产品价格的基础依据。

（2）以利润最大化为定价目标

在以追求最大利润为定价目标的情况下，企业会根据自己对产品成本以及对市场需求的预测，制定能给本企业带来最大利润的价格。但需要注意的问题是，利润最大化并不意味着价格最大化。因为第对于需求价格弹性较大的旅游产品定价高需求会下降，单位成本会相对上升，总收入反而会下降，进而会影响总利润。

需要注意的是，以追求最大利润作为定价目标多是在短期内使用（尤其是在市场供给紧张时期使用），换言之，追求利润最大化多是用作短期性的定价目标。

2. 以扩大市场占有率为定价目标

以扩大市场占有率为定价目标，也就是以销售量为定价目标。在以扩大市场占有率为目标进行定价时，营销者所关心和强调的重点是产品的销售量或本企业产品的市场占有率，而不是利润。

对于一个企业来说，其产品的市场占有率往往代表着该企业在市场上的地位和竞争力。因此，在某些情况下，将增大产品销量和扩大市场占有率作为产品定价目标是非常必要的。需要注意的是，以此作为定价目标时，企业的目的是实现产品销售量的增大，或者实现市场份额的增加，但是，这种以销售量为取向的产品定价未必会带来利润的增加。对于这一点，营销者应有所警惕。

3. 以求生存为定价目标

当企业经营遇到困难时，为维持业务、等待市场转机，让企业度过生存危机，旅游企业营销管理人员一般会采取低价策略，以低价吸引游客，获得喘息机会。有时营销管理人员会把旅游产品价格定在成本线附近，这种做法看起来不赚钱但却有相对利益。如旅游产品销不出去，固定成本将全部损失。一般来说，旅游企业在市场低迷时以求生存为目标定价，待旅游市场转暖后再从求生存转变为谋发展。

4.以应对竞争为定价目标

应对以竞争为定价目标是指旅游企业的旅游产品定价主要基于更好地应对竞争，在市场中尽可能获得竞争优势。

旅游企业在采用这种定价目标时，最基本的做法就是：随时了解和比较竞争对手同类产品的价格，并参照主要竞争对手同类产品的价格制定或调整本企业产品的售价。即使是在该产品的生产成本或市场需求已经出现变化的情况下，只要竞争对手不变更其产品价格，本企业也应维持自己的产品价格不变。当然，在该产品的生产成本或市场需求出现变化时，如果竞争对手对其产品价格作了调整，那么本企业也应随之将自己的产品价格相应地上调或下调。

5.以树立企业和旅游产品形象为定价目标

以树立企业形象为定价目标是指旅游企业以在外界树立自己的良好形象为主要目标，旨在扩大社会影响，长期吸引顾客，提高顾客对自己企业的忠诚度。

这种定价目标是用价格表现本企业产品所具有的品质和内涵，如高价展现高品质、高享受，适中价格展现稳定可靠，低价格展现"物美价廉"与"经济实惠"等。

6.以体现社会效益为定价目标

一些财政投资的旅游点和国有旅游企业，肩负着一定的社会服务职能，主要从社会效益出发，定价时往往把旅游消费者平均收入水平所能承担的价格作为定价标准，其价格只覆盖一定比例的成本，价格水平低于行业平均水平，如不少由政府为投资主体的公园、博物馆、展览馆等旅游点的定价。

7.以调控游客流量为定价目标

为了充分保护和利用旅游资源，或因供给量有限，旅游企业需要对游客的流量加以调控。由于旅游的价格需求弹性较大，旅游企业一般会采用价格手段来"削峰填谷"，调节游客流量。

(二)测定旅游市场需求

旅游市场需求量决定了旅游产品销售量，而不同价格水平通常会有不同的需求，一般是价格上升需求下降、价格下降需求上升。因此，旅游企业在进行旅游产品定价时，要调查旅游市场结构，了解旅游者的需求，掌握旅游者所能接受的价格水平。同时,要注意分析需求弹性,即产品价格变动对市场需求量的影响。由于不同产品的需求弹性不同,因而企业在定价时必须考虑需求弹性因素,对需求弹性大的产品可用降价来刺激需求,扩大销售;而对需求弹性小的产品,则不必降价,甚至必要时还可适当地提价。

(三)分析旅游产品成本

产品成本是定价的基础。旅游企业应准确了解固定成本总额,分析在不同的接待量情况下的变动成本总额,计算出单位成本,从而明确产品价格的下限。应该强调的是,在充分利用现有接待能力的前提下,当产品销售量增加、企业接待人数提高时,单位产品分摊的固定成本会随之下降,单位成本就会相对降低。而销售量取决于需求量,需求量又受价格的影响。因此,旅游企业需要分析成本、价格、需求量、销售量之间的关系,作为定价时的依据。

(四)分析竞争者价格与产品

产品价格不但取决于市场需求和产品成本,而且还取决于市场供给,即竞争者的情况。也就是说,竞争者的价格则是旅游企业制定价格的参照系。为此,旅游企业经营者应在调研同类竞争产品价格的基础上分析其利弊,还要特别注意旅游者对竞争产品价格的态度,以此作为本企业价格决策的参考。

另外,旅游企业还要认真分析同类旅游产品的质量。现在的旅游者对价格性能比十分关注,只有价格性能比强于同类产品才更有市场竞争力,那些质次价高或质次价低的旅游产品在市场上生存空间越来越窄。因此,经营者要争取使本企业产品价格性能比优于竞争对手。为此,经营者要了解竞争产品的质量,如本企业产品质量高于竞争产品,价格才可能定得稍高;如本企业产品质量与竞争产品相近,则价格也应相近;如本企业产品质量不如竞争产品,则价格也应稍低。

总之,只有充分把握竞争者的情况,才可能制定合理的价格,产品在旅游市场上才会有竞争力。

(五)选择定价方法

旅游企业经营者会选定最有利于实现企业定价目标的定价方法,而常用的旅游产品定价方法主要有以下几种。

1.基于成本的定价方法

基于成本的定价方法简称成本定价法。在这类定价方法中,最典型的做法就是成本加成定价法,即通过计算单位产品的变动成本或是单位产品的总成本,在此基础上附加一定比例的毛利或利润,从而形成该产品的售价。

旅游企业在应用这类定价方法时,会根据自己业务经营中的固定成本高以及需求波动大等特点,将基于人均总成本进行定价和基于变动成本进行定价这两种做法结合使用。根据具体情况的不同,旅游营销者在选择定价方法时的重点考虑因素也会有所变化,譬如,有时会重点考虑各目标消费者人群的支付能力,有时会重点考虑需求的季节性变化,有时则会重点考虑所制定出来的产品价格在何种程度上需要为补偿固定成本做出贡献(即所需实现的毛利大小),等等。因此,当营销者关注的重点不再是单位产品的总成本,而是单位产品的变动成本时,则会转而依据单位产品的变动成本定价,而不再基于单位产品的总成本定价。这一点可在下面的案例中得到具体说明。

2.基于竞争的定价方法

基于竞争的定价方法简称竞争定价法,俗称随行就市定价法。通常是指将应对竞争作为定价目标,参照市场上同类竞争产品的价格制定本企业产品/服务项目的价格。

旅游营销者在采用这类方法为产品定价时,所关注的重点在于应对竞争,以维护本企业在市场中的地位,避免因竞争对手实行低价策略而使本企业被排挤出市场。

这类定价做法的基本特点是,使本企业的产品定价跟随竞争对手同类产品价格的涨落而升降,因而属于被动反应式的定价做法。在市场竞争激烈的背景下,旅游企业在为自己的产品或服务项目制定价格时,确实有必要考虑竞争对手的同类产品价格,否则有可能因竞争者的低价策略而导致本企业的市场份额丧失。但无论如何,对于一个旅游企业来说,这绝不应是制定产品价格时的唯一考虑,特别是在制定本企业产品/服务项目的常规价格时,情况更是如此。这主要是因为,由于各企业产品的成本结构不尽相同,因此,虽然某一价格的实施,有可能为某旅游企业带来理想水平的利润,然而这一价格在另外一家旅游企业中的实施结果则有可能是难有利润。

3.基于利润目标的定价方法

这是一类以所要实现的利润目标为基础的定价方法,通常简称目标定价法。这一目标通常是根据企业所希望实现的某一特定投资回报来确定。在有些情况下,这一目标也可用营业收入来表达。

4.基于需求的定价方法

基于需求的定价方法有时也称以需求为中心的定价法,通常简称需求定价法。采用这类方法制定产品/服务项目的价格时,营销者注重考虑的是需求方面的情况,而不是该产品或服务项目的成本。

在旅游业中,比较具有代表性的需求定价法是逆向定价法,有时也称为反向定价法或倒置定价法,是一种基于需求制定产品价格的做法。采用这一方法为旅游产品进行定价时,营销者关注的核心是目标消费者人群能够接受的价格。逆向定价,顾名思义,意味着产品价格的制定过程是逆向进行的。也就是说,营销者在制定产品价格时,首先考虑的不是该产品的成本,而是通过对需求市场的调查与分析,首先确定能够为目标消费者人群所接受的价格。然后,在执行这一价格的经营过程中,对该产品的成本进行严密监控,使之能够配合这一价格。如此定价的优点是,在使该产品的价位能够为目标消费者所接受的同时,实现本企业理想的利润。

(六)确定最终价格

经营者综合考虑旅游产品市场竞争力,考虑旅游者的心理感受及供应商、分销商、推销员的态度,竞争对手可能做出的反应,政府有关价格法律法规的限制以及行业自律组织的约束,运用适当的价格策略确定旅游产品最终价格。

四、旅游产品定价的策略

旅游产品定价策略是具体指导旅游企业价格竞争的行为准则,就当前来说常用的有以下几个。

(一)高价策略

顾名思义,高价策略就是企业对自己的产品实行高价经营这样一种价格安排。在旅游业中,如此安排价格实为旅游企业的一种价格战略。这一价格战略的实施,要求与营销组合中的所有其他手段实现严密整合。这些旅游企业在经营中赖以实行高价战略的基础在于其产品品牌的不可替代性、该企业的服务专长，以及该企业的市场声誉，而昂贵的价格只是所有这些方面的综合象征。

实行这种价格战略时，企业不会轻易对自己的产品实行降价销售，因为将产品降价等同于对本企业/产品进行重新定位，从而动摇本企业以及本企业的产品在市场心目中的高端形象。退一步讲，即便这些旅游企业偶尔推出某种貌似"降价"的优惠举措，也只是将其作为顾客忠诚奖励计划中的一个组成部分，用于鼓励这些顾客在市场需求低迷时前来光顾，而不是用作公开的对外报价。

(二)取脂定价策略

取脂的本意是指从牛奶中撇取最富有营养成分的油脂，有提取精华之意。一些旅游产品在上市之初，经营者利用游客求新、求异心理，把产品价格定在高位，以期尽快收回成本，尽可能在短期内获取丰厚利润。因此，取脂定价策略往往为旅游企业在推出新产品或新服务项目时所采用，即当本企业新投放的某一产品/服务项目对于目标市场来说比较新颖，并且竞争者很少时，便可为该产品/服务项目制定较高的价格，并通过加大促销力度诱使消费者购买。

采用这一定价策略有不少的优点，如可借机增大该产品/服务项目的利润；借竞争者尚少的时机，尽快回收该项产品的研发投资；先定高价为今后调低价格留下了空间，因为在供大于求的时代，价格曲线由高向低走，市场较能接受；价有利于映衬产品高品质形象等。当然，这一定价策略也有一定的不足，如因高价导致销售量很小时，高价不一定能带来厚利；高价难以保证企业长期利润的稳定增长，因为高价厚利会刺激竞争者大量涌入，一方面会促使产品市场生命周期缩短，另一方面市场份额会被竞争者挤占。另外，高价也可能给旅游者带来企业"太黑"的负面印象，会损害旅游企业形象。此外，定价过高会抑制市场需求，往往会影响市场拓展，甚至因少人问津而导致旅游产品在投入期夭折。

采用取脂定价策略要有特定的条件，否则定高价会因"高处不胜寒"而吓跑购买者。不仅旅游者不愿购买，还可能被竞争者作为"靶子"来攻击企业，企业给旅游者留下"贪婪"的印象。具体而言，取脂定价策略的适用条件主要有：一是旅游产品新颖、独特；二是生产技术或资源具有垄断性；三是流行时间短，竞争压力小。此外，与前面所述的高价战略有所不同的是，取脂定价策略的执行期通常不会很长。原因在于，由于该产品的利润很高，并且其销售前景看好，因而竞争者很快也会抓紧时机开发与之相近的同类产品，并尽快投放市场。这种情况的出现,无疑会迫使率先推出该项产品的企业重新评价自己的这一定价策略,并且随着同类竞争产品的增多而最终放弃这一定价策略。在旅游业中,这类例子很多。例如,在一些新开辟的旅游度假区,那些率先建成的度假饭店在开业初期往往会实行高房价。但是,这一高价政策用不了多久就会变得难以维持,因为随着该地二期开发工作的展开,同类度假设施的数量很快便会增加,从而使得实施取脂策略的市场条件不复存在。

(三)心理定价策略

所谓心理定价策略,就是根据旅游者对价格的不同心理反应,确定令其心理满意的价格,以刺激他们的购买。尾数定价策略、整数定价策略、声望定价策略、习惯定价策略、招徕定价策略等,都属于心理定价策略。

尾数定价策略是指旅游企业利用整数与尾数的位数差异或尾数的心理象征意义制定旅游产品价格的策略;整数定价策略是指旅游企业将旅游产品价格取整数以满足旅游者心理需要的定价策略;声望定价策略是指旅游企业根据"价高必优"的常规心理判断定价;习惯定价策略指的是某些产品的价格长期一贯制,已在市场上形成了心理定式,旅游企业经营者对这类旅游产品定价时就以旅游者所熟悉的"习惯价"定价;招徕定价策略是指旅游企业借廉价出售某几项产品之机,吸引游客来购买这些产品的同时,顺便购买其他常规价格的产品。

(四)市场渗透定价策略

市场渗透定价策略又称"低价策略",是企业为了打入市场并扩大市场份额而将其产品/服务的价格定得低一些以吸引游客,挤入市场、增加销售量,以期在短期内获得较高的市场占有率。这也是全球各地旅游业中采用得最为广泛的一种定价策略。

市场渗透定价策略希望实现几重目标:既能提高销售额又能提高市场占有率,还能获得规模效益,同时还能把同行竞争者挤出市场或使潜在竞争者望而却步不敢轻易加入竞争。同时,采用渗透价格策略需要有一定的条件。一是潜在市场规模大,这是实施低价竞争的前提如果潜在市场规模过小,分摊到单位旅游产品中的固定成本往往很高,低价策略的基础不牢,长期实施低价策略会收窄企业的盈利空间,进而削弱旅游企业竞争力。一些旅行社、酒店已饱尝低价竞销的苦果。如果潜在市场规模大,则可能通过低价实现多销,进而达到多销厚利的目的。潜在市场规模是"多销"的市场空间,也是潜在的利润空间。二是旅游产品是需求弹性大的大众化产品,对于需求弹性大且面向普通旅游者推出的大众化旅游产品,大都宜采取市场渗透价格策略,适当的低价位将有效激活市场,激发需求,扩大销售。三是企业供给能力强,即旅游企业应有足够的供给能力去保证供给。四是有较多的潜在竞争者,为维护和扩大市场份额,经营者时常采取低价策略以阻止或延缓潜在竞争者加入,故此一些学者又称其为"别进来定价策略"。

市场渗透定价策略能够满足旅游者求廉要求,使他们获得超值价值;能够阻止或减缓竞争者加入,以保持和扩大市场份额;能够以低价吸引竞争对手的购买者转向本企业;能够使产品刚刚进入市场时更容易被市场接受。这可以说是这一定价策略的优点。不过,旅游产品市场销路不畅,就没有降低价格的空间,而且很容易引发同行竞争者之间的恶性价格战,造成市场混乱等。因此,这一定价策略并不能随便运用。

对于旅游企业来说,既可将这一定价策略用作短期性的定价策略,也可将其用作长期性的定价战略。当用作短期性定价策略时,企业的主要目的在于使自己能够打入市场,并赢得顾客的口碑宣传。当用作长期性定价战略时,企业的目的则主要在于争取尽可能大的市场份额,从而抑制竞争者进入该市场。

(五)生存定价策略

生存定价指的是旅游企业为了维持生存,以增大现金流为直接目的而在某些短期内实施的一种定价策略。我们知道,在某些短期内,由于需求疲软或竞争状况的影响,旅游企业在资金运转方面有可能会出现流动性问题。这一问题若不能及时得到解决,势必会威胁该企业的生存。特别是对于为数众多的中小型旅游企业来说,更是随时有可能遇到流动性问题的威胁。此外,外部经营环境中某些不利的突发事件的出现,通常会加剧旅游企业的资金流动性问题。在这种情况下,旅游企业往往不得不将求得生存作为自己短期内的定价目标。

(六)差别定价策略

差别定价有时也称为柔性定价,是指企业根据不同的具体情况,对同一产品或服务项目实行两种或多种不同的价格。其中,比较常见的情况有以下几种。

第一,面向不同的目标市场人群实行不同的价格,即针对某些特定的目标市场人群实行折扣价格。

第二,根据不同的时间实行不同的价格。由于旅游产品具有不可储存的特点,因此根据需求状况的变化,在某些特定的时间范围内实行价格折扣,是旅游企业经营中的普遍做法。

第三,根据客户的购买量,或根据顾客对本企业产品的忠诚度,实行不同的价格。

第四,根据不同服务位置的受欢迎程度,即根据有关设施或服务地点的不同实行不同的价格。

第五,根据所提供的服务在安排方式上的差异实行不同的价格。通常表现为,对于享受打折优惠的顾客,旅游企业不提供某些内容的"增值"服务。但是,实施这种差别定价的原则是,所提供折扣的额度必须大于因不为其提供这些内容的增值服务而节省的成本,否则所提供产品的核心利益便会出现差异。

(七)折扣定价策略

折扣定价策略是指旅游企业在确定基本价格基础上,给予买方一定价格折扣的策略,以此吸引买方购买或增加消费。常见的折扣定价策略主要有数量折扣、功能折扣、时间(季节)折扣、促销折扣、实物折扣等。

所谓数量折扣,就是旅游企业根据买方购买旅游产品的数量或金额而给予不同价格折扣的定价策略,以鼓励中间商大量购买,吸引旅游者增加消费,吸引新的旅游者加入购买队伍。

所谓功能折扣,就是指旅游产品的生产企业,按各类经销商功能的不同给予不同的价格折扣,如给旅游批发商的折扣比零售商的要大。

所谓时间(季节)折扣,就是旅游企业根据旅游者购买时间(季节)的不同,而给予一定的折扣。旅游产品消费淡旺季较为明显,甚至在一周或一天不同时段消费也不均衡。为充分发挥供给能力,避免资源闲置而造成的浪费,旅游企业一般会区分淡旺季或较清淡时段,对在淡季或较清淡时段购买者予以优惠。

所谓促销折扣,就是旅游产品生产者为调动中间商促销本企业产品的积极性,给中间商一定的减价优惠。一般是生产者与中间商联合进行广告宣传,生产者以折扣价形式补贴中间商一部分广告宣传费。促销折扣的另一种形式是在新产品刚投放市场时打折促销。

所谓实物折扣,就是旅游企业对于购买者以实物形式予以激励的一种折扣策略。

第四节　当代旅游产品促销的有效途径

旅游市场营销不只局限于开发一个好的产品或为产品制定一个有吸引力的价格,旅游企业还必须与旅游者进行沟通或交流。沟通的内容、方式和效果如何,已成为影响旅游企业营销效果的重要因素,这就是通常人们所说的"促销"要解决的问题。

一、旅游产品促销的内涵

(一)旅游产品促销的含义

所谓旅游产品促销,就是"旅游企业利用人员或非人员的各种方式向旅游消费者宣传介绍其旅游产品的特征、优点与服务等信息,说服与吸引旅游者购买其产品,促进旅游产品交换以扩大销售的市场营销活动"[①]。

(二)旅游产品促销的重要性

旅游促销对于旅游产品生产者或供给者有着十分重要的意义,具体来说表现在以下几个方面。

1.能够促进旅游企业与旅游者的沟通

旅游产品促销的本质,就是旅游企业与旅游消费者之间进行的信息沟通(图5-3)。旅游企业以促销的方式向潜在消费者传递在何时、何地和何种条件下,提供何种旅游产品等信息,旅游者通过这些信息,了解和熟悉旅游企业和产品,对旅游产品发生兴趣,产生旅游欲望和需求,最终形成旅游动机和购买行为。

---

① 王纪忠.旅游市场营销[M].北京:清华大学出版社;北京交通大学出版社,2011:153-154.

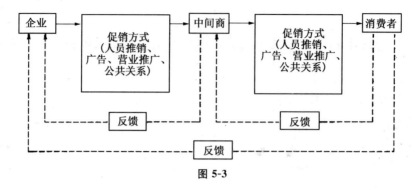

图 5-3

2.能够突出旅游产品的特点,强化竞争优势

相互竞争的同类旅游产品的差别不是太明显,不易被旅游者所察觉。比如,在欧美旅游市场上,中国和东南亚各国的旅游产品都被视为东方文化。旅游促销通过对同类旅游产品某些差别信息的强化传递,对不同的产品或服务的特色起到聚焦、扩大和突出的作用,从而使旅游者对何种旅游产品的效用更适合于自己的实际需求有更多的了解,并形成对该旅游产品的购买偏好。

3.能够巩固旅游企业的市场地位

生动而有说服力的旅游促销活动有利于塑造友好、热情、人格化、服务周到的良好旅游形象,为旅游产品赢得更多的潜在旅游者的喜爱。一旦出现有碍旅游目的地或旅游企业发展的市场因素时,也可以利用促销活动改变人们的消极印象,重塑对企业有利的社会形象,对恢复、稳定甚至扩大市场份额有积极作用。

4.能够刺激旅游需求,引导旅游消费

旅游产品的需求弹性是较大的,而且波动幅度也较大,形式多样、生动活泼的旅游促销可以唤起人们的潜在旅游需求,甚至创造和引导对特定旅游产品的消费需求。

(三)旅游产品促销的策略

在激烈的市场竞争环境中,旅游企业要生存和发展,就应该选择适当而有效的旅游产品促销策略。所谓旅游产品促销策略,就是旅游产品的生产者在促销信息选择、信息发送方式和发送渠道、信息接受者的类型、财务预算、促销组合、衡量促销效果以及管理和协调整个促销过程等方面的决策之

总和。换句话说,也就是对促销对象、促销方法、促销投入、促销效果进行科学选择、合理配置、适度控制和严格评估的过程。

旅游产品促销组合策略是旅游产品的促销策略中最常用到的一种。一般而言,旅游产品促销组合策略主要有推式策略和拉式策略两类(图5-4)。

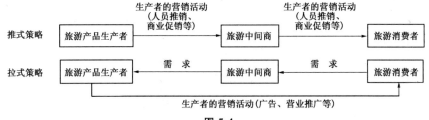

图 5-4

推式策略是指旅游企业以人员推销等方式,"推着"产品沿分销渠道最终到达旅游消费者手中。生产者用这一思维来指导企业对渠道成员的营销活动,激励渠道成员向顾客进行推销,使产品沿着分销渠道向前推进。这种推式策略是一种自上而下的促销策略。

拉式策略是以最终消费者为促销对象,以广告和公共关系等促销方式引起旅游消费者对产品的注意,刺激他们产生购买欲望进而产生购买行为。如果促销活动产生良好效果,顾客就会向零售商询购这一产品,零售商再向批发商要求进货,最终促使批发商积极向生产者要求进货,从而激活整个渠道系统。这种拉式策略是一种自下而上的促销策略。

需要指出的一点是,旅游产品促销的推式策略和拉式策略可以结合起来进行运用,即用双向的促销手段将旅游产品推向市场,以达到最佳促销效果。另外,在具体确定要采用哪种旅游产品促销组合策略时,要对以下几个方面予以充分的考虑。

第一,促销目标。在不同时期和不同的市场环境下,企业会有不同的促销目标,进而选择不同的促销组合策略。

第二,产品和市场类型。不同促销方式的重要性在消费者和团体市场上是不同的,因而选择具体的旅游产品促销组合策略时要充分考虑到这一点。一般情况下,针对个人消费者市场,旅游企业多采用广告和营业推广的方式;而对于团体市场则多采用人员推销的方式,如会议旅游、奖励旅游等以团体市场为主。

第三,旅游产品的生命周期阶段。旅游产品处于不同的市场生命周期阶段,各种促销方式所带来的效果差别较大。在投入期,广告和公共关系能够建立消费者良好的认知,而营业推广则能促进消费者尝试购买产品;在成长期,人员推销能够促进产品销售量的迅速增长,而广告和公共关系仍会持续发挥效力；在成熟期，促销目标能增强消费者对旅游产品的偏爱，这时应以营业推广为主要促销方式，并配以广告、公共关系和人员推销；在衰退期，仍以营业推广为主，并辅以适当的广告宣传和人员推销活动。

第四，促销的预算。旅游企业开展促销活动计划支出的费用，也会对旅游产品促销组合策略产生重要的影响。

二、旅游产品促销的有效途径

在进行旅游产品促销时，往往可以借助于一些有效的途径，其中常用的有以下几个。

(一)旅游广告

1.旅游广告的含义

所谓旅游广告，就是"由旅游目的地国家或地区、旅游组织或旅游企业以付费的方式由媒介发布经过选择和加工的有关旅游信息，以达到扩大影响和提高知名度，树立旅游企业和产品形象，促进旅游产品销售的目的的一种广告形式"[①]。

2.旅游广告的特点

旅游广告的特点，具体来说有以下几个。

(1)公开性

旅游广告作为一种十分普及的信息传递方式，这种高度公开的信息沟通方式能够增强旅游者对产品的信任度。

(2)重复性

旅游广告的重复性特点，有助于多次向旅游者重复同一信息，经常性地提醒旅游者，从而提高旅游产品或企业的知名度。

(3)多样性

旅游广告的多样性特点主要是针对旅游广告的受众而言的。旅游广告并非与旅游者直接对话，不会对旅游者形成压力；但旅游广告的受众，无论是现实旅游者还是潜在旅游者，都具有构成复杂、分布面广等特点。

(4)表现力强

旅游广告可以充分利用文字、声音、色彩、影像等各种艺术和技术手段，

---

① 黄继元等.旅游市场营销(第2版)[M].重庆：重庆大学出版社,2009:223.

形式多样且具有极强的表现力和吸引力,有助于旅游产品或企业树立形象。

3.旅游广告的类型

旅游广告依据不同的标准,可以分为不同的类型,具体如下。

(1)以旅游广告所使用的媒介为标准进行分类

以旅游广告所使用的媒介为标准,可以将其分为报刊广告、电波广告(利用广播和电视)、户外广告(利用广告牌、灯箱、悬挂条幅等室外展示物)、宣传品广告(招贴画、地图、旅游手册、音像制品、明信片、挂历等)。其中,宣传品广告往往还具有公关和营业推广的意义,对旅游产品促销作用明显。

(2)以旅游广告的目标为标准进行分类

以旅游广告的目标为标准,可以将其分为告知型广告、说服型广告和提醒型广告。其中,告知型广告主要用于旅游产品的市场开拓阶段,目标在于触发和刺激旅游需求的产生。说服型广告主要用于与同类旅游产品展开竞争的阶段,目的在于提高旅游者对产品的信任度,建立旅游企业与旅游者之间的良好关系。提醒型广告通常在旅游产品的成熟期发挥作用,目的在于让使用过该产品的旅游者保持对产品、企业、服务的记忆,促使有购买欲望的旅游者完成购买行为,并刺激旅游者的重复购买。

4.旅游广告的决策过程

旅游广告的决策过程包括确定广告目标、编制广告预算、确定广告信息、选择广告媒体和评估广告效果五个步骤。

(1)确定广告目标

制定广告计划首先要确定广告目标,广告目标应以目标市场、市场定位和营销组合的有关信息为基础来确定。市场定位和营销组合策略决定了广告在整个营销计划中应该扮演的角色。广告目标是在某个特定时期需要完成的与某些特定受众进行的一项特殊的沟通任务。

(2)编制广告预算

广告费用是企业销售费用的重要组成部分,主要包括市场调研费、广告设计费、广告制作费、广告媒体租金、广告机构办公费及人员工资、广告公司代理佣金等项目。而影响旅游广告预算的因素主要有旅游产品生命周期、销售量、利润率、市场范围、市场份额、市场竞争状况、企业的资金力量、国家有关的政策法规等。

(3)确定广告信息

设计所要传递给旅游者的广告信息,是整个广告成败的关键环节之一,也是最富有创造性的活动。一个成功的广告信息是内容和形式的有机结合。从内容上看,广告信息首先必须有一个明确的主题,且这个主题有助于旅游者对旅游产品或企业的了解,有助于激发人们的旅游欲求,但切忌全面和详尽无遗,应该给予游客猜测和想象的余地;其次,所发布的信息能够迅速得到目标受众的注意和接受,产生强烈的吸引力;最后,广告信息必须真实、可信,这在一定程度上决定了旅游者对产品的信任度和旅游企业的声誉。从形式上看,广告信息要有创意,这是广告信息的骨架和血肉。

广告信息的表达和传递可以采用用词、结构、风格、语气、版式等多种要素进行多样化的搭配,其中旅游形象标志和广告词的设计至关重要。

(4)选择广告媒体

无论是多么富有创意的旅游广告信息,都必须在恰当的时间准确地传递给目标旅游者,才可能实现旅游广告目标。这就要寻找把旅游广告信息有效地传递给旅游企业既定目标市场的最佳方式,即进行旅游广告媒体的选择。

目前,广告媒体主要有电视、广播、报纸、杂志、互联网络等。不同的广告媒体在送达率、频率及影响力等方面各有其适应性和局限性。要正确地选择广告媒体,首先应清楚不同广告媒体的特点(表5-1),并充分考虑以下四个方面的因素。

表5-1 主要旅游广告媒体的优缺点

广告媒体	优点	缺点
电视	视听结合,图文并茂,富有感染力,触及面广,传播速度快	成本高,时间有限,干扰多,设计制作要求高,受众的选择性差
报纸	灵活、及时,市场覆盖面大,可信度高,费用较低,便于反复查阅	内容多,易分散读者的注意力,表现手段受限制,不利于保存
广播	灵活、及时,市场覆盖面大,费用较低	缺乏视觉刺激,不如电视引人入胜
杂志	便于针对目标市场进行选择,印刷精美,图文并茂,有保存价值,可信度较高,并有一定的权威性	发行量有限,发布周期长,费用较高,受版面限制
直邮广告	目标市场针对性强,选择灵活,富有人情味	费用较高,时间和人员投入大,使用不当容易引起人们的反感

续表

广告媒体	优点	缺点
户外广告	灵活、醒目，展露时间较长	发布地点受限制，内容受局限，对目标市场的选择性差，容易被毁损
网络	灵活、及时，便于更新和补充，覆盖范围广，多媒体的信息发布，易于复制，费用较低，易于与网络预订结合	对目标受众缺乏选择，可信度受影响，被动地等待搜索，受计算机和网络的普及程度的影响

第一，媒体的传播范围和影响力。企业要根据自己的信息传播目标及各种媒体的影响范围选择适当的广告媒体，使目标市场与广告的传播范围和影响力所达到的程度相一致。比如，区域性的旅游产品只在某一地区销售，可选择地方性的报纸、电视及户外广告等广告媒体。

第二，旅游产品的特点。不同的媒体在展示、可信度、吸引力等方面有很大差异，企业应根据旅游产品的特点选择不同的广告媒体。如旅游景点、旅游目的地介绍适合做电视广告，旅游信息发布则宜选用专业性报纸和杂志等平面媒体做广告。

第三，消费者的习惯。消费者对广告媒体的接触习惯存在明显的差异性。比如，徒步旅行、探险、登山等适合年轻人的旅游产品，应选择网络、专业报刊和电视媒体等做广告。

第四，媒体成本不同广告媒体所需的费用有很大差异。通常情况下，电视广告费用最高，报纸费用较低，广播和报刊居中。媒体费用的高低与其覆盖范围、知名度和美誉度、播出时段、安排的版次等有很大的关联性。因此，企业应综合考虑促销预算、自身经济承受能力、费用与广告效果之间的关系等因素。

（5）评估广告效果

评估广告效果在于了解消费者对广告的理解和接受程度及广告对旅游产品销售所起的作用。评估广告效果主要包括事前测量和事后测量。所谓事前测量，就是在广告正式传播前预测广告未来传播后的效果；所谓事后测量，就是在广告播出后，对广告的注意程度、记忆程度和理解程度的测量。

（二）旅游营业推广

1.旅游营业推广的含义

旅游营业推广又称"销售促进"，是指旅游企业在特定的时间和空间范围内,对旅游者或旅游中间商提供临时性激励的一种活动,目的在于促使其尽快或大量购买某些特定产品。旅游营业推广具有很强的针对性和诱导性,短期促销效果见效快。

2.旅游营业推广的特点

旅游营业推广是一种短期内刺激销售的活动,如优惠酬宾活动等,主要特点有:在推广点上的吸引力极大,能把旅游者直接引向旅游产品;刺激性强,激发旅游需求产生快,往往能形成旅游者的即时购买;有效期短,长期运用此法不利于塑造良好的产品形象;组织工作量大,投入较大,而影响面却有限。

3.旅游营业推广的方式

旅游营业推广依据其针对的促销对象不同,可分为针对旅游消费者的营业推广、针对旅游中间商的营业推广和针对旅游推销员的营业推广三种类型。

(1)针对旅游消费者的营业推广

对旅游消费者进行营业推广,目的在于"吸引新客人,稳住老客人",即劝诱新的旅游者积极尝试购买,鼓励老的客人经常和重复购买。其方式可以采用价格优惠、免费赠送礼品、免费赠送优惠券和旅游纪念品,甚至免费旅游等。

(2)针对旅游中间商的营业推广

对旅游中间商的营业推广,目的在于提高中间商的销售积极性,争取中间商的支持与合作。旅游企业针对中间商的营业推广主要有批发折扣、超额奖励、销售竞赛、推广津贴等多种方式。

(3)针对旅游推销员的营业推广

对旅游销售人员的营业推广,目的在于激励其销售行为,特别是淡季的销售和寻找潜在购买者。旅游企业针对旅游推销员的营业推广主要有销售竞赛、有奖销售、比例分成、旅游、免费提供人员培训和技术指导等方式。

4.旅游营业推广的策略

对于旅游企业来说,要做好旅游营业推广工作,必须首先制定科学、合理的旅游营业推广策略,并切实予以实施。具体而言,在制定与实施旅游营业推广策略应遵循以下几个步骤。

(1)确定旅游营业推广目标

旅游营业推广目标是由旅游企业市场营销总目标及目标市场的具体情

况决定的,是营销总目标在促销策略上的具体体现。所谓确定旅游营业推广目标,就是要明确"向谁推广"和"推广什么"。因此,对于不同类型的目标市场,应该拟定不同的旅游营业推广目标。

(2)选择旅游营业推广的方式

旅游营业推广的方式多种多样,在选择时必须考虑企业营业推广的主要目标、旅游目标市场类型及特征、产品特点、竞争对手状况、各种营业推广方式的成本效益等因素,认真分析并加以选择,以获得最佳的营业推广效益。

(3)制定旅游营业推广方案

一个完整的旅游营业推广方案,必须包括以下几方面的内容。

第一,确定营业推广的规模,即确定用于投入激励的经费和人力。

第二,确定旅游营业推广的对象,即选择以旅游者为主,还是以中间商或推销人员为主加以激励。

第三,确定营业推广媒介,即选择通过哪些途径向营业推广对象传递推广信息。

第四,确定营业推广时间,时间太短或太长都不合适,太短会造成一部分旅游者来不及购买,特别是对产品的重复购买,使企业应获取的利益不能实现。太长会造成企业开支过大和失去刺激旅游者立即购买的作用,甚至造成旅游产品长期降价的假象。

第五,提出营业推广预算,即根据所选择的旅游营业推广方式、规模、媒介等估计整个营业推广活动的总费用。

(4)实施与控制旅游营业推广方案

每一项旅游营业推广工作都必须制定实施和控制计划,以确保方案的顺利贯彻和执行。同时,要注意对实施中可能产生的问题有所估计,并做好应对突发性事件的准备。

(5)评估旅游营业推广效果

旅游营业推广效果的评估方法因市场类型的不同而有所差异,其中常用的方法是比较法和跟踪调查法。比较法即把推广前、推广中和推广后的销售量或市场占有率进行比较,根据其变化情况分析和判断营业推广产生的效果。跟踪调查法即在推广结束后,对推广对象进行调查,了解其反应与购买行为、对推广活动的记忆是否深刻及推广活动对参与者今后购买行为的影响程度等,也可采用新顾客增加的数量或从竞争者转向本企业的顾客数量等指标进行评价。

(三)旅游人员推销

旅游人员推销是通过销售人员与旅游者的直接沟通来达成交易,是一种最直接的促销活动。旅游人员推销是最古老的一种促销方式,也是成本较高的一种方式。旅游人员推销在消费者购买过程的某些阶段(如引起注意阶段和从信任发展到购买阶段)是最有效的手段。一般而言,旅游人员的推销活动主要包括以下几个步骤。

1.寻找潜在顾客

任何成功的推销,都是由于找到了适当的潜在顾客。寻找潜在顾客的方法有很多,如通过现有顾客宣传介绍、资料查阅、地毯式访问、会议查询、广告开拓及通过互联网查询和联系等。推销人员要利用一切机会寻找并发掘潜在顾客,并注意对潜在顾客的特征、需求状况、购买能力和购买权利进行详细的了解和调查。

2.审查顾客资格

对潜在顾客进行资格审查是企业开展有针对性旅游营销活动的前提。顾客资格审查内容主要包括顾客需求审查、顾客购买力审查、顾客信用审查等。

3.做好约见顾客前的准备工作

旅游推销人员在约见顾客、实施推销之前,必须做好各方面的充分准备,以妥善应对各种可能的情况。

约见顾客前的准备工作,首先,在对目标旅游者有详细了解的基础上,确定具体的工作目标,是长期建立关系还是马上促成交易;选择接近的方式,电话、邮件或面谈,分析哪一种方式更为推销对象所接受;拟定推销时间,根据推销对象的时间安排、工作和心情状况确定推销时机;准备好推销所需的材料,包括旅游目的地或旅游设施的图片、说明材料、价目表、旅游产品介绍等。其次,旅游推销人员需要通过电话或其他方式与推销对象预约,并确定面谈的时间和地点等内容。最后,在前往约见前,要注意衣着和仪容仪表的要求,再次确认各种材料是否准备齐全。

4.约见顾客

成功约见顾客是接近顾客进行面谈并推销旅游产品的前提,其最主要的任务集中在推销旅游产品、建立和发展与推销对象的业务关系上,促使约见顾客产生购买欲望并付诸实施。

一般地说,面谈推销需要推销人员利用各种方法、技巧和手段,向推销对象传递旅游企业和旅游产品的信息,解答有关问题,消除他们的疑虑,让他们认识并喜欢所推销的旅游产品,进而产生强烈的购买欲望。

5.处理异议

面谈过程中,推销对象常常会有一些抵触情绪,提出各种各样的异议,如对价格服务等方面的异议,这是必然反应。推销人员要以真诚的态度和可靠有力的证据排除顾客异议,并要细心观察、认真揣摩对方心理,及时做出反应,灵活应对,最终说服推销对象,促成交易。

6.达成交易

促成顾客购买旅游产品是推销活动的最终目的。在这个阶段,推销人员要密切注意顾客的语言、表情、动作等成交信号,抓住有利时机及时提出成交要求。

7.跟踪反馈

在交易达成之后,企业要认真履行合同,提供与承诺相符的旅游产品和服务,做好售后服务工作,并通过回访了解顾客的满意度,增强顾客对企业及其产品的认同感,促使顾客产生重复购买行为,并做出对产品有益的宣传。

(四)旅游公共关系

1.旅游公共关系的含义

旅游公共关系是指以社会公众为对象,以信息沟通为手段,树立、维护、改善或改变旅游企业或旅游产品的形象,发展旅游企业与社会公众之间良好的关系,营造有利于旅游企业的经营环境而采取的一系列措施和行动。

2.旅游公共关系的特点

旅游公共关系是一种促进与公众良好关系的方式,如通过新闻报道宣传企业;通过参与社会公益活动展示企业奉献社会的良好形象等,其主要特点包括以下几个。

第一,通过第三者发布信息,可信度高,往往有一定情节或趣味性,可接受性强。

第二,有效的公关活动最有利于赢得公众对旅游企业的好感,建立企业与社会公众的良好关系,对于企业的发展也是十分有利的。

第三,活动设计的难度较大,需要充分利用一些机会,并把握好时机。

第四,公关活动的影响很大,有利于迅速树立被传播对象的良好形象。

第五,公关活动不追求直接的销售效果,其运用受外部条件的限制较多。

3.旅游公共关系的对象

旅游企业开展公共关系活动,其公关主体是企业,公关客体是公众,其中公众可分为内部公众和外部公众。内部公众即企业内部全部职工;外部公众主要有媒介公众即各种传媒组织,政府公众即国家各级行政权力机关,顾客公众即企业当前客户和潜在客户,社区公众即企业所在区域的各行政事业单位、企业组织、民间机构或团体等,业务往来公众即企业经营活动中的供应商、代理商、批发商、零售商、银行等业务往来单位。

4.旅游公共关系的营销策略

旅游企业开展公共关系促销活动,必须与其营销策略相结合,针对旅游目标市场制定并遵循一定的程序来进行,以确保公共关系促销活动收到预期的良好效果。

(1)调查公共关系

公共关系调查是旅游企业开展公共关系活动的起点,也是整个公共关系活动的重要内容。通过调查,可以了解公众对企业开展公关活动的意见和反应,为企业公关决策提供科学的依据。

(2)制定旅游公共关系计划

在公共关系调查的基础上,企业要制定合理的公共关系活动计划。在这一环节,主要应做好以下五个方面的工作:一是确定公共关系促销目标;二是确定公共关系促销对象;三是确定公共关系促销的主题;四是确定公共关系信息,即旅游企业公关人员搜集或创造有关企业和产品的趣味性新闻,从中选择与公关促销目标相符合的信息进行宣传;五是确定公共关系促销方式,如出版物、社会公益营销等。

(3)实施旅游公共关系促销活动

实施旅游公共关系促销活动要及时、准确、充分地把信息传递给公众是整个公关工作程序中最为关键的环节。首先,设法让新闻故事发表在大众传媒上。重大新闻很容易做到,但有些事件或故事却不易做到。其次,公关人员遇到有新闻价值的特别事件时,应能迅速地做出反应。

（4）评估旅游公共关系促销效果

旅游公共关系活动通常与其他促销手段混合使用，很难准确评估公关的效果。首先应对旅游公共关系促销实施方案的科学性和可行性、实施过程、保障措施的有效性、资源和经费的利用情况进行评估；其次要通过媒体曝光率和公众知晓度、理解度及对产品态度的改变程度等进行评估；最后要通过销售额和利润的变化情况进行评估。

第六章 当代旅游服务营销研究

新时期的旅游市场环境对传统旅游市场营销提出了挑战，如果不能改变环境，就只能改变自己以适应环境，于是各种新的旅游营销理念和方法应运而生。旅游服务营销便是其中一种较具代表性的营销方式，它将有形产品与服务进行比较，通过满足旅游者的异地短期体验需求，提高顾客满意度来开展营销活动，实现旅游企业的长期成长，是伴随着当代旅游业的发展以及人们对体验重视的加深而产生的旅游市场营销方式。

第一节　旅游服务营销的内涵

一、旅游服务

（一）服务与旅游服务

由于服务的多样性及复杂性，对服务的含义难以进行准确的界定，因此，很多专家和学者都从不同的角度提出了自己的见解。例如，美国服务营销方面的专家克里斯蒂·格鲁诺斯认为，服务一般是以无形的方式，在顾客与服务职员、有形资源商品或服务系统之间发生的，可以解决顾客问题的一种或一系列行为；而斯坦顿教授则认为，服务是可被独立识别的和无形的，为消费者或工业用户提供满足感，但并非一定要与某个产品或服务连在一起出售。① 在众多的概念解释与分析中，美国市场营销学会（AMA）的定义最为全面，认为服务是"可被区分界定，并且是无形的，可使（人们）欲望获得满足的活动，而这种活动并不需要利用实物，而且即使需要借助某些实物协

---

① 王纪中.旅游市场营销［M］.北京：清华大学出版社；北京交通大学出版社，2011：176.

助生产服务,这些实物的所有权将不涉及转移的问题"。从这个定义中可以看到,服务不仅是一种活动,而且是一个过程(图 6-1),更是某种结果。这一定义大大地丰富了服务的内容,使人们更能清楚地认识到服务同产业用品及消费品的区别之所在。

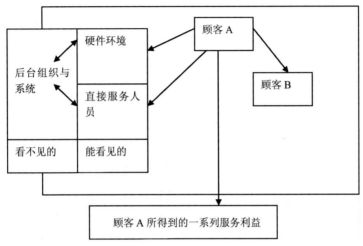

图 6-1

旅游服务是服务在旅游业的一个具体展现,对其概念的分析,一般可以从以下两个方面入手。

(1)从旅游服务供给角度看,旅游服务是指旅游企业或非旅游企业向旅游者提供的具有一定品质的无形产品,互动过程需要一定的支持设施,服务可能或不可能与物质产品相连,但服务的结果却不可以储存。而且在服务互动中,不会引起实体要素的转移,发生互动作用的目的是为了实现旅游企业既定的价值目标。

(2)从旅游者角度看,旅游服务是指旅游者在旅游准备阶段、旅游过程中、旅游结束后延续过程中与相关旅游企业或非旅游企业所发生的互动关系,这种互动作用使旅游者获得了经历和感受,但旅游者并没有得到实体结果。旅游者在旅游服务过程中,一般更注重心理和精神感受。

(二)旅游服务的特征

旅游服务与传统意义上的有形商品有很大的差别(表 6-1),分析这些差别,再结合旅游行业的特点,就可以总结出旅游服务的最基本特点。

表6-1　旅游服务与有形商品的差别

旅游服务	有形商品
非实体	实体
异质性	同质性
生产与消费同时发生	生产与消费不同时发生
一种行为或过程	一种物品
核心价值在买卖双方的相互作用中产生	核心价值在工厂里被生产出来
顾客参与生产过程	顾客一般不参与生产过程
不能够储存	能够储存
无所有权转移	所有权发生转移

从表6-1可以看出,旅游服务是涉及旅游企业和旅游者的动态、互动体系,内涵十分丰富,其中既包括人与人的互动关系,也包括人与物的相互作用。这种复杂关系的交织,也使得旅游服务具有如下几方面的特征。

1. 综合性

与其他服务行业相比,旅游服务的综合性较为突出。首先,它涉及食、住、行、游、购、娱六大主导服务,其中既有物质设施设备的服务,也有服务人员的服务,还有旅游吸引物与旅游者的互动关系。其次,还表现在旅游服务涉及的行业和部门很多,其中有直接向旅游者提供服务的酒店业、餐饮业、旅行社、交通部门、旅游景区景点、娱乐场所以及其他一些辅助服务行业,它们渗透在旅游服务中,成为旅游服务不可分割的一部分。

2. 时间性

所有旅游者都不会希望接受服务遥遥无期,都有在时间上的明确要求。主要表现在以下几个方面:第一,服务作用的实效。人们外出旅游的时间有限,不允许无限地等待。服务的使用价值和交换价值也会随着时间流逝而逐渐消亡。第二,服务产品的完整。旅游服务突出表现为一段时间内逐渐完成的整个活动过程,包括有旅游者没有看见的先期准备、管理和后勤保障等工作,它是连贯性的整套服务过程,把结账当成服务终点的做法是极端错误的。第三,价值无法储存。旅游服务带有紧迫性,必须马上完成,如果拖延,客人可能就不再需要了。如果客人提出的服务委托没有达到预期效果,其劳动价值也就无法体现。

3.直接性

在旅游消费中,任何一种旅游产品只有通过直接、及时、随机的服务才能提供给旅游者。旅游服务生产和消费是同步的,旅游服务人员和旅游者之间是直接面对面进行的,当面服务,当面消费,一次性完成,不能退货。即使某些具体产品,如菜肴可以调换,但给旅游者留下的不愉快印象和感觉也是无法挽回的。这个特点对旅游服务提出了很高的要求。

4.无形性

旅游服务是抽象的、无形的,没有一定的状态,又不可触摸。虽然很多旅游产品都需要有形设施、设备的支持,但它们只是作为旅游服务生产的条件而存在,旅游者真正感觉、评价和衡量的服务质量来自于和旅游服务人员的互动。针对旅游服务的无形性,旅游服务营销更加强调提供有形证据帮助顾客看到无形利益。如酒店要满足顾客的无形利益——清洁、卫生,对这一无形利益可以通过有形要素的视觉强化来反映,可在卫生间的马桶上贴上"马桶已消毒,请放心使用"的纸条,他们帮助顾客把服务价值与清洁、卫生联系在一起,强化了酒店为顾客提供的服务。

5.不可分离性

即服务人员在提供服务时,服务的生产与消费是同时进行、不可分离的。可以把这一特征理解成多层次的含义:第一,服务提供者本身同所提供的服务不可分离;第二,顾客同服务的生产过程不可分离;第三,相对于某一顾客的其他顾客对服务生产过程的介入。

服务提供者通常会与其顾客发生直接接触,并且在顾客参与的前提下组织服务的生产,所以顾客不仅仅是服务的接受者,他们的参与同样也是一种生产资源。因此,顾客同服务人员之间就存在着一种相互作用,这种作用通常被称作"关键事件"。其发生的时间被称作"真实瞬间"或"关键时刻"。这种相互作用的过程,给服务企业提供了重要的营销机会,使其能够有针对性地进行互动营销。

服务提供者与服务的不可分离决定了服务提供者是服务的有形代言人,是顾客眼中的整体服务产品的重要组成部分。服务提供者的素质决定了服务生产的质量,而且服务提供者自身的满意水平会影响到顾客的满意程度。所以服务企业应注重对服务人员尤其是与顾客发生互动作用的一线人员的选择与管理,需要把员工作为企业的另一种顾客——内部顾客来对待,通过内部营销(图6-2)创造员工的满意,最终赢得顾客的满意。里兹-卡尔顿饭店的为"替客人着想的人"着想的理念就是成功的内部营销观念。

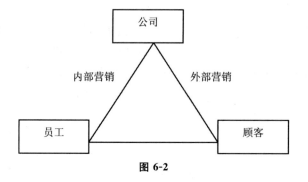

图 6-2

6.差异性

差异性是指旅游服务的构成成分及其服务质量经常发生变化,很难统一界定。服务无法实现标准化,每次服务带给顾客的效用、顾客可感知的服务质量都可能存在差异。造成差异的原因主要有三个方面:一是由于企业往往不易制定和执行统一的服务质量标准,不易保证服务质量,不能保证两次服务的完全相同。二是服务人员的原因,服务人员由于经历、心理状态、文化素质、性格特点、工作态度、服务水平等方面存在差异,导致其服务行为难以把握。三是顾客的原因,由于顾客直接参与服务的生产和消费过程,即使服务人员提供同样的服务,也会因顾客的知识水平、兴趣和爱好、情绪等方面的差异,而使顾客的感受有所不同,这会直接影响服务质量和效果。

服务的差异性决定了旅游企业实现服务个性化的必要性。当然,服务个性化所产生的产品附加价值的提高和由此带来的高价格,以及获得更为重要的顾客满意度和忠诚度的提高,都可以弥补非标准化所增加的生产和管理成本。但并不是说个性化就意味着取消标准化,相反,能够保证服务基本质量的标准化服务加上能够创造顾客满意和忠诚的顾客个性化服务,才是企业应对竞争的有效途径。

二、旅游服务营销

(一)旅游服务营销的概念

由于旅游服务营销是营销和服务营销体系中的一个重要分支,它是指旅游目的地和旅游企业为满足游客的异地短期的体验需求,提高顾客满意度,而展开的一系列营销活动过程。

市场营销、服务营销的基本原理和研究框架对旅游服务营销也是适用的。但是,旅游业的特殊性也决定了它与一般性的营销和服务营销存在明显的差异。主要表现在,旅游服务营销不仅要研究旅游企业的服务营销问题,也要研究旅游目的地的服务营销问题。这是因为游客在旅游过程中产生的旅游体验不仅取决于旅游企业提供的产品和服务,也取决于旅游目的地的居民、客观环境、基础条件等一系列因素。旅游服务营销必须充分理解和把握能够对游客体验产生影响的各种因素,进行整体的规划设计、开发生产、环境营造,有效地制定、整合和实施包括与服务营销有关的旅游目的地营销战略和策略在内的整体服务营销策略。与此相适应,旅游服务营销的主体也不仅仅是旅游企业,而且包括主导和影响当地旅游业发展的政府部门、社会相关组织和机构。因此,旅游服务营销比一般企业的服务营销更为复杂,运作更为困难。

(二)旅游服务营销与有形产品营销差异性

由于旅游服务作为无形产品有着自己的特点,对旅游服务营销产生重大影响,所以与有形产品的市场营销相比,其营销活动也有着自己的特征,他们与企业能否恰当地运用服务营销策略有着密切的联系。因此,围绕旅游服务产品而展开的旅游服务营销则相应地具有明显区别于有形产品营销的特征。具体来说,旅游市场营销与有形产品营销具有如下几方面的差异。

1. 对无形产品的营销

服务是一个过程、一种表演、一种满足感。与有形产品相比较,其最根本的特点是无形性,其他的一切特征都是这一特征的反映或表现。对无形产品的营销,重点当然要放在克服产品的无形性产生的使顾客难以感知的困难上。这就要求营销者能够清晰、准确地对产品进行定位和形象设计,并全方位地借助有形媒介进行定位沟通和形象展示。旅游营销更是如此。实践已经反复证明,市场定位和有吸引力的形象设计及其沟通传播,是服务营销特别是旅游营销的重中之重。

2. 产品外延的扩充

同有形产品相比,旅游服务产品更多的表现为努力、行为和服务等内涵,因此,旅游者对旅游服务产品的感知和效果判断需广泛地依赖于旅游服务的项目设计、旅游服务人员态度、旅游设施及环境等相关因素。

3.所有权、使用权和消费

服务也是产品。从所有权、使用权和消费的角度来看,有形产品和服务的差异很大。消费者对有形产品的购买,同时就获得了产品的所有权,消费也基本上不受时间地点的限制。服务则不同,游客可以购买服务,但是并不会由于这个交易而拥有任何东西的所有权,游客获得的仅仅是在一段有限的时间内从服务中受益的权利,即他们在一定时间内获得服务的使用权,而且通常只能在特定的时间和地点进行消费。几乎所有的旅游服务都是这样的。

4.以人为核心

旅游服务过程即旅游者同旅游服务者接触的互动过程,旅游者对旅游服务过程的参与,使得旅游服务的效果不仅仅取决于旅游服务人员的素质,还与旅游者个人行为密切相关,所以人成为旅游服务产品的核心,在旅游服务交互过程中必须考虑和管理旅游者行为。旅游服务营销因此附上了强烈的人性化色彩,旅游服务人员和旅游者群体便成为旅游服务营销的两个主要的管理目标。

5.营销活动的范围

传统的以商品为导向的营销组合由四个部分构成:产品、价格、渠道和促销。只要稍加调整,这四个部分也适用于旅游服务营销。但是,由于服务的无形性及其所决定的其他特点,决定了在旅游服务中除包含以上四部分外还必须包括参与者、实体环境和过程三个要素。这使旅游服务营销的难度大大提高。

6.质量难以用统一标准来衡量

由于旅游服务产品的人性化色彩所带来的个人主观性,使得旅游服务产品质量难以用类似于有形产品的统一客观标准来衡量。全面意义上的旅游服务产品质量需从两方面来描述:第一,技术质量,以旅游服务人员服务操作规程来描述和控制;第二,功能质量,以旅游者感受和获得的满意度来描述。由于旅游服务过程中,旅游者与旅游服务人员之间广泛接触和互动影响,现代旅游服务营销的管理因此扩展到内部营销、外部营销以及顾客管理的整体控制。

7.消费者的作用

研究游客的行为比研究制造业和零售业的消费者更为复杂,因为游客要参与服务的创造和传递。此外,服务的购买和消费是同时进行的,所以在服务交互过程中必须考虑和管理游客行为。

游客对服务的评价与消费者对有形产品的评价是不同的。多数商品评价起来是比较容易的,因为购买前消费者可以观察,购买后还可以根据实际感受来做出评价。然而,对许多服务的评价就比较难,因为人们要根据实际经历来评价质量。

8.时间的附加价值

旅游服务产品不可储存,服务设备、劳动力虽能以实体形态存在,但只能代表旅游服务供应能力而非旅游服务产品本身。旅游服务的供过于求造成旅游服务供应能力的浪费,供不应求则又使旅游者失望,因此,使波动的旅游市场需求与旅游服务供应能力相适应,并且在时间上一致,便成了旅游服务营销管理的一项重要课题;另外,在面对旅游者服务的过程中,旅游服务产品的推广必须及时、快速,在这里时间因素对提高服务效率、提高旅游者对旅游服务的评价起着重要的作用。

9.机构的特征

服务的生产与消费是不可分离的,绝大多数需要顾客参与。这就决定了服务提供者(生产者)必须承担营销职能,也就是说,生产者同时也是营销者,他们提供服务的过程同时就是开展营销活动的过程。因此,他们必须具有同时进行产品生产和产品营销活动的素质和能力。这就决定了服务组织的营销机构具有特殊的形态——服务组织的运营系统、营销系统和为之提供人力资源支持的结构是三位一体的,难以也不应该人为地加以分割。所以,服务组织特别是旅游服务组织不能简单地模仿制造业的营销机构,而必须进行组织机构的革新,以使营销、人力资源和运营工作配合得更为紧密。

10.分销渠道的特定化

旅游服务产品的不可分离特性,使得旅游企业不可能像有形产品的生产企业那样通过批发、零售等物流渠道,把产品从生产地送到顾客手中,而只能借助特定的分销渠道推广服务产品。主要有三种形式:第一,旅游服务生产与消费地点结合在一起的形式,如餐厅、旅游交通、旅游景区景点等;第二,服务人员外卖展示的形式,这种形式只适宜于小批量的服务,主要起有形展示形象促销的作用;第三,电子传媒渠道,如国际旅馆联号的遍布全球的中央预订系统,实现了顾客与酒店客房服务的初级接触。

三、旅游服务营销的策略

旅游服务营销策略是一个综合性的概念,是在服务营销组合的基础上,对具体营销要素的深刻研究。具体来看,旅游服务营销的很多策略与旅游产品营销相同,因此,这里主要分析几个旅游服务产品特有的营销策略。

(一)旅游服务产品策略

旅游服务产品也属于旅游产品的一种,因此其营销策略与旅游产品营销策略大致相同,由于本书第五章第二节对其有专门的分析,因此这里就不再赘述。这里对旅游服务产品策略的分析主要集中在新服务开发上。具体来看,新服务的开发大体上可按照以下七个步骤进行。

1.酝酿构思

酝酿构思是对未来新服务基本轮廓的设想,是新服务开发的起点。这些酝酿构思既可以来自旅游企业内部,如一线服务人员、后台工作人员、管理人员等;也可以来自企业的外部,如顾客、竞争对手、研究机构、行业协会、营销渠道等。为保证新服务创意的产生,可以运用一些专门的技术工具,如专家意见法、头脑风暴法、侧面思维法等。

2.过滤筛选

面对大量构思,首先运用科学的方法,去除那些没有市场前途或者是错误的构思。然后再对剩余的方案设立一定的标准和权数,对他们进行评分,选择得分最高的构思。

3.概念的发展与测试

构思必须转化成服务产品概念才有实际价值,包括概念发展和概念测试两个阶段。在概念发展阶段,需要将构想转换成服务产品的概念,并从职能和目标上界定未来的服务产品。进入概念测试阶段之后,主要目的是测定顾客对服务产品概念的看法和反应。另外,在这一阶段,很重要的一点就是要对服务产品概念进行定位,即把服务产品与竞争对手进行比较,以了解它在顾客心目中的地位。

4.经济效益分析

经济效益分析的目的是为了掌握服务产品的商业价值,具体的分析内容包括人力资源、物质资源、销售状况预测、成本、利润水平、顾客的看法、竞争对手可能的反应等。由于一些实际问题的制约,要想获得准确的预测是不可能的,只能作一个大体的估计。一些常用的方法有盈亏平衡分析、投资回收期法、投资报酬率法等。

5.旅游服务产品开发

若经过概念发展的测试以及经济效益分析,认为服务产品构思是可行的,则就可以进行具体旅游服务产品的开发。在此阶段,旅游企业要增加投资、招聘和培训新的人员、购买各种服务设施、建立沟通系统等,最为重要的是要关注旅游服务传递系统的运作效能。

6.市场试销

由于旅游服务的不可感知性,旅游企业无法提供实体产品进行销售前的测试,因此,必须进行实际的市场销售才能检验服务产品是否能被顾客所接受,产品质量能否达到顾客的要求。

7.正式上市

在此阶段,新的服务产品开始正式向顾客推介,并且进入了服务产品生命周期的引入期。在新服务产品上市之前,还必须进行四项基本决策:何时推出这项服务产品?从何处开始推出这项新服务产品以及产品是地方性的、区域性的、全国性的还是国际性的?向什么人推出新服务产品?如何开始推出新服务产品?

(二)旅游服务品牌策略

服务品牌是一种特殊的服务展示形式,它能在旅游企业服务产品之间产生差异性。同时品牌传递了服务质量的信息,可以减少顾客购买的风险,因此是刺激顾客进行购买,甚至是反复购买的重要营销因素。另外,服务品牌也会对内部顾客、营销渠道、影响市场、供应商等产生积极的影响。具体来看,旅游服务品牌营销策略主要包括品牌的建立以及品牌管理两个部分。

1.旅游服务品牌的建立

服务品牌的定位是旅游企业核心的、战略性的营销工具,旅游企业为了建立一个强有力的品牌必须遵照一些基本的原则,这些原则主要包括以下几方面。

(1)在旅游市场上,树立并维持品牌需要巨额、持续的投资。因此,旅游企业的服务品牌策略往往会和企业的资源状况发生冲突,导致服务品牌战略决策的失误。明智的做法应是在企业现有条件下树立服务品牌,等条件允许后,再将其发展提高。

(2)建立旅游服务品牌必须先要进行调查研究,通过调查研究需要弄清两个问题:一是为品牌决策提供依据;二是品牌决策是否建立在调查所得结果基础之上。服务品牌调查研究通常采用的方式有高层主管调查、中心群众调查、整个行业品牌含义调查等。

(3)向顾客传播服务品牌最有力的媒介就是企业的员工,员工能为服务品牌带来活力和个性。他们的行为和语言会起到传递服务品牌内涵的作用,从而提高现有服务品牌的吸引力。因此,建立旅游服务品牌时也要注意品牌内化,品牌内化涉及向员工解释、推销品牌,因此员工最好能参与到服务品牌研究及决策中去,并接受"品牌强化"行为培训,同时旅游企业有责任对培育服务品牌做出贡献的员工进行激励。

(4)名称是传输服务品牌内涵的有效工具,但过分强调名称则会陷入过度包装的误区,把许多珍贵的资源投入宣传和设计中,从而忽视了内在服务质量的提高和服务概念的完整,导致服务品牌的营销效果大打折扣。因此对名称的选择和改变,是一项战略性的决策,需要综合考虑多方面的因素,反复的调查、研究、权衡,不能盲目做出决策。

2.旅游服务品牌的管理

在旅游服务品牌管理中,旅游企业有三种战略可以选择。

(1)利用一种成功的品牌名称,在一个新的服务种类里生产新的服务或经过改进的服务。例如,迪斯尼娱乐有限公司在主题公园领域打响品牌后继续开发新的题材,如东京迪斯尼将建成以水为主题的乐园,并又开始在电子游戏和教育产品市场拓展品牌优势。

(2)利用一种成功的品牌名称,在同一种品牌名称下,引进新的服务产品种类。例如,SOFITEL在中档饭店市场赢得了良好声誉后,开始扩大服务产品线,通过收购四星或五星级饭店进入高档饭店细分市场,取得了良好的效果。

(3)旅游企业在同一类服务产品中可以建立两种或几种品牌,它为建立不同的产品特色和迎合不同的购买动机提供了一条途径。例如,假日集团开发的经济型品牌有假日快运、假日花园等,豪华型则包括假日皇冠、假日庭院、假日套房等。

(三)旅游服务销售渠道策略

1."推"的策略

"推"的策略,即旅游企业对中介或潜在顾客的进攻型销售策略,主要手段是针对中介的广告对中介进行销售奖励,给面对顾客的销售渠道提供宣传材料的支持等。这种策略的前提是顾客没有成熟的偏好,寻求中介机构帮助选择。但由于中介机构总是追求最大的边际利润,而顾客却希望购买的服务价格越低越好,这种冲突显然是对旅游企业不利的。

2."拉"的策略

"拉"的策略,即旅游企业直接给顾客发出信息,让他们对服务品牌一开始就有好感。若顾客从感兴趣到购买,就会找中介机构要求购买自己感兴趣的服务。在这种策略里,中介机构的作用仅局限于销售服务的使用权。例如,一个消费者找旅行社预定一家酒店的客房,旅行社的作用仅仅是预定。

3.选择性销售渠道策略

选择性销售渠道策略是指采用间接销售方式,但服务生产者只在一定的市场中选择有限的几个中介机构。在旅游企业采用广泛性销售策略一段时间之后,往往会对中介机构在市场营销中的作用进行评估,发现哪些中介机构的作用大、销售量多、市场形象好,从而选择其中有利于旅游服务推销的几家中介机构。这种策略可以有目的地集中少数销售能力强的中介机构进行销售,提高了销售渠道的运作效率。但若中介机构选择不当,有可能在某个市场上影响旅游服务的销售。

4.广泛性销售渠道策略

广泛性销售渠道策略是指通过批发商把服务产品广泛分配给各个零售商,以便及时满足顾客需求的一种销售策略。旅游服务的销售应最方便地接近潜在顾客,因此大量零售商的存在会带给顾客极大的方便,同时便于与潜在顾客的沟通。另外,利用这种策略还有利于发现最佳的中介机构。这种策略的不利之处在于成本较高,而且由于服务产品过于分散,没有大批量的供应难以满足市场需要。

第二节　旅游服务营销的有效途径

一、旅游内部营销

(一)旅游内部营销的概念

旅游服务市场激烈竞争的环境,促使旅游企业重新审视员工在服务过程中的重要价值。训练有素、具有服务意识的员工比产品、技术等资源在服务过程中会发挥更加重要的作用,他们在服务过程中与顾客互动的质量,可以决定顾客对服务产品的态度和以后重复购买的决策。员工在完成服务生产时,还应增加对服务的熟悉和适应性,即员工应该成为一个名副其实的服务推销员。另外,随着服务营销理论的发展,营销理论也伴随着竞争出现了新的发展方向,即如何保留现有顾客和实现对现有顾客的交叉销售。因此,旅游企业的服务营销活动开始向纵深方向发展,内部营销和外部营销应实现互动,这需要赋予服务现场的员工以新的角色。旅游内部营销便是在这种情况下发展起来的一种营销理念,它是旅游企业在认识到旅游产品特点的基础上,为满足游客的需要,把员工视为企业的内部顾客,所采取的一系列确保企业员工自觉自愿且有能力向游客提供高质量旅游产品的活动和途径。这是一个有效的旅游服务传递链,它使多方面的利益得到了满足。如图 6-3 所示。

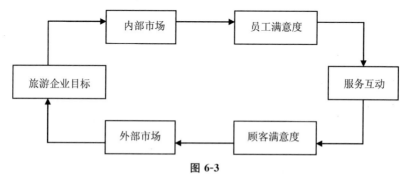

图 6-3

员工在服务中的角色是十分重要的,这是营销部门所无法替代的,他们在服务流程中的服务技能和服务意识,对顾客以及企业利益有重大的影响,这是其他管理人员所不能替代的,也就是说,顾客导向和市场竞争将服务人员的价值凸现出来,而不是旅游企业所能左右的。内部营销要求,内部市场的员工应是积极的、相互协调的,通过类似市场营销活动调动起积极性和创造性,成为具有服务意识和顾客导向的服务人员。

(二)旅游企业开展内部营销的必要性

在旅游业中,企业从业人员与旅游服务密不可分,使内部营销成为旅游企业提高服务质量,增强市场竞争力的必要途径。它的必要性可从以下几方面来认识。

1.旅游企业员工的营销态度与企业的营销成果密切相关

从实践情况来看,在旅游企业,营销任务不仅是营销部门的职责,而且是全体员工的职责。旅游企业的各级员工,特别是第一线员工,接待顾客的过程,就是企业营销的过程和机会,陪同、领队、导游、司机及旅游地和酒店的各类服务员不仅各司其职,用自己的热诚态度、优质服务吸引顾客,推销商品,使游客产生良好的感觉质量,成为企业的忠诚顾客。又因为这些忠诚顾客对企业产品有了正面的评价,他们中的绝大多数人会一传十、十传百,为企业和企业的产品做宣传,这种口碑的力量将产生惊人的营销效果。此外,旅游企业的第一线员工在为游客服务的过程中还兼做市场调查、了解游客的消费倾向、购买动机、心理、建议和抱怨,并把有关信息及时向上反映,以便企业的高层管理人员做出正确决策。但是,如果由于旅游企业员工工作胜任性差,角色冲突和角色模糊,他们提供的旅游产品质量达不到顾客预期的水平,顾客绝大多数人不会当场反映,多半自认倒霉,不再光临,但在心中默记一笔,然后,平均一位顾客会告诉周围的十个亲友,产生了十分糟糕的负面营销效应。从这一方面来说,良好的外部营销效果有赖于旅游企业的内部营销,企业在向游客销售旅游产品(服务)之前,必须先把"工作"销售给员工。

2.旅游企业员工已成为产品的重要组成部分

与实物产品相比较,旅游产品除具有不可感知性、不可分离性、差异性、不可储存性和缺乏所有权等特征外,还有一个重要特征是企业员工已成为旅游产品的一部分。旅游产品的生产、交换和消费几乎是同时进行的,顾客在购买并消费某一项旅游产品的过程中,常常不仅接触到旅游企业的旅游资源、设施以及环境气氛,而且直接接触到旅游企业的员工,感受到他们的态度、表情、言谈举止和服务水平,这些就共同构成旅游产品。此外,它不同于一般产品之处的是以现场服务来体现,即通过导游、领队、司机、餐厅和客房服务员等旅游企业的第一线员工所提供的服务来体现。旅游企业员工的态度、外表、言行、技术水平、价值观、团队协作精神等综合素质决定着旅游产品的质量。企业的员工就是联系企业与游客的纽带和桥梁,只有具备服务意识和顾客导向意识的旅游企业员工,才能提供游客满意的高质量的服务。有高质量的员工,才有高质量的产品。因此,旅游企业以顾客为导向的营销不可避免要包括对员工的营销,即内部营销。

3. 旅游产品(服务)的质量差距是由企业组织内部的问题造成的

在企业组织内部存在消费者预期和管理者感知之间的差距、管理者感知与服务质量规范之间的差距、服务质量规范和服务提供之间的差距、服务提供与外部沟通之间的差距以及感知服务质量与预期服务质量之间的差距五个服务质量的差距。这些服务质量的差距严重影响了旅游企业向消费者提供高质量、稳定的旅游产品(服务)。影响消费者预期服务质量的主要因素是企业形象、促销和价格,影响消费者感知的服务质量的主要因素是信息沟通效率、员工技能和态度、产品的设计质量、技术质量和功能质量。这些因素都与旅游企业的管理人员、员工的素质和能力、企业信息沟通效率有直接关系。例如,由于市场竞争激烈,少数旅游企业在客源、市场占有率等方面感到压力很大时,出于短期或财务上的考虑,在促销时往往夸大许诺,使顾客得到错误信息,并做出错误决定。当顾客接收到的信息与实际提供的产品不相符时,企业也就失去了信誉。可见,只有通过有效的内部营销,加强沟通管理和态度管理,提高企业内部信息的沟通效率、管理能力和员工素质,才能有效控制旅游企业产品质量差距的出现,使游客满意。

(三)旅游内部营销的内容

内部营销包含两个方面的内容:态度管理和沟通管理。两者之间是相互影响、相互作用的,共同形成一个整体。

1. 态度管理

态度管理是内部营销的关键性组成部分,旅游企业对影响内部营销效果的因素必须进行有的放矢的管理,要具有前瞻性,要创造未来而不是被动地适应未来。因此对员工的态度必须进行战略性的管理,通过树立顾客观念和市场竞争意识来改造他们的动机和态度,应当注意的是培训并不是改变员工态度的唯一途径,而一些非正式的途径往往是员工注意的重点,这对改变员工的态度是很有帮助的,如管理人员的表现、旅游企业对业绩优秀或业绩较差员工的态度等。员工一旦形成了固定的态度,要想改变是十分困难的,因此要积极引导员工形成顾客导向的态度,从而为旅游企业取得持续的竞争优势和推行服务战略奠定基础。

2.沟通管理

在旅游企业中,无论是管理人员、一线员工,还是后勤人员都需要有充分的信息来完成与他们职位相符合的工作,为内部和外部的顾客提供优质的服务。他们需要的信息包括岗位规章制度、产品和服务的性质、向顾客做出的承诺或是广告和销售人员做出保证以及服务战略。另外,他们也要相互交流各自的需求和期望、对于提高服务工作绩效的看法,以及如何界定顾客需求的方法。旅游企业内部的沟通也是员工、管理者相互之间学习的机会,实现信息共享,为旅游企业建立学习型组织打下了良好的基础。

3.态度管理和沟通管理的有机结合

态度管理和沟通管理是支持内部营销获得成功所必需的。态度管理是一个连续的过程,而沟通管理则是一个间断的程序,每一次沟通活动都相对独立,但需要避免的是单向的信息传递,如向员工发行内部刊物、以口头或者书面的形式通告有关信息。这种对员工缺少精神激励的方式,很难真正改变员工的态度,或者说员工态度的变化处于非常缓慢的过程。因此,旅游企业应该使两个方面结合起来,形成良性互动,让员工在共同分享信息的同时,逐渐改变他们的态度,以便实现在旅游企业内部形成顾客导向服务意识的战略目标。

(四)旅游内部营销实施的要点

在内部营销实施过程中,应该具有这样的观念,即内部营销既是一种管理人的哲学,又是一种系统发展旅游服务文化的方法。内产营销实施的要点由以下内容组成。

1.提供形象展示

要持续保持对高水平员工的激励,旅游企业除了在物质形态上给予员工补偿之外,更要注意对视觉形象的渲染,使员工得到更多精神上的安慰和享受。传递服务的员工应明确知道自己的工作对旅游企业的贡献,他们需要有形的内容作为指导,这是在服务中保持良好的状态,即使遇到挫折也毫不放弃的内在动力。

(1)物质有形展示

旅游服务的高要求性、复杂性、枯燥性、易受挫折性,给员工带来了较大的工作压力,因此他们往往会直接寻找服务现场的有形实体来安慰自己的心灵,例如,和缓、优美的背景音乐可以缓解员工不快的心情;一顿可口的午餐可以带给人们工作的动力缓解紧张的心理。同时内部营销可以有针对性地把一些传播企业服务文化的物质内容安排在服务现场,使员工始终保持旺盛的斗志,而毫不松懈。

(2)管理人员的有形展示

管理人员的形象是内部营销的重要内容,他们身上携带了太多的服务文化、管理理念的内容,是员工积极发现、追踪和效仿的目标。在要求员工做好事情之前,管理人员最好先给员工做好示范,并且帮助他们把事情做好。一个有趣的例子可以说明这个问题,一家酒店的经理曾经花费了很大的精力来制定优质服务的十大原则,并把它们印在服务手册里,贴在服务现场和办公室的墙上来督促员工。大约一年以后的一天,一个员工问他优质服务原则的第六条是什么,他却回答不出来。这种对员工的要求,管理者应首先领会、理解,并积极传播,使管理形象成为每一个管理者维护的重点内容。

2.人才竞争

人在旅游服务竞争中发挥的作用不言而喻,不同的服务岗位需要配备不同的人员,从招聘、培训到就职,员工的发展计划都需要有科学、合理、配套的选择机制。要保证每一个工作岗位有适当的人选,同时员工能在服务中有最大限度的发挥。一些旅游企业由于招聘了不适当的人员而导致服务质量低下,从而严重影响了旅游企业的形象,其直接后果就是影响服务产品的市场占有率,使企业效益下降,导致更多的人才流失。由于旅游企业中员工的流动性较大,因此如何保证旅游企业的吸引力,降低员工的流动性,并保持有序的人才输入就成为旅游企业未来发展的头等大事。

内部营销的实施有赖于员工的积极配合,其对员工素质的要求也必然较高,良好的服务技能、吃苦耐劳、敬业爱岗的精神以及勤奋学习的品质是旅游企业员工应该具备的基础素质,但一些旅游企业通过高薪、出国、晋级以及舒适的工作条件来吸引员工,陷入了员工招聘的误区,而忽视了对一些基本素质的关注,这种以我为主、忽略顾客满意度的观念,必然带来不可想象的后果,这也是我国旅游企业服务质量提高的原因之一。

3.了解内部顾客

与外部营销一样,内部营销也需要进行内部的调研活动,调研的主体是员工。通过内部营销调研,可以了解员工自身发展的需求、对本企业经营管理和各项服务活动的态度、对各级管理人员的意见、对企业未来发展和规划的看法,并提出自己的合理化建议。旅游企业必须主动接触员工,方能真正了解员工的内心世界,并把他们的需求、期望当作大事来解决、落实,而不能只做表面文章,这样必然会增强员工对企业的归属感。

旅游企业要像对待外部顾客那样,认真接待员工的投诉,并积极研究解决,也需要注意员工等候时间对满意度的影响。同时提供多种渠道方便员工的投诉,如座谈会、专线电话、意见箱、总经理接待日等。这样可以及时发现管理过程中存在的问题以及员工的实际困难,并通过内部营销来及时地加以解决。

4.进行员工培训

旅游企业的管理者总是认为员工没有必要了解服务战略的内容,他们只需按照战略部署实施就足够了。由于员工缺乏对服务战略的理解,因此对承担服务营销的责任认识不够,反映在服务岗位上就是责任心不强、缺乏服务的整体意识、协作精神欠缺等,这必然导致服务质量的不稳定,从而影响顾客的满意度。

(1)培养员工对服务战略和角色的态度

当员工对服务战略有较为清楚的认识之后,他们会感到企业对他们的尊重,从而逐渐转变对服务战略的态度——由漠不关心、消极实施到积极参与、认真实施。同时员工也会重新考虑自己的职能,除了生产服务之外,还需承担兼职营销员的职责,为旅游企业的服务战略做出更大的贡献。

(2)增进员工对自身角色的认识

培训应使员工详细了解旅游企业的服务战略以及长远规划,并让每一岗位上的员工知道他们在整体战略运作中承担的责任和角色,他们与其他人、其他部门以及顾客之间是如何连接、协作、服务的。通过这种关系的认识,加深了员工对自身服务工作意义的理解,角色定位的清晰可以给员工极大的激励。

(3)建立和增进员工间的沟通、销售和服务技能

要全面提高员工的素质和旅游企业的整体服务质量,必须增进员工之间的沟通和交流,信息的双向传播可以把服务中出现的问题及时通报给员工,使他们能吸取教训,以避免同类事件的发生。同时员工可以相互交流在服务中的心得和体会,相互学习,从而形成共同学习、共同提高的局面。这种信息互动、共同学习的环境,可以从多方面提高员工的素质,使他们在服务中表现得更为出色,这无疑可以全面提高旅游企业的整体服务质量。

二、旅游关系营销

(一)旅游关系营销的概念

旅游关系营销是指以旅游企业和游客的相互关系为核心的营销。

关系营销的哲学基础是关系哲学观点和系统论。哲学认为:系统地看,世界上以人为核心衍生出四种关系,即人与自然的关系、人与社会的关系、人与人的关系和人与自我的关系。把世界上的关系引入营销,就产生了关系营销的概念。

在旅游企业的市场营销活动中,也存在着各种各样的复杂关系,如表6-2 所示。

表6-2 旅游企业营销活动中的关系简析

分类角度	关系类型
按主体分类	旅游企业与游客的关系、旅游企业与相关供应商的关系、旅游企业与相关销售商的关系……
按客体分类	人与人的关系、人与物的关系、人与财的关系、财与物的关系、物与物的关系、财与财的关系……
按要素分类	时间关系、空间关系、信息关系、产品关系、财务关系、管理关系……

在这些纷繁复杂的关系中,作为通过为游客提供旅游产品及相关服务而创造利润的经济实体,旅游企业应当把自己与游客的关系作为其中的核心。

根据旅游关系营销概念,旅游企业应与游客和其他合作者建立、保持并加强关系(通常指长期关系),通过互惠互利的交换以及共同履行交换诺言,使有关各方实现各自的目的。旅游企业所使用的各种资源,包括人员、技术和服务或产品体系,应能保持并增强游客对本旅游企业的忠诚度和信任感。

(二)旅游关系营销的层次

根据旅游企业用以培养顾客忠诚的方式,关系营销可以分为三个级别,级别越高,对旅游企业的潜在回报也就越高。

1.财务层次型关系营销

财务层次型关系营销经常被称作保持性营销或频率营销,这也是关系营销最低的一个层次。旅游企业通过价格优惠,来刺激顾客购买更多的旅游服务产品,即只是建立购买时的顾客友好关系。例如,饭店或航空公司为常客提供折扣或者优惠服务。又如,香港汇丰银行、美国花旗银行等通过他们的信用证设备与航空公司开发了"里程项目"计划,按积累的飞行里程达到一定的标准之后,共同奖励那些常坐飞机的顾客。但是旅游企业通过价格手段与顾客建立纯金钱利益关系,并不能保证企业可以获得长期的竞争优势,当其他旅游企业提供更加优惠的价格时,顾客就会转向竞争对手的怀抱,因此旅游企业无法获得长期的经济效益。

2.社交层次型关系营销

社交层次型关系营销注重与顾客建立社会性的联系,因此优于价格刺激,但它并不忽视价格在关系营销中的重要性,只是更重视旅游企业与顾客之间的长期交往关系。这些旅游企业以个性化服务形成差异化的竞争优势,并努力将一般的顾客转化成关系顾客。

对旅游企业来说,普通顾客可以是不知名的,但关系顾客必须建立详细的资料档案,记录他们的文化背景、所需的服务、特殊要求等。顾客可以由碰到他(她)的任何员工提供服务,但关系顾客则需要由专门的服务人员来服务。一些旅游企业通过社交关系营销取得了良好的效果,他们不仅重视传统的营销工作(旅游企业对常客的营销),更重视关系营销(服务人员对常客的营销),通过专门的服务人员为顾客提供更有针对性的服务,与他们保持社交型的紧密关系,以有效提高关系的质量。关系质量是指顾客对旅游企业的信任感和满意程度。

3.结构层次型关系营销

结构层次型关系营销又称忠诚型关系营销,这是关系营销最高的一个级别。结构型关系营销在财务和社会营销的基础上,通过使用高新技术,精心设计服务体系,使常客可以得到更多的消费利益和使用价值,提高了常客的效率和产出,实现了常客和旅游企业之间的双向忠诚。他们相互依赖,使各自的利益达到了最大化,从而形成更加紧密的关系。由于结构型关系营销增加了旅游服务的差异性,因而竞争对手很难模仿。

结构型关系营销通过创造性地改造旅游服务传递结构模式,提高了服务的附加值,这些服务由于成本高或者难度大,顾客很难自己提供,而且也不易从其他企业购买到。这样结构性关系将提高顾客转向竞争对手的机会成本,同时增加了从竞争对手转向我方的顾客利益。尤其是旅游企业面临激烈的价格竞争时,结构性关系可以为企业扩大现有的社会关系提供一种非个价格的动力。

(三)旅游关系营销的实施要点

总体上来看,旅游关系营销实施的要点便是建立忠诚型客户。这类顾客一般较为保守,他们在选择旅游服务阶段花费的时间较多,通过反复比较各旅游企业服务的性能、种类和质量,并理智地考虑自己的支付能力,最终选择合适的服务产品。当旅游服务使他们较为满意时,若发生再次购买,他们一般不会轻易变换服务品牌,在他们看来,转换品牌带有很大的风险性。但是这类顾客消费的服务量有限,对旅游企业的利润贡献不大,因此旅游企业在他们身上不必花费很大的精力,只要保持较为稳定的服务质量,仍然可以获得预期的关系营销的效果。

要建立忠诚型客户需要在确定顾客忠诚的目标群后,针对潜在顾客的心理需求等制定相应的营销政策。具体可从以下几方面入手。

1.旅游服务价格

服务价格不能认为是形成顾客忠诚的主导因素,因为价格方面的策略很容易被竞争者所模仿。但不可否认,价格也是影响顾客忠诚的重要方面。若顾客对价格较为敏感,只要竞争者提供更好的价格诱因,顾客就会到价格更低的企业去消费。提供价格诱导机制,需要注意旅游企业的承受能力和服务质量,不以牺牲服务质量来换取低价格,这样只能把顾客推向竞争者。另外,还不能忽略价格对顾客预期的影响,因为价格的感受带有很大的主观性。

2.旅游服务的感受

顾客在服务中的感受,是决定其下一次购买的重要决策依据,连续在服务中获得美好的感受,可以巩固、强化顾客忠诚。因此服务体系的设计应该具有灵活性,可以充分满足每一位顾客的需求和预期的变化。另外,顾客忠诚的培养就是要把顾客纳入旅游企业发展战略,使其成为旅游企业的重要资源,这样就有必要让顾客参与旅游服务的设计,顾客在自己设计的服务体系中接受服务,显然会增加他们的满意度。

3.服务人员

服务人员可以影响顾客对服务质量的评价,他们不仅是旅游企业的形象代表,更可以成为一种吸引顾客的资源,这就决定工作人员对顾客忠诚的影响。旅游企业应意识到服务人员对形成顾客忠诚的作用,通过各种有效的方式,在旅游企业内部形成一种以人为本的气氛,调动起员工服务的热情,使他们成为旅游服务文化和个性魅力相结合的载体,在服务中,通过他们与顾客的接触,吸引打动顾客,成为联系顾客和旅游企业紧密关系的桥梁。

4.旅游服务的形象

形象是现有顾客、潜在顾客、失去的顾客以及其他组织有关群体对旅游企业的评价。形象和其他一些外部营销活动(广告、口碑沟通、个人推销等)一起影响着顾客对服务质量的评价。当顾客实际经历的服务质量与旅游企业形象相符时,就会强化企业在顾客心目中的形象。如果企业形象对顾客来说不是太清楚或者不太熟悉,那么将有助于形象在心中的确立,这无疑会对顾客的忠诚产生影响。旅游企业应加强形象管理,通过服务的不断改进来树立良好的、可以明确分辨的形象,从而对顾客的忠诚产生积极的影响。

第三节　旅游服务质量及其保障

一、旅游服务质量

(一)旅游服务质量的概念

关于旅游服务质量的概念,比较常见的有两种:一种是生产导向的定义,认为只要满足旅游服务规格或标准的服务即是优质服务。在此定义中,旅游企业强调遵从内部制定的各种规范,而这些规范和标准是以旅游企业生产力和成本限制目标为导向的。另一种是游客导向的定义,它认为符合游客期望的服务即是优质服务。此定义强调旅游服务的使用价值和游客的满意程度,要求旅游企业根据游客的需要,确定服务质量标准,为游客提供正确的服务,即符合游客期望的服务。

(二)旅游服务质量的内容

旅游的综合性和服务的无形性以及服务质量深刻的内涵,决定了旅游服务质量的抽象性和复杂性。要对旅游服务质量的含义进行理解,旅游市场是一个必要的切入口。从旅游者角度看(旅游服务的需方),旅游服务质量是旅游者在旅游准备、旅游过程中、旅游结束后对旅游服务的体验与其期望值所形成的价值反映。从旅游企业角度看(旅游服务的地方),旅游服务质量是旅游企业所提供的服务在旅游市场上的认可程度,是企业对市场规律的把握与其内部资源配置效率综合平衡。市场是检验服务质量的公开场所,以旅游者的需求为标准,只有经过市场检验的服务质量才是合格的。根据旅游服务质量的定义可知旅游服务质量与服务结果、服务过程有关,还与企业过去服务的积累有关。因此它包括三个方面的内容。

1.品牌性识别

对服务性企业而言,品牌是信誉、质量的象征,是企业在长期的经营过程中积累起来的一种无形资产。它是过去服务质量的积累,是现在服务质量的承诺,更是对未来服务质量的规划。当我们提到运通旅游公司、交通公社、里慈·卡尔顿、希尔顿、马里奥特、香格里拉时马上可以联想到高质量、有特色的服务。服务品牌具有隐性的效应,它会间接影响旅游者对服务质量的评价和识别。

2.技术性质量

技术性质量是旅游服务结果的质量,即旅游企业提供的服务项目、服务时间、设施设备、服务质量标准、环境气氛等满足旅游者需求的程度。旅游企业提供的服务结果会直接影响旅游者感知的服务质量。例如,酒店为旅游者提供客房、餐饮、娱乐等服务项目。服务结果是旅游者感知服务质量的重要组成部分,对它的评价往往比较客观。

3.功能性质量

功能性质量是旅游服务过程的质量。旅游服务具有生产与消费同时性的象征,在服务过程中发生的互动关系,必然会影响旅游者感知的服务质量。功能性质与服务人员的仪表仪容、服务态度、服务程序、服务方法等有关,还与旅游者的心理特点、知识水平、行为偏好等因素有关。同时受其他外在条件的影响,例如,在同一个旅游团中,旅游者对服务质量的评价会干扰其他旅游者对服务质量的感知。功能性质量的评估往往比较主观。

(三)旅游服务质量的范围

对服务质量范围的认识有助于全面理解服务系统的运营,也可以从另外一个角度观察旅游服务质量的构成。通过对旅游服务质量范围的研究,可以有针对性的设计服务质量指标体系。旅游服务质量的范围包括内容、过程、结构、结果、影响五个方面。

1. 内容

旅游服务必须遵守标准的程序,才能获得稳定的服务质量。旅游业中既有公认的行业标准,也有企业特有的服务标准。企业的员工按照标准化的程序进行服务,才能保证服务质量的稳定性。例如,酒店客房员工要按照标准的程序清扫房间。

2. 过程

在服务过程中服务传递系统要有一定的逻辑顺序,服务活动之间衔接得当,以保证服务的效果。同时要合理地利用服务资源以提高服务效率,因此有必要对服务传递系统进行必要的监控,一方面不断地改进服务传递系统以更好地满足旅游者的需求,另一方面可以加强与服务人员的沟通与交流,提高服务资源的利用效率。

3. 结构

旅游业的设备必须满足服务的基本要求,与接待的标准容量相适应。设施设备的闲置或超负荷运转都是对服务资源的浪费,服务质量也会深受影响。组织机构的设计、人员的配备也要与服务的运营容量相适应。人员过多,服务人员之间会相互干扰,从而影响服务质量。人员过少,旅游者等候的时间加长,降低了顾客的满意度。组织机构设计不合理,服务传递系统的效率低,也会影响旅游者对服务质量的评价。通过与设定有服务标准的旅游企业比较,就可以发现设备、组织机构、人员配备是否合理。

4. 结果

服务质量需要服务结果来衡量,顾客满意度是最终的衡量标准。通过市场调查的方法可以发现服务的结果是否令人满意。例如,顾客意见簿;顾客投诉数量的变化;走访重要的客人等。另外,了解员工与顾客接触所获得的信息——顾客对服务的满意状况,也可以评估服务结果。此外通过一些间接的途径也可以了解服务质量的状况。例如,员工对企业的满意状况;员工对服务工作的自我评价等。

5. 影响

旅游服务的影响应该从两个角度进行衡量,第一是旅游服务的时间影响,即旅游服务是否给旅游者创造了满意的经历,留下了美好的印象,使得他们下次还希望获得同类旅游服务。第二是旅游服务的空间影响,给旅游者直接带来的利益满足,即旅游服务的可获性,无论是在旅游客源地还是在目的地,旅游服务(咨询服务、住宿服务、交通服务、导游服务、购物服务等)都要方便、可靠。旅游服务的影响暗示了服务质量的高低。

(四)旅游服务质量的评估

旅游服务质量是服务的客观现实和游客的主观感受融为一体的产物。旅游企业为游客提供正确的服务,做好服务工作,才能提高游客感觉中的服务质量。管理人员应采用不同的质量定义,为本旅游企业产品和服务的各个组成部分确定合适的质量标准。

优质服务是指服务既要符合旅游企业制定的服务标准,又要满足游客的需要。服务标准的制定必须以游客满意为指导,现实中游客对服务质量的评估是一个相当复杂的过程,如图6-4所示。游客感觉中的服务质量不仅与游客所获得的服务经历有关,而且与游客对服务质量的期望有关。游客实际经历的服务质量符合或超过他们的期望,他们感觉中的整体服务质量就好;相反,游客实际经历的服务质量不如他们的期望,他们感觉中的整体服务质量就差。

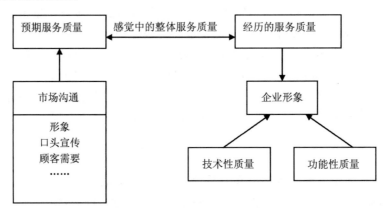

图6-4

从图6-4这个模型中可以看到,旅游企业的市场形象、其他游客的口头宣传、游客的需要和期望等一系列因素会影响游客对服务质量的期望。游客主要是根据自己以往接受服务的实际经历,经亲友或他人介绍服务情况,以形成、加强或改变自己对旅游企业形象的看法。所以,旅游企业想要提高自身的营销绩效和游客满意度,就要具体分析影响游客的期望和感知的各种因素,以及深入理解游客是如何感知的。

二、旅游服务质量的保障

旅游服务运营产生于特定的组织，服务是旅游企业为实现组织目标的经济选择形式，离开了组织设定的边界，服务活动就失去了经济意义。在组织这个庞大的系统中，涉及组织结构、制度和机制、运作以及为实现组织目标的各种组织职能。其中组织结构是组织功能发挥的载体，合理的组织结构可以保障服务系统的良性运作。制度和机制为组织内部服务资源的配置效率和组织目标的实现提供了依据。因此，旅游服务质量的保障主要包括旅游服务的组织机构、旅游企业的管理机制。

(一)旅游服务的组织机构

旅游服务组织是由不同的要素、部分、成员，按照一定的结构、方式形成的。旅游组织结构是组织内部各子系统相互作用的联系方式或形式，可以简单的陈述为对服务任务如何分工、分组以及协调合作。

首先，通常情况下，旅游服务组织会按照一定的目标在内部进行不同的分工、职责安排和权力分配，这样做的目的是保证组织职能最大限度的发挥，这使组织内部诸要素产生了相互作用的基础。旅游服务组织内在关系就是在这种条件下产生的，并且反映了各职能部门之间的关系以及各种职位的存在原因和方式。

其次，在内部关系清晰的条件下，不同的分工必然会导致不同任务的分派，这是旅游服务组织结构精细化的一个体现。在分配工作任务的基础上，各部门之间会自然而然产生不同的活动方式和作用机制，组织的差异化由此而产生，具体表现在两个维度上：纵向结构的垂直层级差异和横向结构的水平部门差异，二者交汇融合形成旅游组织的正式结构。

再次，在不同的分工下，旅游服务组织被分割为不同的部门，承担着不同的任务，并且具有不同的利益关系。但组织目标只有一个，要使旅游服务组织目标能顺利实现，各部门之间必须相互协作，团结成为一个整体，在此条件下，组织的协调功能就应运而生，它可以将不同部门间的差异性和利益冲突减少到最小限度。旅游企业的规模越大，协调功能的作用也相应越大。

最后，基于不同工作岗位的责任大小的差异，不同岗位权力的分配也会有差异，这是为了保证组织良性运转而产生的。权力是一种象征，表明了成员在组织中调配资源能力的大小，这是组织授予的。但在具体工作中还会产生另一种权力分配，即某一成员由于具有特殊的人格魅力，而获得其他成员的尊重所产生的影响力，这种权力是成员赋予的。旅游服务组织的等级关系特指按照等级原则将组织的职权责进行的垂直划分,基本着眼点在于上下级的关系。

基于旅游服务组织机构的以上特性,要保障旅游服务的质量,就必须建立顾客导向的旅游服务组织结构。顾客是旅游企业最亲密的朋友,现代旅游业的竞争主要以争夺顾客为主,因此旅游组织结构也必然要以顾客为核心进行设计。顾客导向的组织结构是在充分掌握顾客期望和需求的基础上,以顾客的满意度和忠诚度为目标,为适应外界环境的变化和顾客个性化的要求而不断增加组织的灵活性。同时随着顾客需求和期望的变动,给组织结构的调整留出足够空间,以保证组织结构与外界环境的协调发展。

顾客导向的组织结构是旅游企业自身的特点和现代组织结构新趋势相结合的产物,它强调与顾客的距离最近,并与顾客建立长久的关系,具有以下特点。

1.倒金字塔组织结构

员工的服务使旅游企业的服务价值得以实现,顾客得到了服务的享受,旅游企业实现了经济效益,由此可见,员工的服务是旅游企业与顾客联系和沟通的桥梁。要缩短与顾客的距离,组织结构必须要有所反映,因此倒金字塔式的组织结构形式应运而生。它强调为贯彻以顾客为核心的服务观念,组织结构的层次重点应向服务一线倾斜,管理层不再是向一线员工发号施令的监督者,而是员工的指导者和服务者。同时在部门层次上,后台部门应尽量为前台的一线部门提供力所能及的服务,两方面服务功能的发挥可以使一线员工集中精力,最大限度地为顾客提供优质服务。

2.旅游组织结构的扁平化

倒金字塔式的组织结构和向一线员工的授权都要求减少或取消旅游组织中的某些管理层次,这不仅可以克服等级链产生的种种弊端,而且极大地提高了旅游服务的效率。管理层次的减少,一方面可以降低管理成本;另一方面管理层与员工的沟通交流将变得更加顺畅,信息的传递效率也可以改善,所有员工都可以共享顾客的信息,为旅游企业的个性化服务提供依据。同时员工的自主意识也能得到更大限度地发挥。扁平化的组织结构最大幅度地把中间层次削得很薄,更有利于旅游企业贴近市场,高层管理者也有更多机会接近顾客,了解顾客的信息,做出合理的决策。

3.向一线员工授权

一线员工拥有的权力将决定关键时刻的服务质量,自主权力太小,员工在服务过程中就会缩手缩脚,遇到问题只能层层请示,这必将延误解决问题的最佳时机,增加顾客的不满。而当一线员工拥有服务现场的决策权时,员工的自主意识将大为提高,强烈的责任心和自信心必然会提高对客的服务质量。

(二)旅游企业的管理机制

旅游企业内部的制度体系需要一定的机制提供保障,机制贯穿于旅游企业运行的全过程,首先任何旅游企业在服务资源配置的过程中,都需要决策机制;决策机制的实现有赖于信息机制;旅游企业内部是否有足够的动力来实施资源的配置,则要有相应的激励机制进行配合,但激励机制实施的效果则取决于约束机制。这些机制的最终目的都是为了旅游企业的长远发展。因此,旅游企业的管理制度和机制也是保障旅游服务质量的一个重要因素。具体来看,会对旅游服务的质量产生较大影响的管理机制主要包括以下几方面。

1.决策机制

旅游企业的决策是一个复杂的过程,在决策准备时需要综合考虑企业内外各方面的因素,才能为后续的决策打下良好的基础。再加上决策过程中充满了不确定性,并伴随着内外环境的变化,因此需要运用科学的方法来增加决策过程的可控性,这就是决策机制。科学的决策机制需要在识别旅游企业内部存在的差距(期望与现实之间)的基础上,把主观的判断客观化,确定决策的标准,应尽量缩小主观标准与客观标准之间的差距,并确定每个标准的权重。然后列出决策的备选方案,对方案进行反复的权衡,选择最优方案。

2.激励机制

激励机制是旅游企业内激励者与被激励者之间的一种关系,是激励者根据组织特定的目标来刺激被激励者采取某种经济行为和不采取某种经济行为的机制。从本质上看,激励机制解决了旅游企业的动力问题,包括以下两个方面的内容。

(1)根据顾客提供的信息及时调整服务战略,向顾客提供更有针对性的服务产品,实现旅游消费需求效应的最大化,同时旅游企业在最大限度满足顾客需求中实现了效益的最大化,顾客的激励实现了顾客与旅游企业之间关系的“双赢”。

(2)企业内部的激励,主要体现在三个方面:第一,有财产关系的物质激励,如股票期权计划激励、股票红利激励等;第二,非财产关系的激励,如高额薪金、奖金、各种福利等;第三,精神利益的激励,主要让员工产生成就感、荣誉感、地位的尊重、归属感、认同感等。

3.信息机制

旅游企业的经营管理与信息密切相关,信息机制就是在此基础上产生的一种管理机制,它通过在旅游企业内部、旅游企业与外部环境之间构建信息流为企业的经营决策和服务战略管理提供依据。在旅游企业的管理实践中,信息机制主要体现在信息系统的开发上,这一行为涉及面广、投资巨大,因此必须结合旅游企业的实际情况,来确定系统开发的目标和方向。在对旅游企业各种数据全面收集、分析、处理的基础上,运用现代化的管理技术、方法和手段,建立一个符合旅游企业需要的,面向服务生产,并以经营和管理为主线,以市场为引导,对顾客信息进行消化和吸收,充分利用旅游企业的服务资源,提供各种动态统计分析的信息,为旅游企业的经营决策和服务战略提供辅助工具。信息系统开发的综合性要求,在合理原则的指导下,运用科学的方法,充分发挥系统数据的处理功能、预测功能、计划功能、辅助决策功能、控制功能以及公共信息服务功能,以达到信息系统开发的经济性。

4.约束机制

约束机制是指在旅游企业追求目标实现的过程中,受到内部条件、外界环境的牵制或制动的机制。它刺激出资者、经营者、员工保持合理的行为,并承担全部的风险,与激励机制相比,约束机制是一种反激励机制。

5.发展机制

发展机制是旅游企业自身提高发展的功能机制。在市场竞争中,旅游企业通过增加投入,推进新技术的应用,强化管理,以增加内在的竞争力,从而实现资金的积累、经营结构的调整以及资产增值的目标。发展机制与增长是有区别的,发展机制不仅强调数量的扩张,也对质量提出了较高的要求,它渗透在决策机制、激励机制、约束机制、信息机制之中。

第七章　当代旅游市场营销渠道研究

旅游产品是否能够以最快的速度和最合理的成本送到消费者面前,主要取决于旅游企业的营销渠道。随着现代交通工具和网络技术的快速发展,旅游市场营销渠道在旅游市场营销体系中发挥的作用越来越大。对于某些旅游企业来说,完善而快捷的市场营销渠道成为企业强大的竞争优势。本章内容就主要对旅游市场营销渠道进行具体的研究。

第一节　旅游市场营销渠道概述

一、旅游市场营销渠道的概念

旅游市场营销渠道是指旅游产品从生产领域进入消费领域的途径,也就是旅游产品从旅游生产企业向旅游者转移过程中所经过的各个环节连接起来而形成的通道,如图 7-1 所示。

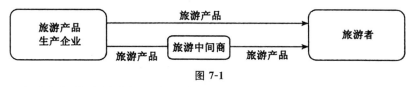

图 7-1

旅游市场营销渠道的起点是旅游产品生产企业,终点是旅游者,中间环节包括各种代理商、批发商、零售商、其他中介组织和个人等旅游中间商。

二、旅游市场营销渠道的类型

了解旅游市场营销渠道的类型有助于旅游企业选择合适的渠道来销售自己的产品和服务。具体而言,按照不同的划分标准,旅游市场营销渠道有着不同的类型。

(一)直接渠道与间接渠道

根据旅游产品销售过程中是否涉及中间环节来划分,旅游市场营销渠道可以分为直接渠道和间接渠道两大类。

1. 直接渠道

直接渠道是指旅游产品的生产者或供给者直接向旅游者销售其产品,而不通过任何中间环节的销售途径。这相当于科特勒营销渠道分类中的零层次营销渠道。旅游企业选择直接营销渠道,可以省去支付给中间商的费用,从而降低成本,使旅游企业有可能以较低的价格向旅游者销售其产品,在价格上赢得竞争优势。同时,采用直接营销的方式,有利于旅游企业及时了解和掌握旅游者对其产品的购买态度和其他相关市场需求信息,及时根据市场需求改进产品,有利于企业控制旅游产品的质量和信誉。从旅游产品的销售实践看,直接渠道一般有以下三种模式。

(1)旅游产品生产者或供给者→旅游者(在旅游目的地)

在这一模式中,旅游产品的生产者或供给者向前来购买产品的旅游者直接销售其产品,它在产品的生产地扮演了旅游零售商的角色。目前,很多旅游企业仍采用这种营销渠道。例如,旅游者到旅游景点、旅游饭店、博物馆和一些小餐馆等地购买其产品的方式都属于这种模式。

(2)旅游产品生产者或供给者→旅游者(在旅游客源地)

在这一模式中,旅游者通过网络、电话等通讯方式向旅游产品的生产者或供给者购买或预订旅游产品,旅游产品的生产者仍然扮演的是旅游零售商的角色。随着现代信息技术的迅猛发展及其在旅游中的广泛应用,近年来,这种模式有了新的发展和突破,很多旅游企业都已开始借助计算机预订系统直接向目标旅游者出售其产品,为传统的直接营销渠道注入新的活力。例如,旅游饭店通过因特网向旅游者销售其产品。

(3)旅游产品的生产者或供给者→自营的销售网点→旅游者(在产品销售地点)

在这一模式中,旅游产品生产者通过自己在目标市场设立的销售网点,直接面向旅游者销售其产品。由于这些销售网点是旅游企业在一定市场区域拥有的自设的零售系统,所以仍然归属于直接营销渠道。这一模式在许多旅游企业中都可以发现。例如,一些规模较大的旅游企业在很多目标市场区域设立门市部或销售点,向旅游者直接销售产品;航空公司在目标市场所在区域设立自己的分公司或售票处;旅游饭店在机场设立销售点,直接向游客销售产品;连锁饭店通过其成员饭店之间的相互代理预订来方便旅游者的购买;旅游汽车租赁公司在其经营区域内设立自己的租车服务点等。

2.间接渠道

由于旅游企业规模的扩大和市场竞争的加剧,绝大多数旅游企业都在想方设法增强自身的销售能力,扩大自己的市场份额。但作为一般的旅游企业,不可能、也没有必要在所有的市场区域中发展其直接营销渠道。因为,这不但受到旅游企业自身资金和技术实力的制约,而且受到投入产出的经济可行性制约,因此,旅游企业更多地会选择间接渠道。

间接渠道是指旅游产品生产者或供给者通过中间环节将其产品转移到旅游者手中的销售途径。采用间接渠道,旅游企业可以充分借助中间商的专业性和其他优势,不断扩大自己产品的市场占有率,在一定程度上有助于消除单纯采用直接渠道的局限性。旅游产品的间接渠道根据所经中间环节的多少,可划分为以下两种销售模式。

(1)旅游产品生产者或供给者→旅游零售商→旅游者

在这一模式中,旅游产品的销售只经过了一个中间环节,而且所经过的中间环节主要是从事旅游零售业务的旅游代理商或其他代理机构,旅游产品的生产者需要向旅游零售商支付佣金或手续费。例如,出国游组团社的某一代办点在为组团社销售某出国游产品之后,该组团社必须按代理协议向代办点支付佣金。

(2)旅游产品生产者或供给者→旅游批发商→旅游零售商→旅游者

根据旅游产品从生产者或供给者到旅游者手中所经过的批发商和零售商层次的多少,这一模式又可以分为双层次营销渠道(经过一个批发商和一个零售商)和多层次营销渠道(经过两个以上的批发商和零售商)。

在这一模式中,旅游产品的生产者只与旅游批发商发生直接业务关系,将其产品批量销售给旅游批发商,然后再由旅游批发商委托旅游零售商或通过自行设立的销售网点将产品销售给旅游者。这种模式在建立垂直分工体系的国外旅游企业中尤其普遍。旅游批发商通过大批量地购买航空公司、饭店、景点等单项旅游产品,并将其组合、编排成适应市场需求的包价旅游产品,但他们并不直接面向旅游者出售其产品,而是通过旅游零售商进行销售,有时也通过自行设立的销售点进行销售。

(二)长渠道与短渠道

旅游市场营销渠道长度是指旅游产品从生产者到消费者所经过的中间环节的多少,也就是渠道层次的多少。

旅游产品在流通过程中经历的环节层次越多,渠道就越长;相反,渠道就越短。营销渠道的长与短只是相对而言的。

(三)宽渠道与窄渠道

旅游市场营销渠道宽度是指旅游产品营销渠道的每个层次使用同种类型的中间商数目的多少,也可以说是指一定区域内销售网点数量的多少,包括旅游企业自设的营销网点和旅游中间商的数量。

旅游企业在一定区域范围内设的销售网点越多,渠道就越宽,如图7-2所示;相反,渠道就越窄。

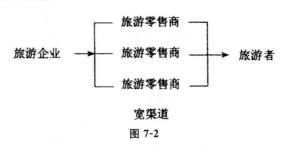

宽渠道

图 7-2

(四)单渠道与多渠道

根据旅游企业所采用营销渠道类型的多少,旅游市场营销渠道可分为单渠道与多渠道。

单渠道是指旅游企业只采用一种类型的营销渠道来销售产品,如所有产品由自己直接销售或全部交给批发商销售。

多渠道则指企业通过两种类型以上的营销渠道来销售产品,根据不同目标市场或者不同地区消费者的不同情况而采用不同的营销渠道。例如,旅游企业在本地区采用自己的网点进行销售,在外地通过中间商销售,如图7-3所示。

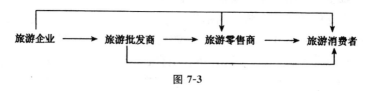

图 7-3

三、旅游市场营销渠道的功能

旅游市场营销渠道是由旅游产品生产者、中介组织(或个人)和旅游消费者等若干组织机构和个人所构成的一个较为完整的体系,因此,对旅游产品的流通发挥着重要的作用,具体表现为以下几点。

(一)有利于促进旅游企业再生产

旅游企业是旅游产品生产和经营的基本单位,畅通、高效的营销渠道是旅游企业再生产的前提条件。旅游企业所生产的旅游产品不仅要与社会需要相适应,而且还必须及时地转移到旅游消费者手中,从而实现资金的回笼,为生产更多的旅游产品提供保证。通过旅游市场营销渠道可以加速旅游产品向更多的旅游消费者转移,满足顾客的需要。这样才能保证旅游企业的扩大再生产,实现旅游企业的战略目标。如果旅游市场营销渠道不畅或中间商所吸取的佣金过高,即使旅游企业生产的旅游产品符合社会大众的需求,也会因价格过高或不能及时转移到旅游消费者手中,而使旅游企业的再生产过程受到阻碍。

(二)有利于提高旅游企业的经济效益

合理、畅通的旅游产品营销渠道是提高旅游企业经济效益的重要手段。旅游产品营销渠道的宽、窄、长、短、层级等,都直接影响着旅游企业的经济效益。针对旅游企业及其产品自身的特点,选择适当的渠道,并对营销渠道的各个层级、环节进行科学的管理,能有效地加速旅游产品向旅游消费者转移,降低旅游产品的成本,加速资金的周转,提高经济效益。相反,如果选择营销渠道不当,要么中间环节过多,成本增加;要么不能向所能涉及的消费者充分转移旅游产品,造成旅游产品的积压和闲置,这些都不利于旅游企业经济效益的提升。

(三)有利于其他市场营销策略的实施

旅游市场营销渠道策略与其他策略密切相关。建立旅游市场营销渠道需要一定的时间和资金,需要营销渠道各成员的长期友好合作和彼此信任,旅游市场营销渠道一经建立,一般不轻易变更。旅游市场营销渠道确立以后,一般都会确定相对固定的价格策略和促销策略,等等。旅游市场营销渠道策略是其他相关策略规范的基础,要通过实施旅游市场营销渠道策略来推动相关其他策略的实施。

(四)有利于为旅游者提供方便

任何一个旅游企业都不能提供旅游者在完整的旅游活动中所需的食、住、行、游、购、娱等环节的各种旅游产品。旅游中间商运用自身与多家旅游企业的联系,具有对多种旅游产品进行加工、组合的能力。这种组合还可按照旅游者的不同要求,形成不同的组合方式和价格形式。旅游活动是一种综合性的活动,旅游市场营销渠道将单项旅游产品组合成整体旅游产品,方便旅游者购买,从而减少旅游者购买旅游产品耗费的精力和作用。此外,在购买的地点和时间方面,旅游市场营销渠道显得灵活而方便。

(五)有利于实现信息反馈

旅游市场是各种信息集合的场所,而旅游市场营销渠道如同一条条通道,将各种即时信息进行汇总(图7-4)。旅游中间商利用自己直接面向旅游者的有利地位,客观、全面地调查、掌握旅游者的意见和需要,从而为旅游企业提供正确、及时的信息,帮助旅游企业对市场的变动做出及时的反应,使旅游产品和服务的供应能不断适应旅游者的需求。

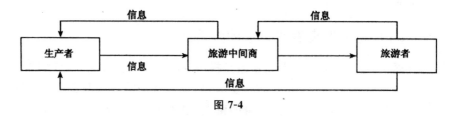

图 7-4

(六)有利于降低生产企业的风险

营销渠道在承担销售职能的同时也承担了其中包含的风险,这实际上为生产企业分担了一部分风险。例如,旅游经销商通过购买旅游产品而获得了对旅游产品的所有权,由于大部分旅游产品在价值上具有不可储存性,如果不能及时把所购买的旅游产品销售出去,那么尚未售出的旅游产品价值可能会完全损失。这在很大程度上降低了生产企业的风险。

第二节 旅游市场营销渠道的选择与管理

一、旅游市场营销渠道的选择

(一)旅游市场营销渠道选择的基本原则

在选择旅游市场营销渠道时主要应遵循以下两点原则。

1.旅游者导向原则

在市场经济的条件下,旅游企业进行市场营销的最基本原则是消费者导向,而对旅游产品的生产者或供给者来说,坚持旅游消费者导向的原则同样适用。也就是说,旅游产品的生产者或供给者首先必须设计和生产出符合市场需求的旅游产品,制定出能够为旅游者(市场)所接受的价格,并进行有针对性的旅游市场促销活动,同时选择便于旅游者购买的营销渠道。作为旅游市场营销的具体体现,旅游产品的生产者或供给者在对旅游市场营销渠道进行选择时,也应该坚持这一基本原则。不仅如此,旅游市场营销的四大要素也都需要在这一基本原则下相互协调和有机组合,如果在营销渠道的选择方面忽视旅游者的需求,会对最终的营销效果产生影响。

当今的旅游业竞争日益激烈,新的旅游企业不断涌现,旅游产品甚至同类旅游产品的数量也在不断增加;旅游产品又具有替代性强的特点,旅游者的选择余地大。在其他条件相同的情况下,选择合适的时间和地点使旅游者能够便利地购买到本企业的旅游产品,能够使旅游企业在竞争中赢得更多优势。

2.经济效益原则

旅游市场营销渠道并非自然形成的,它需要旅游产品生产者的认真规划、组建和开拓,并且需要营销人员采用各种方式加以维持,这种开拓和维持需要交付一定的费用。这些费用需要从建立后的营销渠道所带来的营业收入中得到补偿。如果旅游企业自身的经济实力不足以支付开拓和维持某一营销渠道所需的费用,这一渠道显然不具有选择的意义。如果某一营销渠道所带来的销售收入不能补偿其维持费用或不能带来足够的利润,这一渠道也是不经济的。因此,在营销渠道的选择中应比较各种渠道所带来的销售收入、利润和成本,只有那些不但能够带来一定的销售收入,而且在扣除其维持费用之后还能够使本企业的利润得以增加的营销渠道才是值得选取的营销渠道。也就是说,在选择旅游产品营销渠道时应遵循经济效益原则。

(二)旅游市场营销渠道选择的影响因素

旅游市场营销渠道选择的影响因素很多,主要有产品因素、市场因素、企业本身因素和国家政策因素等,旅游生产者在选择营销渠道时,要对这些因素进行综合考虑。

1. 产品因素

旅游产品的性质、种类、档次、等级以及其所处的生命周期阶段在某些条件下都会影响营销渠道的选择。季节性较强的旅游产品，一般由中间商销售而非生产商。这是利用中间商接触的旅游消费者较广，从而可以在有限的时间内售出更多的季节性产品。易腐败和易损性的旅游产品如酒店的菜肴和各类旅游工艺品等应尽量采用短的渠道或直接销售，以减少中间环节，避免中转运输造成损失。专项旅游产品，如攀岩旅游、滑雪旅游、考古旅游等一般都需要有特殊的设施和特别服务，因此，一般情况也宜直接销售或用短渠道销售。通常情况下，旅游产品价格越低，越宜采用较长的渠道；单价越高，渠道则越短。刚刚问世的旅游新产品宜通过直接营销渠道，它是结合人员推销来进行的，当旅游新产品为市场所接受，进入成熟期或成长期，则可通过建立广泛的营销渠道来销售产品。

2. 目标市场因素

市场的性质决定着销售的策略。消费者的人数、购买量及购买频率、地理分布、市场竞争等会对营销渠道选择产生不同程度的影响。在市场容量较大的情况下，如在人口聚集的城市则适宜使用短渠道。在潜在顾客数量多，市场容量又大的情况下，直接的市场销售最能成功。比如，在人口密集城市中的高校集中区域进行修学旅游的销售。如果市场的分布太广，顾客购买形式并不一定时，中间商就需要在销售方面发挥更加重要的作用。另外，面对市场竞争，旅游生产者要根据不同情况选择营销渠道形式。本企业产品的质量、价格具有明显的优势，可以和竞争对手采用相同的营销渠道，相反如果企业在这些方面没有优势，就不如另辟营销渠道，避免与竞争对手正面争夺市场。

3. 企业自身条件和发展目标因素

旅游企业在选择营销渠道类型时，还应充分考虑企业的发展目标、规模实力、产品组合及营销能力等因素。企业自身如果具有很强的人力、物力和财力，再加上市场营销人员经验非常丰富，企业信誉度高，产品质量可靠，那么它们往往采用短渠道销售。另外，各旅游产品生产者控制营销渠道的愿望也不同，有些知名企业，为了维护产品的声誉、控制售价，愿意花费较高的直接销售费用而采取短渠道策略。例如，在 19 世纪 80 年代中期，托马斯·库克旅游公司决定在英国市场取消约 2 000 家旅游代理商对该公司旅游产品的销售代理权，而完全由该公司在英国各地自设的 414 个销售点进行销售,这样使该公司排除了中间商的某些不良行为的干扰,使其产品价格和服务质量方向的控制更为可靠和有效。而有的企业只想卖出产品不想控制营销渠道,那么他们则多采用中间商销售的方式。

4. 中间商因素

旅游产品生产者能否找到理想的旅游中间商,这是选择营销渠道所要考虑的重要问题。中间商合作的意向、对中间商支付的费用、中间商的信誉、中间商的能力和水平都是需要考虑的重要因素。理想的旅游中间商要符合以下条件:能便捷服务顾客,其职能与生产者的需要相符,熟悉生产者所提供的旅游产品,在目标市场旅游者心目中形象较佳,合作意愿强,营销能力能达到生产者的期望,费用合适。旅游产品生产者如一时难以找到理想的中间商,有时不得不采取间接营销渠道。

5. 国家政策因素

旅游企业在选择营销渠道时必须符合国家有关的政策法规。例如,我国的旅游企业中,国内旅游企业就没有权利与国外旅游中间商建立关系。因此,它们在选择营销渠道时就不可能使用国外中间商向国外销售产品这种渠道。有时候旅游企业在进行国际业务过程中,甚至还要考虑到客源的原因、国家法律和有关政策。比如,客源市场所在国是否允许国外旅游企业在该国设立和经营自己的销售网点或者对各类国外企业有何限制要求等,这些问题都会影响旅游企业对旅游市场营销渠道的选择。

另外,分销商的实力、环境的变化等因素也会影响到旅游市场营销渠道的选择。

(三)旅游市场营销渠道选择策略

旅游产品营销渠道的选择策略有很多,下面对常见的几种策略进行具体分析。

1. 广泛性策略

广泛性策略是一种以建立广泛而松散的销售网络为手段,扩大产品销售量的分销渠道策略,其目的是建立一个由大量旅游中间商组成的销售网络。在这个网络中,旅游企业与其合作伙伴达成默契,由后者向前者提供客源,并由前者根据销售额给予后者一定的报酬。然而双方之间不存在严格的相互约束关系。前者可以接待由销售网络以外的旅游中间商所组织的旅游者,后者也可以向前者的竞争对手提供客源。

（1）广泛性策略的优点

广泛性策略的优点主要表现在以下两方面。

第一，销售范围广。旅游企业可以通过客源地的旅游中间商推销其产品，方便旅游者的购买，有利于扩大产品的销售范围。

第二，联系面大。旅游企业可以通过客源地的旅游中间商推销其产品，有利于加强同广大旅游者及潜在旅游者之间的联系，逐步树立旅游企业在旅游市场上的形象。

（2）广泛性策略的缺点

广泛性策略的缺点主要表现为以下两方面。

第一，销售成本高。旅游企业必须同客源地大量的旅游中间商保持联系，无论后者提供多少客源，旅游企业都必须经常与他们保持联系，并因此花费大量的通信费用和其他销售费用，由此提高了产品的销售成本。

第二，合作关系不稳定。广泛性策略对旅游企业及其合作伙伴均无严格的约束，双方只是根据各自获利的情况来决定是否继续合作，难以保持稳定的合作关系，由此会导致旅游企业产品的销售量不稳定。

2.专营性策略

专营性策略是指旅游企业在某一个客源市场只同当地一家旅游中间商建立合作关系，双方互为对方在当地的独家代理或总代理。换言之，前者只向后者提供产品，后者则只向前者提供客源，双方均不得在当地同时同对方的竞争对手进行业务往来。

（1）专营性策略的优点

专营性策略的优点主要表现在以下两方面。

第一，销售成本低。由于旅游企业在一个地区或国家只同一个合作伙伴发生业务往来，所以通信、业务谈判等销售费用比广泛性策略节省很多，有利于销售成本的降低。

第二，合作关系稳定。专营性策略对双方都具有较强的约束力，同时双方的经济利益比较一致，能更好地相互支持与合作，合作关系比较稳定。

（2）专营性策略的缺点

专营性策略的缺点主要表现在以下两方面。

第一，市场覆盖面窄。专营性策略要求旅游企业在一个客源地市场只能选择一个合作伙伴，是一种排他性的销售方式。这样旅游企业就无法接触该地区的其他旅游中间商。旅游企业产品的销售量受到合作伙伴经营能力的严格限制，不利于扩大产品的销售范围。

第二，风险大。采用专营性策略的旅游企业完全依赖其合作伙伴在客源市场上进行产品销售,如果后者经营失误,前者就可能蒙受一定的经济损失。

3.选择性策略

选择性策略是指旅游企业在一个客源地市场上仅选择少数几个在市场营销、企业实力、信誉和市场声誉等方面具有一定优势的旅游中间商作为合作伙伴的策略。

(1)选择性策略的优点

选择性策略的优点主要表现在以下几点。

第一,销售成本低。由于构成分销渠道的合作伙伴数量较少,所以同广泛性渠道相比,旅游企业用于销售方面的成本较低,有利于增加旅游企业的利润。

第二,市场覆盖面宽。同专营性渠道相比,选择性渠道所接触的旅游者更为广泛,从而使旅游企业的产品能够在当地市场上具有较宽的覆盖面。

第三,合作关系稳定。选择性渠道的合作伙伴同旅游企业的业务往来比较多,双方在产品经营方面有着共同的业务兴趣和经济利益,因而在选择性渠道中双方的合作关系比较稳定,很少会发生广泛性渠道常见的合作伙伴"跳槽"现象。

(2)选择性策略的缺点

选择性策略的缺点主要表现在以下两点。

第一,实行难度大。旅游企业产品在旅游市场上经常处于买方市场,旅游企业寻找理想的合作伙伴难度较大。

第二,具有一定的风险。如果旅游企业选择的合作伙伴不当,可能对产品销售造成不利影响。

二、旅游市场营销渠道的管理

(一)旅游市场营销渠道的演进与竞合

旅游市场营销渠道处于不断发展变化之中,各种渠道既有相互冲突、竞争的一面,也有相互合作的一面。

1.旅游市场营销渠道的演变

在"旅游产品生产者→旅游批发商→旅游零售商→旅游者"这种传统的旅游市场营销渠道模式中,渠道各成员都是独立的企业,各自都以本企业利润最大化为决策目标,相互间的利益冲突有时会影响旅游产品"货畅其流"。为此,旅游市场营销渠道要不断进行变革,使渠道各成员在竞争中合作、在合作中竞争。具体来说,旅游市场营销渠道的演变如下。

(1)垂直营销渠道组织

垂直营销渠道组织是由旅游产品生产企业、旅游批发商、旅游零售商组成的一种统一的联合体,主要有以下两种形式。

一是管理式营销组织,指渠道内各成员以协调方式而不是以所有权为纽带进行管理的营销渠道组织,如由知名饭店牵头,旅游批发商、旅游零售商自愿参加的营销渠道联合体就属这种形式。

二是合同式垂直营销渠道组织。在这种渠道组织中,以契约形式规定渠道成员各自的权利和义务关系。具体形式很多,酒店业、餐饮业特许经营就是其中的一种形式。

(2)水平营销渠道组织

水平营销渠道组织指同一渠道层次上的两个或两个以上成员联合起来,共同开拓市场的营销渠道组织。例如,大型旅游企业集团,既经营酒店、景点,又经营旅游车队,为增强大渠道功能,把这些旅游产品生产或供给企业营销渠道整合成水平营销渠道组织,形成互补优势,减少渠道资源的浪费。

(3)多渠道营销渠道组织

多渠道营销渠道组织指旅游企业同时使用两种或两种以上的营销渠道销售旅游产品的营销渠道组织,大型旅游企业可能从以下四种渠道中选择多个作为本企业营销渠道。

一是旅游产品生产者→旅游者。

二是旅游产品生产者→旅游零售商→旅游者。

三是旅游产品生产者→旅游批发商→旅游零售商→旅游者。

四是旅游产品生产者→旅游总代理商→旅游批发商→旅游零售商→旅游者。

大型旅游企业还可能从同一营销渠道模式中选择若干家中间商作为本企业产品的经销商或代理商,如一家旅游产品生产企业可能同时选择数家旅游批发商、数家旅游零售商作为本企业的营销渠道。

(4)直复营销渠道

近年来,直复营销渠道越来越受重视。直复营销渠道的使用让旅游企业和旅游者之间可以更有效地进行双向信息交流,使各种媒体成为销售场所,并具有信息反馈功能。常见的直复营销渠道主要有以下几种。

第一,电话营销渠道。这是最广为使用的双向直接沟通渠道,通过电话营销可以节省登门销售的出差成本和其他开支。目前旅游企业和旅游企业之间的很多产品的销售工作都通过电话来完成,如酒店的餐饮、客房对游客的销售、旅游企业对旅游企业的线路销售、酒店对旅游企业的客房销售,等等。

第二,直接邮购营销渠道。指旅游企业把旅游产品和服务的目录直接邮寄给目标游客,目标游客再根据产品目录选购旅游产品和服务。一般的,选购的途径还是通过邮购。由于大多数旅游产品具有生产和消费同步的特点,所以直接邮购的营销渠道在一般旅游产品销售时较少使用,通常在实物形态的旅游产品销售中才使用。

第三,电视营销渠道。电视营销渠道有两种常见形态:一种是时间比较短的直接回复广告,它以一般广告时间的长短来介绍旅游产品或服务,同时提供给旅游者可以直接回复的方法,通常是免费电话号码;另一种是通过电视购物频道来进行,整个购物频道 24 小时播出商品销售节目(其中有一部分是旅游产品销售节目),这种专门的购物频道在国内还比较少见。由于许多旅游产品和服务容易被模仿,所以现在国内旅游企业使用电视营销渠道分销旅游产品的极少,但是也有一些旅游企业已经通过这个渠道获得成效,如有的旅游企业在电视上通过免费 800 电话销售酒店金卡,获得一定的成功。

(5)特许经营渠道

特许经营起源于 1851 年的美国,直到 20 世纪初才变得较为普遍。现在很多旅游企业也开始使用特许经营渠道来进一步分销自己的产品和服务,达到扩大市场的目的。

旅游企业在使用特许经营渠道的时候,转让的是一套标准化的产品和服务,以及某种管理技能。使用特许经营渠道的旅游企业一般具有较大的规模、较好的品牌形象、较独特的产品和较先进的管理技能,如假日酒店、喜来登酒店和香格里拉酒店集团等。旅游企业常用的特许经营渠道主要有以下两种类型。

一是产品和商标型。在这种形式中,特许人通常是一个旅游生产商,同意授权受许人对特许产品或商标进行商业开发。特许人可能提供广告、培训、管理咨询方面的帮助,但受许人仍作为独立的经销商经营业务。这种模式也被称为传统特许经营渠道模式。

二是经营模式型。经营模式型特许经营渠道又被称为第二代特许经营渠道,是近些年发展较快的特许经营渠道模式。这种形式中特许人与受许人之间的关系更为密切,受许人不仅被授权使用特许人的商号,而且要接受全套经营方式,包括经营场所、产品或服务的质量控制、人员培训、广告、财务系统及生产产品所需的原材料供应等。这种经营渠道常见于餐馆、酒店等。

（6）网络营销渠道

随着信息时代的到来和网络技术的发展，网络营销渠道作为一种全新的营销渠道，正被越来越多的旅游企业所关注和使用。

2. 渠道冲突

渠道冲突是指渠道各成员之间、各渠道之间因为利益上的矛盾而发生的冲突。主要表现在横向冲突和纵向冲突两个方面。

（1）横向冲突

横向冲突指不同的企业渠道之间的利益冲突，如酒店与酒店之间、旅游企业与旅游企业之间的渠道冲突。

（2）纵向冲突

纵向冲突指同一企业营销渠道中不同层级之间的利害冲突，例如，旅游产品生产者调高价格会面临来自旅游批发商和旅游零售商的较大压力，旅游批发商时常与旅游零售商发生利害冲突，生产者给散客的优惠会使零售商处境困难，等等。

营销渠道发生冲突是在所难免的，引起冲突的原因比较复杂，旅游企业应予以妥善处理。渠道的矛盾冲突处理的主要方式有：建立利益共享、风险共担机制；以共同目标为导向，协调矛盾、减少分歧，防止矛盾激化；建立共同行为准则，约束渠道所有成员。

3. 渠道竞争

渠道竞争指目标市场相同的旅游企业营销渠道为争夺客户所形成的竞争，主要有横向渠道竞争和渠道系统竞争两种形式。

（1）横向渠道竞争

横向渠道竞争指在同一目标旅游市场销售的同一渠道层次之间的竞争。例如，向同一观光旅游市场提供产品的某景点各旅游零售商之间为争夺观光客而展开的竞争。

（2）渠道系统竞争

旅游市场是较为开放的市场，各种营销渠道林立，同一旅游者可以得到来自各类渠道的服务，各种渠道系统往往竞争激烈，例如，希望乘飞机旅行的游客，既可得到各家航空公司自设门市部销售点的服务，也可选择到代办机构购买机票，还可通过电话、网络订票。

4. 渠道的协调

为避免渠道冲突的发生,尽可能减小冲突带来的损害,旅游企业应协调渠道成员的销售目标及行动,发挥营销渠道的合力效应。具体而言,渠道的协调方法主要有以下几点。

(1)共同目标法

旅游企业要让所有中间商意识到营销渠道系统是一个不可分割的整体,所有渠道成员有一个共同的目标——实现渠道的最大利润,这一目标由各中间商的分销目标组成,任何一家中间商的消极销售或低水平销售都会影响共同目标的实现。

(2)责权利法

渠道成员间的良好合作关系归根结底要靠利益来维系,若某中间商得到的利益与其所承担的责任不相符,其他生产商或中间商就会产生不满。因而旅游市场营销渠道各成员必须共同协商,制定科学的责权利方案并以合同的形式确定下来,以约束和协调所有成员的行为。

(3)信息沟通法

由于追求的目标不一致,旅游企业和中间商之间经常因为观点不一而产生冲突,如延期付款或在产品价格上互不相让等。因此,旅游企业必须建立准确、畅通的信息渠道,如成立专门的信息机构,以协调各渠道成员的不同观点和建议,并及时向渠道成员传达有关市场信息,实现步调一致、信息共享。

(4)互相渗透法

互相渗透法指通过加强渠道成员间的相互合作,提高彼此间的依赖程度,通过增进相互之间的理解,减少渠道冲突。这种方法有助于渠道成员互相认同,并形成共同的价值观念和行为准则。加强人员流通、共同开展促销活动等是较常见的手段。

5. 渠道合作

传统意义的渠道合作往往理解为同一营销渠道之间的合作。旅游生产者、旅游批发商、旅游零售商所组成的分工渠道在共同利益基础上,彼此相互依托、补充、充分发挥各自优势,其结果是所带来的利益常会大于各自分头去做所带来的利益之和。

从旅游市场营销现实看,渠道之间横向合作和纵向合作的趋势越来越明显,如几家大旅游企业联合推出旅游超市、联合销售同一包价旅游线路如包机、旅游专列等,而旅游零售商也踊跃代理。围绕各自的利益,旅游市场营销渠道之间的冲突、竞争与合作不以人们的意志为转移,旅游产品生产者需要正确应对各自渠道的冲突,善于化解矛盾,利用渠道竞争为本企业取得理想的利益;在互利互惠的基础上不断提高渠道合作层次,建立经济、高效的营销渠道网络。

(二)旅游中间商的选择与管理

1.旅游中间商的类型

在旅游市场营销渠道中,旅游中间商起着重要的作用。所谓旅游中间商,是指专门进行旅游产品交易的组织或个人。由于旅游产品流通过程的中间环节具有不同的性质和行为方式,与此相应,旅游中间商的类型也呈多样化形态。具体来说,旅游中间商的类型可以从以下两个角度划分。

(1)按业务方式划分

按旅游中间商的业务方式可分为旅游零售商和旅游批发商。

旅游零售商指把旅游产品直接销售给顾客的中间商。旅游零售商直接与顾客接触,其交易活动是旅游产品流通过程的最后一道环节。零售商在营销渠道中承担着实现旅游产品的价值和反馈信息两项重要职能。

旅游批发商即以批量购进和销售旅游产品为主要业务的经销商。与零售商相比,旅游批发商有以下五个特点:批量购进,批量销售;交易产品一般不直接进入最终消费领域;交易地域范围广;交易关系较为稳定;多分布在大型经济中心城市和地区。

(2)按是否拥有旅游产品的"所有权"划分

按旅游中间商是否拥有旅游产品的"所有权"可分为旅游经销商和旅游代理商。

旅游经销商是指从事旅游产品流通业务并拥有旅游产品"使用权"的旅游中间商,也就是说,旅游经销商是指买进旅游产品,再将旅游产品卖出的旅游中间商。旅游批发商大多属于此类。旅游经销商的收入来自于旅游产品购进与卖出之间的差价,一次业务收入的高低也主要取决于差价的大小。由于旅游经销商进行的是旅游产品"所有权"的买卖业务,因此,他们同旅游产品生产者或供应者共同承担旅游市场的风险,他们的成功和失败对旅游产品生产者或供应者有着直接的影响。

旅游代理商是指接受旅游产品生产者或供应者的委托,在一定区域范围和一定时期内销售其产品的旅游中间商。旅游代理商的收入来自被代理企业支付的佣金。旅游代理商代理销售的主要是零售业务,因而,它们往往是旅游零售商,尽管有些旅游代理商也会经营一些少量的旅游产品批发业务。

2.旅游中间商的作用

不同类型的旅游中间商在旅游产品流通过程中扮演着不同的角色,因此他们发挥的作用也有着明显的不同。下面主要对旅游批发商和旅游零售商的具体作用进行分析。

(1)旅游批发商的作用

旅游批发商的作用是由其业务性质决定的,即其作用主要体现在组合包价旅游方面,具体表现为以下几点。

第一,促使旅游产品生产者或供应者生产和提供能满足旅游市场需求的旅游产品和服务。旅游批发商从事的是旅游产品和服务"使用权"的买卖,买卖成功与否,直接关系到自己的生存和发展,而买卖能否成功的首要条件是经营的旅游产品和服务是否适销对路。因此,为了保证旅游产品和服务符合旅游市场的需求,保证买卖获得成功,旅游批发商要对旅游市场需求进行认真的调研,通过调研,确切地掌握旅游市场需求的特征,并将此信息准确无误、及时地传递给旅游产品生产者或供应者。这种传递可以是对旅游产品生产者或供应者的建议或劝说,但更多的是以自己的购买行为严肃地告知旅游产品生产者或供应者。如果旅游产品生产者或供应者以发展为己任,以社会营销观念为指导,就必然对旅游批发商传递的这种信息予以足够的重视,并作为旅游产品生产和供应的重要依据之一。

第二,组合旅游产品,方便旅游者购买和旅游,促进旅游市场的繁荣。将单项旅游产品组合成整体旅游产品是旅游批发商的主要功能之一。旅游活动是综合性的,单项旅游产品一般不足以支持一项旅游活动的顺利完成。因此,单项旅游产品单独出售,对大多数旅游产品而言,尤其是大众化旅游产品很不方便,而在实际旅游活动中,仅仅购买单项旅游产品的旅游者也可能碰到更多的麻烦和困难。这种现象使组合单项旅游产品为整体旅游产品成为必然,旅游批发商就担负起这一组合任务。整体旅游产品方便旅游者的购买和旅游,从而促使旅游市场日趋繁荣。

第三,分组促销活动,加快旅游产品销售。旅游批发商的经营性质主要是经销,业务行为是"买"和"卖",目的是赚取"买"和"卖"之间的差价。一般情况下,对旅游批发商而言,能够买进合适的旅游产品并不困难,关键是能否顺利地将买进的旅游产品销售给旅游者。如果不能及时而顺利地销售出去,不仅赚不到差价,由此而引起的损失必然还得自己承担。因此,为了及时顺利地销售旅游产品,除了买进合适的旅游产品并加以恰当的组合外,旅游批发商势必还要对这些产品进行强有力的促销活动。旅游批发商的这一作用,因其有着丰富的经历和经验以及迫切的心态,不仅有利于旅游产品生产者或供应者节省营销资金和人力,而且取得的效果可能更佳。

第四,组织营销渠道之间的合作,促使营销渠道的畅通。旅游批发商的营销渠道实际上是旅游产品生产者或供应者营销渠道的重要组成部分。在二级和多级营销渠道中,旅游产品生产者或供应者一般只与旅游批发商打交道,而选择合适的旅游零售商则是旅游批发商所关注的工作。可见,旅游批发商一头连着旅游产品生产者或供应者,一头连着旅游零售商,起到了组织营销渠道之间合作、促使营销渠道畅通的重要作用。

(2)旅游零售商的作用

旅游零售商是以从事零售业务直接为广大旅游者服务的旅游中间商。一般情况下,旅游零售商的主要功能是在其所在区域代理销售旅游产品生产者或供应者以及旅游批发商提供的旅游产品和服务。具体业务主要包括为旅游者提供旅游咨询服务、代理预订购旅游产品、代办旅行票据和证件,向有关旅游企业反映旅游者的意见等。具体而言,旅游零售商的作用主要体现在以下三方面。

第一,对旅游者购买决策可起到积极的影响作用。对大多数旅游者来说,消费某项旅游目的地产品是第一次消费,甚至是一次性消费。尽管他们不太可能,似乎也不必要花太多的时间和精力对这次消费了解得那么透彻,但他们总是希望通过旅游零售商的介绍加深对该产品的了解,并最终做出购买决策。旅游零售商与其代售的旅游产品和服务“终日相伴”,他们熟悉、了解这些旅游产品和服务,因而,他们有义务、有责任、有能力向旅游者提供咨询服务,积极影响旅游者的购买决策。这种积极影响可以反映在旅游者的主题内容安排、行程安排、时间安排、价格问题等诸多方面。

第二,对旅游产品的销售能起到“一锤定音”的作用。旅游产品生产者或供应者以及旅游批发商的旅游产品能否完成在营销渠道中的流通,实现其价值,要看该产品最终能否到达旅游者即最终消费者的手中。旅游零售商是直接面向旅游者的中间商。旅游零售商的销售获得成功,即意味着旅游产品的流通过程基本结束,产品的价值基本实现。所以,从这个意义上说,旅游零售商在整个营销渠道中起到了“一锤定音”的作用。

第三,对旅游者购买旅游产品起到便利的作用。这一作用主要体现在零售网点的分布上。旅游零售商地处客源市场所在地,又大都处于交通方便、人口稠密的城镇繁华地段,这就十分便于旅游者咨询和购买。

旅游中间商在旅游市场营销渠道中的作用是巨大的。尽管世界旅游市场呈多样化发展趋势,全球经济一体化过程加快以及科学技术迅速发展,都会促使旅游中间商的功能和作用发生变化,但旅游中间商在旅游市场营销渠道中的特殊作用是永远不会消失的。

3.旅游中间商选择的原则

旅游中间商的选择对旅游市场营销渠道的效率有着直接的重要影响，因此，旅游中间商的选择成为旅游市场营销渠道管理的主要任务之一。具体而言，选择旅游中间商主要应遵循以下几个原则。

（1）经济效益原则

追求经济效益是旅游企业所有营销决策的基本目的之一。选择旅游中间商也是如此。单从销售收入和销售费用的角度考虑，使用旅游中间商既能增加销售收入，又可减少直接销售费用，何乐而不为。不过，旅游产品供应给旅游批发商，产品供应者只能以"供应价"获得销售额，相对于直接销售，价格上有较大的损失；如果旅游产品由旅游零售商代理销售，产品供应者则要向旅游零售商支付佣金。这样使得旅游中间商就有一个经济效益比较的问题：由旅游中间商产生的销售收入的实际增长是否大于直接销售的收入？是否足以补偿和超过有关维持费用？这个旅游中间商能否比其他可供选择的旅游中间商带来更大的经济效益？根据经济效益原则，对上述回答必须是肯定的。否则，经济效益就要打折扣。

（2）适应性原则

旅游中间商是一个独立的经济实体，并非是受雇于旅游产品生产者或供应者而被迫成为其营销渠道中的一个环节，因而，对旅游产品生产者或供应者而言，旅游中间商是不完全可控因素。这就要求旅游产品生产者或供应者在选择旅游中间商时必须注意适应性原则。适应性原则主要表现在以下几个方面。

第一，表现为地区的适应性。即要考虑旅游中间商的所在区域的消费水平、购买习惯、市场环境等诸多方面的状况是否符合该产品的销售和消费。

第二，表现为时间的适应性。即旅游中间商政策是否与旅游产品不同时期的销售情况相适应。

第三，表现为旅游中间商的服务对象的适应性。即旅游中间商的服务对象是否同旅游产品生产者或供应者的目标市场相一致。

第四，旅游中间商销售能力的适应性。即旅游中间商是否具备相应的规模、资源和技术服务力量等。

第五，旅游产品生产者或供应者对旅游中间商的适应性。即如果有必要的话，旅游产品生产者或供应者可以根据各个市场中旅游中间商的不同情况而采取相应的营销渠道策略，以尽可能充分发挥旅游中间商的能力，为我所用。

（3）可控性原则

尽管旅游中间商属于不完全可控因素，但由于其在旅游产品营销渠道中的重要性，以及对产品生产者或供应者实现长远目标的特殊影响，旅游产品生产者或供应者在选择旅游中间商时，有必要考虑利用有关协议或合约，如旅游产品的价格限度、销售量的约束等，对他们实施不同程度的控制。

4.旅游中间商的管理

旅游中间商选定后，还需要对其进行日常的监督和不断的激励，使之不断提高经营水平，和旅游产品生产者一起成长壮大，具体可从以下两方面入手。

（1）旅游中间商的评估

旅游企业要采取切实可行的办法对旅游中间商的工作绩效进行检查与评价，对旅游企业做出重大贡献的旅游中间商予以奖励。对于绩效一般或低于企业要求的旅游中间商，要找出原因予以补救，对绩效特别差的旅游中间商要予以剔除，以保证渠道的效能。对旅游中间商的评估主要有以下几方面内容。

第一，旅游中间商的营销能力。这是一个重要的评估标准。旅游中间商的营销能力包括营销量的大小、销售额的多少、成长性、赢利速度以及偿付能力等。对旅游中间商的营销能力的评估相对比较容易，因为这些指标大都是定量而不是定性的，但在实施中需要旅游企业和旅游中间商紧密合作，信息共享。

第二，旅游中间商的信誉度。这也是评估旅游中间商不可忽视的重要内容。因为旅游中间商信誉度的高低不仅关系到旅游企业与其合作的效率和满意程度，而且对旅游产品销售的效果有直接的影响。旅游中间商的信誉度的评价指标包括付款的及时性、顾客满意率、配合程度等。

第三，旅游中间商的参与热情。有的旅游中间商虽有实力，但不积极推销和宣传旅游企业的旅游产品，这类旅游中间商参与销售的效果往往极有可能不如实力稍弱但积极配合的旅游中间商参与销售的效果。相比之下，选择参与热情高昂的旅游中间商要优于选择没有热情或热情不足的旅游中间商。旅游中间商热情度的评估指标包括中间商成员之间的关系、市场信息反馈的及时性、销售产品的积极性、提出建议的积极性等。

第四，旅游中间商的销售量占旅游企业销售量的百分比。这一评估标准可以用来衡量旅游中间商对旅游企业的重要程度，如果这一比值很大，则其重要程度就大；反之其重要程度就小。

通过以上评估活动，旅游企业可以及时发现问题，掌控旅游中间商的情况,为改进和完善与旅游中间商合作的策略提供依据。

（2）旅游中间商的激励

只要存在共同利益,中间商都会为了共同的利益而努力工作。但是,中间商又都是独立的经济实体,有自己独立的利益追求。因此,为了尽可能地调动旅游中间商的积极性,还要用行之有效的手段对其进行激励,以求营销渠道的畅通、高效。一般来说,可为旅游中间商提供的激励手段有以下几个。

第一,向旅游中间商提供物美价廉、适销对路的旅游产品。这是激励旅游中间商的主要手段。旅游中间商的收入来源主要是旅游企业支付的佣金或价格折扣。向旅游中间商提供的旅游产品越适销对路,销售得越好,旅游中间商通过销售所能得到的佣金或价格折扣就越多,经济效益就越好。旅游中间商首先是旅游者的采购代理,然后才是旅游企业的销售代理,只有旅游者乐意购买的旅游产品,旅游中间商才会有兴趣销售。为此,旅游企业应根据市场需要和旅游中间商的要求,不断地提高旅游产品质量,降低成本,更好地满足旅游中间商的要求。

第二,合理分配利润。旅游企业要充分运用定价策略,考察各旅游中间商的销售数量、信誉、财力、管理等因素,以及考察竞争者的定价策略,视不同情况,分别给予旅游中间商不同的折扣和让利。还可采用其他形式,如组织奖励旅游、领队优惠,颁发各种物质和精神奖励,使旅游中间商获得满意的利润。有时为了竞争,不愿失去优秀的旅游中间商,旅游企业可以使该中间商销售自己的旅游产品的利润率高于其销售竞争对手产品时的利润率。

第三,授予旅游中间商独家经营权。虽然独家经营相对多家经营会影响市场的覆盖面,但可获得旅游中间商的积极合作。获得独家经营权的旅游中间商更乐于在广告、促销等方面投入资金,以独享所增加的利益。这种做法对市场覆盖面要求不高的旅游产品特别有效。只要旅游中间商选择得当,实际销售量就不会很差,而且独家销售有利于信息反馈,从而有利于提高旅游产品质量,给旅游企业和旅游中间商都带来声誉上的好处。

第四,开展各项促销活动。旅游企业可协助旅游中间商进行广告宣传、销售促进、公共关系等促销手段推销其旅游产品,对采用广泛销售策略的旅游企业而言,促销费用应全部由自己支付;对采用选择性销售策略和独家销售策略的旅游企业而言,促销费用可由其与旅游中间商分担。

第五,资金资助。这对于资金不充裕的旅游中间商有激励作用。售后付款或售前部分付款的方式能促使旅游中间商大批量地购买和推销旅游产品。

(三)网络营销渠道的构建

1.旅游电子商务营销渠道发展的必然性

旅游电子商务是指旅游企业应用计算机和现代通信技术,通过互联网,调整企业同消费者、企业同企业、企业内部的关系,从而扩大销售,拓展市场,并实现内部电子化管理的全部商业经营过程。它具有以互联网为依托,消费者直接参与,涉及企业运作的各个层面(产品设计、市场营销、企业管理、客户管理、资源管理、供应链管理),信息源庞大,支付手段方便、快捷等特点。近些年,旅游电子商务之所以表现出强劲的发展势头,与其自身特点有着密切的关系,具体表现为以下几点。

(1)旅游销售与消费的异地性

旅游活动是人们在其基本生活需求得到满足后所产生的一种较高层次的需求,它是在人的地理位置的移动中进行和完成的。人们在旅游时需要行、游、住、食、娱等多种以服务为主要内容的无形商品,其交易方式与有形的实物商品不同。有形商品一般是从生产地运往消费者所在的市场,在那里销售并被消费。但旅游业不存在产品运输问题,它在市场(一般是旅游者的居住地)上被售出以后,由购买者(即旅游者)来到其生产地(即旅游目的地)消费(如住宿、餐饮、乘坐交通工具、游览等)。这一特性使旅游电子商务绕开了物流配送这个被认为是当前电子商务发展瓶颈之一的环节。

(2)旅游交易是一种小额、多批次的服务贸易

人们对旅游服务具有很强的个性化要求,如对目的地、行程、时间、档次等的选择千差万别。旅游产品的购买者大部分是散客。即使是成团旅游,每团也不过数十人。与有形产品贸易签一个合同动辄成百上千万元相比,旅游是一种典型的小额贸易,每次交易的内容和金额各不相同,但批次很多,交易过程比较复杂,传输的信息量很大,中间环节又多,需要大量手工劳动和频繁使用电话、传真等通信工具,费时费力。加上通常交易双方的时空跨越性(尤其是在国际业务中),导致交易时间的非常规化和昂贵的交易成本。利用电子商务则可以使旅游企业建立一个 7/24 小时对全世界公众开放的网上营业场所,避免了时间、时差和地域上的限制。同时买卖双方的意愿通过固定的网上交易表格统一和规范地表达,或利用 E-mail、Netmeeting、IP 等网络通信手段进行有效协商,大大降低了交易成本高昂的长途电话的使用。

(3)旅游促销的抽象性

为了招徕旅游者,旅游业需要进行大量促销工作,其方式比有形产品更

加复杂。有形产品促销只需宣传产品本身,而旅游促销因为其产品的无形性使得这种推销想象的促销工作不得不使用各种媒体,参加许多旅游交易会,以及制作和散发大量宣传品,来进行目的地形象宣传和企业产品宣传。同时,促销对象又遍布全球,其工作量和费用之大是可想而知的。而通过电子宣传册、数据库跟踪技术等网上营销方式的使用,减少了巨额的促销开支,且更具有针对性。

（4）旅游交易需要一个庞大的销售中介网络

旅游业已发展成为一个全球性的大产业,旅游客源市场和旅游目的地均遍布全世界,两者之间的距离可能很短,也可能跨越国界甚至大洋。在此情况下,如果没有中介机构把买卖双方联系起来是很难达成交易的。这个中介就是旅游企业。在它的"上游"是在各个旅游目的地提供交通、住宿、游览等的服务供应者,它的"下游"是散布在各个客源市场的旅游者。旅游企业作为其"上游"企业的代理,将其产品销售给旅游者,并将收到的付款在扣除佣金后汇给产品的提供者。由于买卖双方相距很远而且分散,一次旅游交易常常需要经过好几家旅游企业之手才能完成。因此,在世界各地形成了一个由数十万家旅游企业组成的庞大的旅游产品分销网络。网络化经营是旅游业得以运转的必要条件,但这个网络是靠佣金来维持的,因此,高销售成本成了旅游业的又一大特点。电子商务的应用,给产需双方直接接触创造了有利条件,促使直销的可能性大大增加,从而降低了旅游交易成本中佣金的支付,并且有利于旅游产品供应商直接从市场上搜集到真实的第一手资料,合理安排生产,提高产品质量,改善经营管理。

2. 网络营销渠道的作用

网络营销渠道的功能主要体现在以下几个方面。

第一,网络营销渠道是信息发布的渠道。一方面企业的概况和产品的种类、质量、价格等,都可以通过这一渠道告诉用户;另一方面企业可以通过网络搜集关于市场环境的市场调研和情报信息。

第二,网络营销渠道是销售产品、提供服务的快捷途径。通过网络平台,旅游企业建立与顾客的交流,协助、补充旅游产品提供者的促销活动,以实现其促销功能;搜寻预期购买者并与其沟通,为其提供建议和购买帮助;适当改变产品使其符合购买者的需求,包括诸如分类组装和组团等功能;通过与顾客协商,在价格和产品买卖等其他方面达成共识,从而使产品使用权转移;接受销售收入并将其转移给旅游产品经营主体。这一过程包括获取和利用资金来弥补渠道工作成本,以实现渠道的财务功能;接受和协助处理顾客投诉等辅助性服务功能,以实现渠道的反馈功能;还可以提供保险、防疫建议和护照办理等辅助性服务。因此,用户可以从网上直接挑选和购买自己需要的商品,并通过网络方便地支付款项。

第三,网络营销渠道是旅行企业之间洽谈业务、开展商务活动的场所,也是进行客户技术培训和售后服务的理想园地。旅游企业是否开展电子商务,绝不仅仅是标志着企业的信息化水平和现代化程度,更重要的是它可以给企业带来实实在在的好处。

第四,与传统分销渠道的对比,网络营销渠道的优越性明显,一方面它几乎具有传统分销渠道成员的所有主要功能;另一方面,它使旅游产品交易可以超越时空限制,无论相距多远,企业和旅游者一天 24 小时、一年 365 天都可以利用网络完成线上交易,减少了流通环节,不仅可以节省给中间商的佣金,从而降低流通成本,使企业有可能以较低价格向公众出售其旅游产品,还加强了旅游产品生产者对其产品的控制力。

3.构建网络营销渠道的条件

要想充分发挥网络营销渠道的作用,还需要政府和企业共同努力,一起构建网络时代的新型营销渠道,具体应做到以下两点。

第一,构建规范网络营销的法律体系。为了充分保障旅游企业和旅游者的利益,首先要构建规范的网络营销法律体系。政府和相关部门要尽快从旅游经济安全的角度建立具有中国特色的、适用于电子商务的法律,使得旅游企业的网络渠道营销工作和旅游者的网络购买行为有法可依,有规可循。

第二,增强人文关怀意识。为了体现网络营销的人文关怀,旅游企业应制定出体现个性、服务个性、满足个性、实现个性的人文营销策略来促进网络营销渠道的构建。一方面,要采用人文化。"量体裁衣"式的旅游产品设计。旅游企业可以利用网络营销渠道,与旅游者之间形成"一对一"的营销关系。这样有助于为每一个旅游者解决个别问题,甚至可以根据旅游者的要求"量身定制"其所需要的旅游产品,例如,旅游企业可以通过网络营销渠道为旅游者"量身定制"满足其需要的旅游线路。另一方面,要进行情感服务和个人沟通。旅游企业要从细微处关心旅游者,想旅游者所想,提供温馨的情感服务,以弥补旅游者在这种虚拟的人际关系中可能感受到的"人情淡漠"。

(四)旅游市场营销渠道的调整

在旅游市场营销渠道管理中,旅游企业需要根据每个旅游中间商的具体表现、市场变化和企业营销目标的改变,对分销渠道进行调整。例如,原本采用独家营销方式,为了制约独家代理商的扩张,可适当增加代理商的数目,调整为多家代理方式等。调整旅游市场营销渠道的方式主要有以下几种。

1.增减营销渠道中的中间商

增减营销渠道中的中间商是指在某一营销渠道中增加或减少一个甚至几个旅游中间商。如果旅游中间商存在营销不积极、参与热情低、经营管理不善、合作意识差、信誉欠佳等问题,旅游企业在必要时应与其中断合作关系。如果需要扩大销售量,进一步开拓旅游市场,加强与对手的竞争,旅游企业经过调查分析和洽谈协商,在中间商符合企业的要求和中间商愿意合作的基础上,可以选定其作为企业在该地区的经销商或代理商。应注意的是,增加经销商或代理商可能会引起现有中间商的不满,而减少旅游中间商又可能导致忠诚度的降低。

当旅游企业需要增加旅游中间商时,一方面要保证渠道调整的诱因来源于渠道冲突,来源于现有中间商的利益冲突,制定相应的政策来保护他们与企业的长期合作关系;另一方面要鼓励新的中间商努力发展,尽可能地扩大企业的营销网络。

当旅游企业需要减少旅游中间商时,一方面要尽可能保留与原来中间之间的良好关系,为将来的发展打下基础;另一方面要与现有的中间商进行充分沟通,让其了解企业目前的政策和发展方向,稳定市场,巩固中间商对企业的忠诚度。

此外,旅游企业在进行调整时,还应进行经济增量分析。例如,增加或减少某个旅游中间商之后,企业的销售额和利润是否受到影响?影响程度如何?对其他旅游中间商的经营活动又有什么影响?需要注意的是,增减旅游中间商并不代表企业利润一定会提高或减少,如当旅游企业减少一个落后的中间商时,由该中间商负责的业务市场可能会被竞争者轻易占领,其他中间商也会因此而产生不安全感,甚至降低销售积极性。因此,在决定增加或减少中间商之前,旅游企业最好先利用整体系统模拟的方法对企业利润的变化进行定量分析,然后再做决策。

2.增减某一种营销渠道

当旅游企业通过某种营销渠道销售某种旅游产品所获取的销售额一直不够理想时,即出现亏损或投资收益率偏低时,企业可以考虑在全部目标市场或某个区域内撤销这一渠道类型,而另外增设一种其他的渠道类型。企业为满足消费者的需求变化而开发新产品,若利用原有营销渠道难以迅速打开销路和提高竞争能力,则可增加新的营销渠道,以实现企业的营销目标。

3.调整整个营销渠道系统

调整整个营销渠道系统是指旅游产品生产者对其所有的营销渠道进行调整,如直接营销渠道改为间接营销渠道、单渠道改为多渠道等。当旅游市场营销环境发生重大变化、旅游企业重新制定战略目标、旅游产品性质已有根本改变时,旅游企业往往需要调整整个营销渠道。实施这类调整的难度很大,且需要特别小心谨慎,以尽量减少对销售的不利影响。

第三节　旅游市场营销渠道的发展趋势

随着旅游市场的日趋发展和完善,旅游市场的竞争也越来越激烈,旅游企业依靠单一的营销力量和手段进行市场营销,已经无法适应形势的发展变化。在现代营销渠道中,渠道成员为了提高经济、社会效益,往往能从整体看问题,并采取一定形式的联合,共同致力于整个渠道效益的提高。旅游产品营销渠道的联合化趋势就其具体情况而言,大致呈现出以下两种趋向。

一、产销纵向联合趋向

旅游企业的产销纵向联合是指用一定的方式将营销渠道中各个环节的产销成员联合在一起,采取共同目标下的协调行动,以促使旅游产品或服务的市场营销整体经济效益提高。这种纵向联合大致又可分为两种形式。

(一)契约化产销联合

契约化产销联合是指旅游生产企业同其所选定的各个环节的中间商以契约的形式来确立各自在实现同一营销基础上的责权利关系和相互协调行动。其主要特征表现为以下两点。

第一,营销渠道中的各个环节成员为营销目标的实现承担着各自的相应义务,有着统一的行动。

第二,尽管各成员保持着某种形式的长期合作关系,但基本上仍是相互独立的经济实体。

（二）一体化产销联合

一体化产销联合是指旅游企业以延伸或兼并的方式建立起统一的产销联合体，使其具有生产、批发、销售的全部功能，以实现对旅游市场营销活动的全面控制，其具体形式主要有以下两种。

1.自营营销

自营营销即由拥有庞大资本的旅游产品生产企业自行投资建立自己的营销网络和销售公司，直接面向目标市场销售自己的旅游产品。

2.联营营销

联营营销即旅游生产企业和旅游中间商共同投资或相互合并、兼并建立起统一的产销联合体，共同协调旅游产品的产销活动。其主要特点有两个：一是关系紧密；二是经济利益一体化，一荣俱荣，一损俱损。

旅游产品营销渠道产销纵向联合在一定程度上可缓解和避免营销渠道中各成员间由于追求各自利益而造成的相互冲突和不良竞争，以及由此而对整个营销系统造成的损失。此外，由于整体协调功能的增强以及经济利益的互动，可以提高市场营销活动的效率，从而使整体效益得以提高。

二、横向联合趋向

旅游市场营销渠道的横向联合，是指由一个以上的旅游产品生产企业联合开发共同的市场营销渠道。这种横向的联合又可分为松散型联合和紧密型联合两种类型。

（一）松散型联合

松散型联合常常是为了共同开发某一市场而由各有关旅游企业联合起来，共同策划和实施有助于实现这一市场机会的营销渠道，如旅游包机公司和旅游目的地的旅游生产企业联合起来共同开发某一客源市场。

（二）紧密型联合

紧密型联合往往以建立同时为各有关企业开展市场营销活动的销售公司为主要形式，如旅游目的地的有关旅游产品生产企业联合起来成立旅游公司。

旅游市场营销渠道的这种横向联合能较好地集中各有关旅游企业在市

场营销方面的相对优势,各旅游企业在各自都拥有自己的营销网络的基础上,如果联合起来就可能同时扩大各旅游企业的市场覆盖面。

三、集团联合趋向

旅游集团联合就是以旅游企业集团的形式,结合旅游企业组织形式的总体改造来促使旅游企业营销渠道的发展和改造。旅游企业集团是由多个旅游企业联合而成的经济联合体,具有生产、销售、信息、服务等多种功能,往往能够通过集团内的营销机构为集团内各生产企业承担市场营销业务。

旅游企业集团化联合是一种更高级的联合方式,集团的市场营销功能齐全,系统控制能力和综合协调能力强,对旅游市场营销活动能够进行较为周密、系统的策划,并能够建立起较为健全高效的运行机制,从而能大幅度提高旅游市场营销活动的整体经济效益。

第八章　当代旅游市场营销管理研究

旅游市场营销管理就是对"我们如何保证达到目标""我们如何确认已经达到目标"这两大问题进行回答。对旅游市场营销进行有效管理，是营销目标顺利实现的前提和保证。从营销组织的设立、人员的招募与培训，到营销计划的制定、调整与执行，还包括旅游企业的内部营销管理等，都要求以现代科学管理理论为基础进行科学而艺术的安排，保证旅游企业在旅游市场竞争中处于有利地位。本章就旅游市场营销管理的内涵、营销组织、营销策划工作、营销计划的执行与控制这几方面的内容进行阐述。

第一节　旅游市场营销管理的内涵

一、旅游市场营销管理的概念

市场营销管理，顾名思义是对市场营销的管理，指的是对组成市场营销的各个部分的统一协调的管理。市场营销管理包括一个旅游企业组织进行计划、研究、执行、控制和评估市场营销努力所需要的所有活动。市场营销管理是为创造、培育和维持与目标市场的有益信息交换并进而达到组织目标所实施的分析、计划、执行和控制职能。

成功的市场营销管理涉及预算、促动、培训和改变人们的行为，还要进行经常的检查，以确保目标总是清晰可见。企业设计市场管理活动来帮助达成目标，如有必要的话，还要对市场营销计划进行调整，以适应改变的环境。

有效的市场营销管理不仅能为一个组织提供丰厚的利益，还是市场营销的一个关键组成部分。好的市场营销管理可以带来以下利益。

(1)可以获得充分的营销调研和其他营销信息。

(2)能及时地发现市场营销活动的弱点并加以修正。

(3)能尽可能有效地使用市场营销资金和人力资源。

(4)能够更好地激发营销人员和其他员工的积极性,达成营销的目标。

(5)可以将营销更好地整合进企业和各个不同部门的工作中。

(6)组织会在适应客户、竞争和行业的变化中处于更加有利的位置。

(7)能够通过精心设计的系统化运营过程实现营销目标。

(8)通过营销控制和评估及时发现并修正营销的缺陷。

(9)能够更清楚地了解营销结果,了解成功或失败的原因。

二、旅游市场营销管理的内容

现代营销学之父菲利普·科特勒提出营销管理包括四项职能:分析、企划、实施及控制。图 8-1 表示这些市场营销管理活动之间的关系,企业首先制定战略总规划,然后再把企业的这些整体规划转变为每个部门、产品和品牌的市场营销计划和其他计划。通过实施,企业将战略即营销计划转变为能够实现企业战略目标的行为;控制包括衡量和评估市场营销计划和活动的成果,以及必要时采取措施来保证实现企业的目标;营销分析为所有其他营销活动提供所需要的情报。

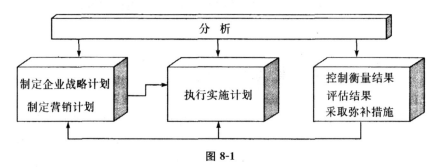

图 8-1

美国普渡大学教授莫里森提出营销的五个任务:规划、调研、实施、控制和评价,以此构成营销管理的五大要素,将它们的首字母组合,用"PRICE"表示(图 8-2)。

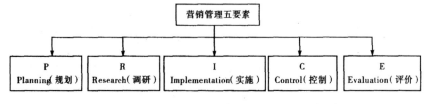

图 8-2

维克多·密德尔敦认为营销管理的任务包括计划和控制、实施任务和协调任务。计划和控制就是从事市场营销调研、营销规划、策划产品展示和促销、筹划营销活动和编制预算、监控实施过程并评估营销结果；实施任务就是参加专题研讨会和展览、开展直接营销活动、进行销售访问并追踪续访、向代理商通报情况、承担广告宣传、公关、印刷和促销等任务；协调任务就是与经营、人事、财务和其他管理部门进行联络和协调以确保产品与促销展示的相一致。

虽然三位学者对市场营销管理的论述不尽相同，但并不难看出其中的相似之处。通过分析市场营销环境和企业自身，找到适合自己的机会，避开环境中的威胁因素；通过市场调研了解消费者的现实或潜在需求，在此基础上制定营销计划，并转化为营销实施行动；为了保证营销过程与营销目标的一致性，确保营销目标的实现，需要持续地进行市场营销的控制和评估。另外，营销计划的有效实施需要一个恰当正确的营销组织具体负责，这构成了整个营销管理的内容。

三、旅游市场营销管理的过程

旅游消费需求是连续不断的，因而这个过程也是不断循环运转的。但是任何的旅游市场营销活动过程都不是简单的重复，因为影响旅游企业市场营销的因素也是不断变化的。所以旅游企业市场营销管理过程是不断地进行自我调节、自我完善的过程。旅游市场营销管理过程包括四大步骤：一是分析旅游市场营销机会，二是研究和选择旅游目标市场，三是确定旅游市场营销组合，四是管理旅游市场营销活动。

（一）分析旅游市场营销机会

旅游市场营销机会，就是与企业内部条件（资金能力、技术能力、生产能力、销售能力、管理能力等）相适应，能实现最佳营销因素组合策略和营销目标，享有竞争优势和获得局部或全局的差别利益，并能促成企业自身发展的环境机会。市场机会与企业机会是有差别的，所谓企业机会，就是对本企业的营销活动具有吸引力，利用这一机会可以获得竞争优势和差别利益的环境机会。市场机会在客观上只是一种环境机会，能否成为企业机会，要看其与企业战略规划所确定的目标范围是否一致，以及企业各方面的资源是否具备优势。在竞争激烈的买方市场，有利可图的营销机会并不多，为了得到一个市场机会，旅游企业的市场营销管理者必须重视并及时开展市场营销调研，有条件的企业应建立市场营销渠道信息系统。在旅游市场中，绝大多数环境机会对任何旅游企业来讲都是平等的。关键在于是否能结合旅游企业自身的资源，最早发现旅游市场营销机会，选准目标市场，及时做出营销策略决策。

旅游市场营销机会的分析主要包括旅游市场营销环境分析、旅游者消费行为分析、旅游市场竞争者分析。这些内容其他章节已经进行了较为详细的阐述,这里不再展开。

(二)研究和选择旅游目标市场

旅游企业发现了符合本企业目标和资源的市场机会以后,首先要仔细测量其现有的和未来的市场容量,并对市场结构作进一步分析。如果对市场前景的预测看好,就要决定如何进入这个市场。这包括三个步骤,即市场细分、选择目标市场和市场定位。现代旅游市场中,旅游企业应把满足旅游者的需求放在首位,充分满足旅游者的需求,企业才能生存发展。旅游者的需求存在差异,旅游企业受技术、资金和管理能力的限制,不可能占领所有的细分市场,只能根据自己的任务、目标和内部条件等,选择对自己当前和今后一段时期内最为有利的一个或几个细分市场作为营销重点。

选择目标市场一般有以下三种策略:无差别性市场策略,即旅游企业只推出一种产品来迎合消费群体中的最大多数人;差别性市场策略,旅游企业将整个市场细分为若干子市场,针对不同的子市场涉及不同的产品,制定不同的营销策略,满足不同的消费需求,凭借旅游产品与市场的差异化,获取最大的销售量;集中性市场策略,旅游企业在整个市场中选择一个或少量几个细分市场作为目标市场,集中企业自身营销力量实行高度专业化生产和销售,在个别市场发挥优势,提高占有率。

(三)确定旅游市场营销组合

所谓市场营销组合,是指旅游企业用于追求目标市场预期销售水平的可控营销变量的组合。旅游市场营销因素组合中的产品、销售渠道、价格、营业推广等各个要素各具特色,有着不同的运用范围、效用和条件,需要对其进行优化组合和综合运用,使之协调配合,扬长避短,发挥优势,以取得更好的经济效益和社会效益。一般来说,旅游市场营销因素组合运用要保证营销活动的整体性,相互协调,相互配合,形成较强的合力,而且围绕旅游企业的营销目标,面对复杂多变的营销环境,旅游企业市场营销因素要灵活多样地进行组合。另外,还应根据市场环境的变化,对营销因素组合进行积极的调整,变不可控因素为可控因素,减少外界因素的干扰,主动适应市场营销环境的变化。

(四)管理旅游市场营销活动

管理市场营销活动主要包括制定、执行、控制市场营销计划,其具体内容将在后文进行详细阐述。

总之,就旅游市场营销管理而言,营销主体无论是旅游企业还是旅游目的地,大致遵循传统营销管理的整个过程,只是在营销组织方面存在差异。

第二节　旅游市场营销组织

一、旅游市场营销组织的内涵

旅游市场营销组织是指一个旅游企业或一个旅游目的地全面负责执行和管理其市场营销工作的组织机构,如销售部、市场营销部等,也包括涉及旅游市场营销活动的其他组织和机构,如公关部、广告部等。旅游市场组织的概念包含三个方面的含义:第一,旅游营销活动是一种全体员工共同参与的活动。第二,不同的旅游企业对营销组织的划分是不同的。第三,旅游企业要根据需要来设置专门的营销组织,规模较小的旅游企业销售量小,旅游产品也少,权衡成本和效益,就没有必要设置专门的市场营销组织。相反,规模较大的旅游企业市场营销活动频繁,销售量也大,目标市场也较大,因而必须设置专门的营销组织。

旅游企业或旅游目的地需要合理设计一个市场营销组织来具体实施营销战略和计划。对于小型企业如招待所、小型饭店或旅游景点而言,市场营销是业主或总经理的职责;而对于较大的企业,则通常根据其经营规模聘用一名市场营销经理和一名或多名营销职员;在多个经营场所的大型企业如连锁饭店等,会特别考虑在总部设立一个营销部门,并同时在各个分饭店设立营销团队。

一般而言,市场营销组织是整个企业组织中的一个业务职能部门,需要同企业其他部门进行有效地协调和联络,并且需要了解其他的业务职能是什么。菲利普·科特勒曾说,所有的企业都是凭借四项简单职能着手运营的:筹集和管理资金(财物)、制造产品(经营)、推销产品(销售)和记账(会计)。发展至今,较大的旅游企业一般都设有人力资源管理职能部门、资产与资本设备管理部门、财物与行政管理部门和市场营销部门,而且市场营销部门的职责也已经远远超过了销售的狭隘范畴,具有了市场调研、广告促销、渠道管理等多种职能(图 8-3)。由于市场营销涉及公司总体战略的许多方面以及与公司其他部门间的协作,因此营销组织需要延伸到整个管理机构之中。

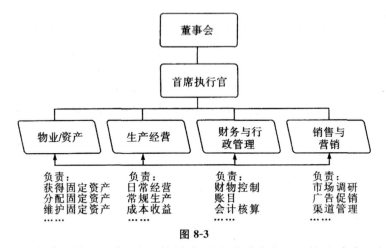

图 8-3

对于旅游目的地而言,由于旅游产品由公共部门(目的地政府)及私营部门(旅游企业)共同提供,在一定程度上具有"公共物品"的性质,由此决定了旅游行政管理部门对目的地营销负有主要责任。另外,目的地营销还涉及旅游企业等一系列利益相关者,他们共同为旅游者提供完整的旅游产品。例如,温哥华之所以能够吸引在数量上持续增长的观光游客,要归功于一些旅游组织共同致力于使温哥华成为旅游目的地的营销联动。这些旅游组织包括温哥华旅游局、大温地区旅游协会、省旅游营销组织(不列颠哥伦比亚省旅游局)以及国家旅游委员会,这些组织作为协作伙伴共同致力于城市营销,以提升温哥华作为旅游目的地的知名度。

营销组织的恰当设立能够保障营销计划的实施、控制和评价;营销计划、营销组织和实施工作是紧密结合在一起的。托马斯·V·波拿马把战略和实施之间的相互关系形容成"瀑布现象",目标和决策在组织体系中传达,非常像"日本花园中水从上面池子流到下面池子"。加尔布雷斯和纳泽森模型表示出了战略—组织—业绩之间的关系,具体如图 8-4 所示。图 8-4 同时给出了营销组织所包含的五个主要变量:任务、人员、结构、报酬体制和信息决策过程。

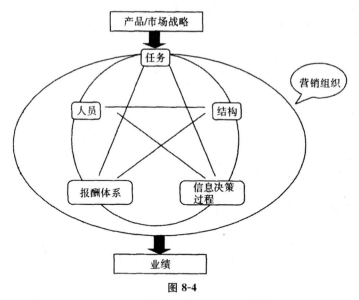

图 8-4

任务主要指营销活动以及营销工作所运用的技术。

人员是指营销组织中从事营销活动的员工,这涉及招聘、选拔、培训和开发、提升、调动等一系列活动。

结构主要指对工作人员的配置,这又涉及分工和集权。分工包括对人员进行分工,对任务进行组合,并将其设定为组织单位,如部门或科室;集权是指对专业部门和任务进行控制,使之协作完成特定的和总体性的组织目标。

报酬制度用以激励个人去完成营销正常运行所必需的一般性和特殊性任务,包括与补偿、表扬、提升、工作设计和领导类型有关的政策。

信息决策过程影响到组织中信息流、决策制定和影响力的分配,在谁参与决策、如何形成决策和分析替代方案以及选择时采用什么标准等方面,决策过程都可设计成某种正规程式;资料的收集、保存、加工和分配方法决定了支持决策制定所能获得信息的性质、质量和及时性。

二、旅游市场营销组织的特点

同其他组织相比,旅游市场营销组织应具有以下几方面的特点。

(一)灵活性

一个良好的营销组织必须具有一定的灵活性,即应是一个柔性系统,易于适应迅速变化的市场情况和适应执行各种计划。对于旅游业而言,主要面临的是短平快经营项目,一个精练、多能、机动性强、反应快的组织是营销成功的保证。同时,灵活性还指组织本身应能够随着市场变化而进行自我调整的弹性。

(二)协调性

市场营销组织虽在旅游企业中起主导作用,但它毕竟只是企业经营工作的一个组成部分,而营销工作涉及企业管理的方方面面,因而营销组织必须与所有其他组织部门相联系与协调,与其他各个部门密切配合,使各部门之间的冲突降至最低限度。

(三)信息传递的快速性

营销组织应能迅速地传递信息。营销组织直接与市场和消费者接触,掌握第一手的信息资料。一个理想的营销组织不仅能够科学地分析、整理有关资料,还应该将市场环境信息迅速反馈给决策部门,保持信息渠道的畅通;能与其他部门充分共享销售资料和市场发展趋势的预测分析。

(四)有效性

营销组织不仅能够将营销计划迅速贯彻落实、及时实施,并迅速传递和反馈信息,而且能够通过详细的可行性论证开展各项活动,取得良好的效益。

三、旅游市场营销组织的演变和结构类型

(一)旅游市场营销组织的演变

依照传统观点,生产部门是最重要的职能部门,它们生产产品、进行质量管理并创造利润。当市场不断扩大时,生产部门当然是管理部门关注的焦点;但当需求增长趋向平稳,竞争加剧,关注的焦点就会转向销售,继而转向营销。焦点的转换(图 8-5)使得市场营销组织随之发生改变,大体经历了下面五个阶段。

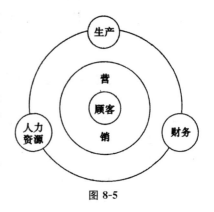

图 8-5

1.简单的销售部门

这个阶段的营销组织一般是在生产观念的指导下设立的。企业目标、产品、价格由生产和财务部门确定,销售部门只负责对产品销售,没有太多的主动性。单纯销售职能的旅游营销组织缺乏对旅游者需求的准确感知和把握,不能适应当前日益激烈的旅游竞争形势,已不多见。

2.带有营销职能的销售部门

这个阶段的营销组织大多以推销观念作为指导,为了实现销售目标需要进行经常性的市场调查、广告宣传、延伸服务或其他促销活动,这些工作逐渐演变成为销售部门的一种专门职能。因此,市场营销组织除了推销员外,还针对逐渐演化出的多种促销专门职能,设立营销主管负责对市场进行研究、广告促销等具有营销性质的职责。

3.独立的营销部门

在这个阶段,原来作为辅助性工作的市场调研、新产品开发、广告促销等职能重要性不断增强,作为企业相对独立又重要的职能部门,营销副总裁同销售副总裁一样直接接受总裁领导,销售和营销分开、互相独立,成为平行的职能部门,在具体工作上,这两个部门密切配合。

4.现代营销部门

在这个阶段,销售部门和营销部门的矛盾越来越突出。销售部门注重短期目标,侧重于眼前销售量的提高;营销部门关心长期目标,注重统一市场形象的塑造和营销战略的履行。另外,平行、独立职能机构的设立也容易形成部门之间的相互推诿,造成服务真空,不利于企业的长远发展。因此,销售部门和营销部门最终合二为一,形成了现代的市场营销组织,由营销副总裁全面负责,下辖营销职能部门和销售职能部门。

5.现代营销企业

一个真正意义上的现代营销企业,企业各部门管理人员和员工都需要树立正确对待营销职能的态度,认识到企业一切部门的工作都是为顾客服务,以顾客满意为轴心。营销不仅仅是一个部门的职能,而是企业的经营哲学,内部营销由此得到了企业的重视。由于旅游服务过程是旅游企业员工与顾客之间的互动过程,旅游员工是否热爱自己的本职工作,是否了解旅游者需要,会直接体现在旅游服务质量上。通过内部营销构建现代营销观念,使营销成为旅游企业经营的核心,保证旅游者需求的实现和满意程度的提高,这对旅游企业而言尤其重要。

(二)旅游市场营销组织的结构类型

旅游市场营销组织的结构类型具体可分为五类,其中以业务流程为基础形成职能型营销组织结构,以目的为基础形成产品型、市场型或地区型营销组织结构,以顾客为基础形成矩阵型营销组织结构。

1. 职能型营销组织结构

职能型组织是企业最常采用的一种组织形式,是指按照不同的营销职能分别设立相应的营销部门,每一个部门负责特定的营销职能。如图 8-6 所示,在市场营销总监领导下,分别设营销管理经理、广告与促销经理、销售经理、市场调研经理和新产品经理,根据需要还可以增设客户服务经理、营销计划经理和产品分销经理等。这些部门的主管通常都由一些营销职能专家来担任。职能型组织结构简洁,职责划分清晰。当旅游企业只有一种或很少产品,或者旅游企业产品的市场营销方式大体相同时,设立职能型营销组织比较有效。但随着产品种类增多,市场差异性增大,每个职能部门之间的协调难度加大,导致营销的无效率。

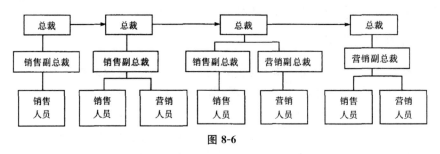

图 8-6

2. 产品型市场营销组织结构

具有很多而且差别很大的产品或品牌企业经常采用产品管理组织,为每种产品或品牌制定并实施一个完整的战略与营销方案(图 8-7),但这种组织结构并不意味着生产导向。在旅游企业所生产的产品差异很大,产品品种太多的情况下,建立这种组织结构形式是适宜的。以大型饭店为例,可以按照产品如宴会、会议、展览、行政套房或短期休闲包价客房等来分别组织其营销活动,每一个部门都代表着向一个或多个细分顾客群提供不同的产品。目前这种组织形式在旅游企业中应用较多,如某国际航空公司将其全部经营业务划分为头等舱、商务舱和包机三部分,公司为这三个业务编组分别任命一名产品经理。受命负责的产品经理直接负责本编组的市场营销任务,包括计划任务、执行性任务和协调任务三个方面。其具体工作包括调查市场、预测本地旅行客流情况、同生产部门商定投入此项经营的机座数量以及机组人员应向乘客提供的服务等级和质量标准等。此外,产品经理还要提出并参与商定用于推销旅行产品的预算额以及组织营销方案的实施。在预算年度结束时,各业务组的产品经理总结本组营销工作的结果,详细评价营销方案的成败,并向公司营销部经理进行汇报。

产品型市场营销组织结构的优势是各类产品营销经理能够有效地协调营销职能,保证所有的产品均有人负责,全面促进产品销售。但是,由于各产品经理相互独立,也经常缺乏整体观念,部门之间容易发生冲突。

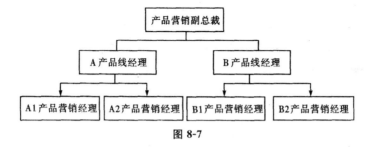

图 8-7

3.市场型营销组织结构

市场型营销组织是指针对不同需求特征的客户设立相应的营销部门,即由一个市场经理领导几个细分市场经理,各个细分市场经理负责特定细分市场的年度计划和长期计划。对那些只销售一种产品给许多不同种类的具有不同需要和偏好的市场的企业来说,市场管理组织也许是最好的选择,类似于产品管理组织。市场经理负责为具体市场制定营销战略和计划(图8-8),如一个旅游经营商可以按其面向的顾客类型来组织经营,如冬季运动爱好者、老年人、有孩子的家庭或学生等;邮轮俱乐部在营销时同样可以针对银发市场、单身青年等策划不同的活动,开拓不同类型的市场。西方发达国家的许多企业都在调整其营销组织结构,向市场型组织过渡,因为市场管理型组织真正体现和落实了"以顾客为中心"的市场营销观念。

图 8-8

市场型营销组织结构的主要优势在于围绕具体顾客细分市场需要来组

织营销活动,有助于企业加强销售和开拓市场;其缺点同样是权责不清,并且使得人力资源成本增加。

4.地域型市场营销组织结构

地域型组织是指按产品销售的地理区域设立的营销部门。在全国或国际上销售的企业经常采用地域型组织,即销售和营销人员被分派到不同的地区或国家,地域型组织能够保障营销人员进驻某个地区(图 8-9)。为了使整个营销活动更加有效,该类组织结构通常和其他类型的组织结构结合使用。例如,国家旅游局或者在国外建有网络的航空公司往往会按其服务的地域来组织经营,在其中的各个地区又会划分出若干个细分市场,向其提供一种或多种产品。

地域型组织可以使销售人员深入特定区域市场,了解目标客户的需求,并以最小的旅行时间和费用进行工作。但地域型组织容易形成区域间的割据,人力资源浪费较大。

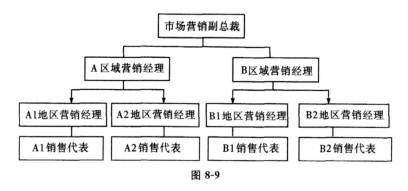

图 8-9

5.矩阵型市场营销组织结构

生产许多不同的产品、这些产品又流入许多不同地理和顾客市场的大型企业,通常会采用职能、地理、产品和市场组织的组合形式,形成矩阵型营销组织结构。图 8-10 所示的就是一个矩阵型营销组织,强调了纵行(管理职能和专门职能)与横排(同每一纵行相交叉的业务组合)之间的相互作用,这是以顾客为基础的现代市场营销组织结构,体现出包括市场营销在内的所有业务职能都是围绕具体市场(产品或地域)组合组织实施的,其中每一组合就是一个成本—收入中心,即图中的 A、B、C。

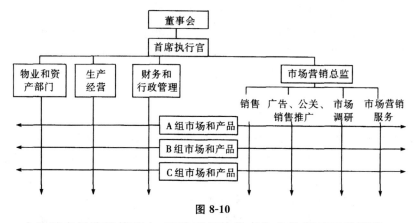

图 8-10

在旅游市场营销管理中,矩阵型机构的产生分为以下两种情形。

(1)旅游企业为完成某个跨部门的一次性产品,从各部门抽调人员组成项目组来执行该项任务,参加小组的人员受本部门和项目组负责人的共同领导;项目完成后,各成员回到原来的岗位。

(2)旅游企业为了维持某个产品或品牌的利润,把产品经理的位置从职能部门中分离出来并固定化;同时由于经济和技术因素的影响,产品经理还要借助于各职能部门执行管理,这就构成了矩阵。例如,航空公司按成本—收入不同可以划分为头等舱、商务舱、经济舱和包机产品四个部门;各个部门都设有营销经理,即需要直接负责营销活动,还要协助其他职能部门共同商定本部门产品的设计及预算等;各部门营销经理既要向本部门经理汇报,又要向市场营销总监汇报,而市场营销总监必须协调各部门营销经理的营销活动,并解决他们与经营部门和其他职能部门间可能出现的冲突。

矩阵型市场营销组织结构可以使企业兼顾多方面的问题,保证了每一种产品和每一个市场都受到重视。但这种组织结构容易引起多头领导,其运作成本也很高,而且组织的弹性较差,只有特别重要的产品和市场才需要分别设立产品经理和市场经理。

四、旅游市场营销组织设置的原则

旅游市场营销组织的设置,涉及组织结构、组织制度和组织行为,因而必然受到企业内外各种因素的制约。为了确保企业营销活动的整体效益,建设营销组织时必须遵守下列基本原则。

(一)目标明确原则

企业营销目标本身就是企业目标的分解、细化,企业各营销组织的目标又是企业总体营销目标的分解与细化。明确和量化企业各营销组织的目标是营销组织建设应遵循的主要原则。企业组织营销是一个有机统一的整体,营销组织各部门必须适应企业发展战略和市场环境的客观要求,减少营销活动的盲目性和主观随意性所造成的损失。

(二)系统原则

旅游市场营销组织既有明确的目标和任务,又有自己的营销活动的具体要求。它要求各营销部门之间能够构成一个有机的营销系统,相互支援,相互制约。因此,营销组织要完成和超额完成任务,实现营销目标,客观上要求具备完善的、能够相互支援相互配合的功能。在严格科学分工的基础上,完善决策、执行、信息、监管和策划等功能及相应的人员配置,确保组织活动的高效率和高效益。

(三)精简原则

"精简"用于组织建设,就是要"精兵简政",切忌机构臃肿。最佳的机构是既能完成工作任务、组织形式,又最为简单的机构,这就涉及管理跨度与层级的问题。"精简"包含两方面的意思:一是因事设职、因职设人,人员精干;二是内部层级不宜太多。内部层级少,可以促使信息流通加快,减少阻碍,还能密切员工之间的关系,利于交流思想、沟通情感,提高积极性和效率。设置旅游市场营销组织时,要优选一定数量具有较高营销素质的工作人员,正确确定营销组织的规模。随着科技进步和现代办公技术的推广与应用,所需要的工作人员相对减少,但要求其具有更高的素质。

(四)责权对等原则

旅游市场营销组织的设置应坚持责任与权利对等,保证营销人员拥有与完成任务对等的权与利。营销组织应对各部门及人员明确规定职务、工作内容、责任、权限,以及与其他有关权限的关系,以提高岗位工作的效率与效益。

(五)协调一致原则

旅游市场营销组织内部各部门及人员岗位之间,能否有效沟通与协调一致,直接关系营销计划与其目标的实现。因此,营销组织要实现上下沟通顺畅、左右协调有序,必须正确处理好领导和分级管理的关系,正确处理好领导与分工负责的关系。只有做到了从自身内部到企业内部,再到企业外部的协调一致,市场营销机构的设置才能说是成功的。

(六)整体效能原则

组织是效能的基础,效能是组织的生命。旅游营销组织必须保证整体效能最优,否则就失去了存在价值。影响企业整体效能的因素较多,除工作人员的营销素质外,组织目标是否先进、组织机构是否合理、组织行为是否正确、人员是否优化组合等,都会对组织效能的发挥产生影响。为提高整体效能,旅游企业应在深入调查研究的基础上,制定企业的营销管理制度,并要严格执行。具体可从以下几点入手。

第一,市场营销部门要有与完成自身任务相一致的权力,包括相应的人、财、物的支配管理权和发言权、处理事务权。

第二,市场营销组织要有畅通的内部沟通和外部信息渠道。没有信息的畅通,市场营销管理也就难有任何真正的效率。

第三,善于用人,各司其职。市场营销管理任务繁杂,涉及面广,对人员素质要求也是多样的。各级管理人员应当善于发现下属优点,发挥每个人的专长。还应当善于发挥领导者自己的作用,牢记职责,不把精力消耗在不应干预的领域。

(七)有效监控原则

旅游营销组织的正确运行,除依靠组织成员的自觉性和营销素质外,也需要有效的监督和科学控制。因为旅游营销组织在运行过程中,时空变化多端,市场行情瞬息万变,只有及时监控和反馈各部门营销工作的运行情况,并适时纠偏,才可能避免危机,或将可能造成的损失降到最低。

五、旅游市场营销组织的任务

营销组织作为企业与市场之间的桥梁,它的根本任务在于围绕满足旅游消费者的需要来指导和协调企业的经营活动,以保证企业经营目标的顺利实现。具体而言,旅游市场营销组织的任务可分为计划与管理性任务、执行性任务、协调性任务。

(一)计划与管理性任务

营销组织的首要任务是科学合理地制定营销计划并实施科学的管理。营销组织的计划与管理任务主要包括以下几方面。

(1)旅游市场调研。

(2)旅游市场预测。

(3)拟订营销计划,如策划营销战略战术,制定营销组合实施方案。

(4)策划旅游产品的介绍与宣传。

(5)策划旅游产品的销售渠道。

(6)计划和编制旅游营销预算。

(7)评价和控制旅游营销结果。

(二)执行性任务

由于营销工作的特点,决定了营销组织必然承担大量的营销执行性任务,这些任务主要包括以下几方面。

(1)出席业务洽谈和交易会。

(2)对旅游中间商开展推销性外联。

(3)对已建立业务合作关系的中间商进行定期访问。

(4)开展广告、公共关系等促销活动。

(三)协调性任务

营销组织的协调性任务主要是联络业务部门、财务部门、人事部门以及其他有关部门的管理人员,就可能影响营销效率和效果的有关问题进行沟通、说服和协调,以保证产品的相关信息同促销宣传中所介绍的情况一致。一般来说,在经营中,市场营销部门依据市场需求引导企业活动,重点解决经营努力与目标顾客相适应、产品顺利通过市场交换的问题。市场营销机构通过识别、确认和评估市场上存在的需求和欲望,选择和决定企业能够最好地为之服务的市场或顾客群体,进行目标市场决策,从而为整个企业明确努力的方向。例如,旅行社进行市场调研、需求预测,分析市场营销环境和旅游者的消费动向等,是旅游企业的经营起点;同时引导旅游产品的生产和研究与开发职能,使之根据目标市场的要求,有针对性地设计研制和发展适销对路的产品。市场营销部门还负责向市场和潜在顾客推荐产品、引导购买,以及分销产品的职能,如建立销售渠道。因此,无论是生产管理、研究与开发管理还是财务管理、人力资源管理等,都应服从于市场营销,成为市场营销的支持性职能。

此外,对于顾客反馈的问题,营销部门亦须及时传达给各有关部门,以便进行纠正。

第三节　旅游企业营销策划工作的开展

一、旅游企业营销策划的理念

发展到今天,旅游企业营销的观念、认识、方法都得到了很大提升,但"以人为本"的思想仍未在营销过程中得到贯彻。因此,旅游企业营销策划应树立"以人为本"的理念。事实上,"以人为本"不仅体现为尊重人(包括员工、旅游者),更体现为旅游者提供增值的服务。旅游产品如果可以带给旅游者超出他们期望的体验,他们就会感到满意,然后他们就会带动亲人、朋友或周围的人来景区消费。这是一种最有效,也最经济的营销。这就需要旅游企业营销树立这种广义上的"以人为本"的理念,以旅游者为导向设计产品、设计营销策略。

二、旅游企业营销策划战略的制定

旅游企业营销策划战略的制定具体应从以下几方面入手。

(一)调研客源市场和细分市场

调研工作是旅游市场营销工作的重要基础,它对制定营销战略影响极大。各省、市都应该经常(至少每年一次)对到本地区的入境旅游者进行全面的调查。同时还应该到主要客源国,对未到过中国的居民进行调查,了解他们想来或不想来的原因,以及他们通过什么渠道了解中国,影响他们选择旅游目的地的因素是哪些,等等,以便有针对性地制定市场开发战略。还要对客源市场进一步细分,这样有助于分析和选准目标市场。通过对细分市场的调查研究,找出每个细分市场的特点,以此来指导组织生产专项旅游产品。要将各主要客源国出境市场、主要竞争国市场及营销战略的数据、资料输入电脑,并同各省、市旅游局和驻外办联做到信息共享,形成可随时更新、随时查阅具有可比性的系统。

(二)定位主题旅游产品

从发展趋势来看,产品战略将成为旅游市场营销战略的重点,产品开发应该遵循适应世界旅游需求发展的原则,始终指向世界旅游市场的主体。

我国旅游产品大多属于单一型观光旅游产品,市场风险大,市场层面狭窄。因此,必须开发出丰富多彩的旅游产品,建立复合式、多重式产品结构。

(三)策划旅游产品的形象

旅游企业市场营销策划要重视形象,把旅游企业的形象宣传作为一项工作目标。利用报纸杂志、电视、电台等媒体,广泛宣传旅游企业和旅游服务项目、景点、产品;组织展览、旅游形象大使巡游、旅游知识有奖竞赛、旅游摄影比赛、模特表演等,积极带动旅游市场,让更多的人更加深入地了解旅游企业和旅游景点;重视大、中型促销活动的策划。导游和其他旅游公司成员要在工作当中注意仪表、举止、言谈等,在实际工作中努力为旅游者留下良好的印象。

(四)建立立体的营销渠道

营销渠道是将旅游企业产品提供给旅游者过程中的各种独立组织的组合。例如,在景区营销中,营销渠道是将旅游者向景区进行移动。就目前我国景区的发展现状来看,大部分景区的旅游产品都是通过旅行社这个渠道销售出去的,相对单一的渠道策略给众多的景区带来了经营风险。因此,对于景区来说,营销渠道的构建必须摒弃单一结构,采取立体的渠道模式。

1.景区与旅行社

旅行社是多数景区的首选渠道,也是关系最稳固的一个渠道。但目前景区与旅行社之间常常存在利益冲突:一方面,景区管理者不满于旅行社杀价太狠,只管自己赚钱,又不敢公然得罪旅行社,毕竟旅行社手里攥着团队;另一方面,旅行社觉得景区店太欺客,不肯多替旅行社着想。景区应该与旅行社加强沟通和多方面的合作,实现"双赢"。

2.景区与景区

景区与景区之间也要加强沟通和战略层面的合作,建立新型的竞合关系,通过这一渠道达到旅游者的双向流动和互动。

3.景区与媒体

目前,电视、杂志、报纸、网络等媒体上经常有旅游景区的广告或信息,但相比于其他有形产品的广告,旅游广告需要不断完善。景区营销的成功需要媒体的支持。

4.景区与咨询机构

景区寻找专业咨询机构做咨询,本身是一种有效率的营销,因为咨询机构不论是为景区做市场调研,还是成果评审,都会与一线市场有深层次沟通,咨询专家会对景区进行宣传。

5.景区与旅游者

景区对旅游者予以充分重视,这其实是一种很有价值的营销渠道。景区通过向旅游者提供独特的旅游体验使旅游者获得满足,与他们建立一种朋友的关系,这对景区有至关重要的意义。

(五)管理营销信息

营销信息的管理贯穿景区科学营销的全过程。不仅在制定营销规划之前需要收集和分析信息,更要注重在营销实施的过程中收集和分析市场的反馈信息、竞争者的信息,以便及时调整和改善营销计划。

三、不同旅游企业营销策划的特点

旅行社、酒店、景区等不同类型的旅游企业,所面临的市场营销策划也有所不同,它们表现出各自不同的特点。

(一)旅行社营销策划的特点

近年来,中国旅游产业发展迅速,但作为与旅游产业有着密切关联的旅行社市场发展得并不顺利。由于进入旅行社行业门槛较低,使得中、小旅行社数量激增,众多中小旅行社在发展过程中举步维艰。为了突出重围,取得发展,旅行社在进行营销策划时必须要表现出自身的特点,具体有以下几点。

1.注重品牌

品牌的核心价值在于能恰当反映企业个性又符合尽可能多的旅游者的消费偏好。而国内大多数旅行社经营范围散、规模小,往往多头发展,不注重企业核心能力的培育。很多经营者对自己打造什么样的品牌认识模糊,导致品牌营销无序,品牌命名随意,品牌传播主题不清晰,品牌形象定位不明确。一些旅行社靠加大广告投入,进行铺天盖地的媒体轰炸促进产品销售,导致对品牌其他要素的建设不足,结果造成"有牌无品"或者"有品无牌"

的局面。

随着社会经济和旅游市场的发展,人们出游的次数增多,消费能力增强,消费者越来越注重产品服务和质量。而判断旅行社产品服务和质量的首要标准就是旅行社的品牌,因此,当市场逐步发育起来之后,认知差别将显现出更大的首要性,旅行社的品牌战略也能取得更好的效果。旅行社进行营销策划,重要的措施就是品牌建设。进行市场细分,抢占空白,集中发展,明确自己的品牌定位,树立自己的品牌形象。除了做好基本的旅游服务以外,更要使整个服务具有品牌的感觉和效果,品牌建设就是要在消费者心中烙上事先策划好的品牌形象、认知和态度变化,并使之形成品牌忠诚。

2.注重创新性

目前,大部分旅行社销售的旅游产品品种数量少,单一性明显,同质现象严重,大宗旅游线路不外乎"交通＋景点＋住宿",缺乏定位清晰、具有特色的产品。旅行社的生产能力很大程度上处于萎缩状态,大多数旅行社更像是中介公司,缺乏让旅游者进行体验旅游的活动。

在旅行社经营实践过程中,旅游线路的设计发挥着重要的作用。将旅行社的产品创新与开发都集中在旅游线路上,创新的方法也只能是在旅游线路的组合方面进行一些调整。这种"以线路为本"的创新无法跳出"点线式"旅游范畴,只是一种水平层次上的量变。从严格意义上讲,这只能叫作"改良",而不能称之为创新。实际上,旅游线路只是旅行社产品的重要组成部分之一,不能把旅游线路等同于旅行社产品。因此,对旅行社产品的创新也不能仅仅关注到旅游线路的创新,而应该从更广泛意义上的旅游服务入手,拓展旅游服务的内涵与外延。"以服务为本"的创新才是旅行社产品创新的真正方向。具体而言,"以服务为本"的创新有以下几方面的内涵。

第一,强调服务,而不是线路。这是旅行社产品创新的出发点。由于旅游线路不具有排他的使用权,因此,旅游线路的创新往往在第一时间就被模仿,失去市场的垄断地位。而旅行社的特色服务却具有鲜明的个性,是竞争对手很难模仿的。综观目前旅行社产品的营销现状,各种媒体上发布的旅游广告均突出旅游线路及价格,几乎找不到推销服务的内容,产品的公共性表现得相当突出。这只能使旅行社陷入价格竞争的泥潭。

第二,突出产品开发阶段的服务组成。相当一部分旅游者抱有这样一种观念:旅行社所谓的服务来自于全陪导游或地陪导游。在相当多情况下,导游服务也表现得毫无新意,使得旅游者认为自己购买哪一家旅行社的产品都一样。旅行社的服务在很大程度上仅仅表现为导游服务,这样旅行社产品的核心服务也就显得过于简单。导游服务只是旅游者消费阶段的服务,而旅行社产品作为一种特殊的产品形态,在其研发阶段融入独特的服务设计与服务组合理应成为产品创新的核心内容。

第三,强调旅游者旅游目的多元化。尽管普通的点线式旅游也有种种不同的产品价值取向和产品形态,比如公务旅游、奖励旅游、探险旅游等,但是旅行社在开发此类产品的时候,往往流于普通旅游线路的形式,旅游的多元化目的并没有在产品内涵上得到突出,新的旅游目的也并未被强化,旅行社也没有提供相应的深度服务,使得这些多元化的旅游目的实际上成为"幌子",产品主流大多仍呈现出"为旅游而旅游"的一元化特征。"以服务为本"的创新应从根本上改变这种状况。

第四,让传统旅行社产品的构成要素重新定位。传统旅行社产品的基本要素由食、宿、行、游、购、娱构成。许多旅游者在挑选旅行社产品时,放在第一位考虑的往往不是提供某个产品的旅行社的服务,而是产品中所包含的景点、交通、住宿及餐饮等可感知部分的档次与价格的匹配情况。换言之,旅游消费者的注意力集中于产品的硬成本方面。伴随着信息化的发展、市场竞争的日渐激烈和旅游者成熟程度的不断提高,旅行社在传统的要素上赚取差价的难度越来越大。因此,弱化旅行社产品的传统要素,强化旅行社产品的新的附加要素,成为旅行社在产品定位时的一个关注点。

第五,使旅行社产品形态得到创新和发展。新的产品形态是旅游线路与特殊目的的交集。新的产品形态不是旅游线路与特殊目的的简单对接,而是在深度融合的基础上变异的结果。

3. 注重各旅游企业间的整合

目前,旅行社整合资源模式主要有两种。一种是低买高卖,赚取其中差额。另一种是大卖场模式。旅行社通过完整的网络布点,采取强大的宣传攻势来达到巨大的收客量,再用这种收客量去要求酒店、航空公司、景区给予比平均协议价低的合作价格。

旅行社必须从一个旅游服务的企业或者从一个低买高卖的贸易企业转变为一个资源整合的企业。而作为一个资源整合的企业,旅行社将不再重点考虑成本的差额,而将利用本身所掌握的庞大的供应商数据库,为旅游者整合出最合适的产品。旅行社在进行营销策划时,可以通过职业敏感充分掌握旅游者的特性以及特点,在自己庞大的供应商数据库筛选出最合适的酒店、导游、景点、餐厅和运输交通,然后利用自己的专业优势,将各个没有关联的供应商有机地整合起来,包装出最合适的产品提供给旅游者。

4.注重网络营销

旅行社具有生产、销售、组织协调、分配和提供信息五大基本职能,也就是说旅行社既要负责组合旅游产品,直接向旅游者推介和销售,同时还要向旅游业相关部门和行业及时反馈旅游市场信息。这种中介地位决定了旅行社收集信息、传递信息和综合利用信息的重要性。可以说,旅行社天生是经营信息的行业。另外,旅游产品的综合性、无形性、生产与消费的同步性、不可储存性等特点,客观上要求旅行社必须及时、准确地掌握旅游者的信息,通过满足旅游者的差异化需求来提升旅游者的价值。而互联网的发展为旅行社利用信息提供了技术上的优势,把旅行社推向网络营销的变革前沿。

旅游者需求的个性化趋势为网络营销提供了广阔的市场前景。目前,旅游者需求呈现"多样少量"的特征,从过去被动接受旅行社提供的"套餐"向追求多样化、个性化的主动选择转变。另外,网络营销为旅游者直接参与企业运作的各个环节,进行个性化定制提供了可能;旅游产品的生产与消费同步、远距离异地消费、消费者难以对产品预先感知等特点,使其成为最适合于消费者进行网上查询、浏览、购买的产品类型之一。可以说,网络营销迎合了旅游者的个性化需求,其发展前景广阔。

(二)酒店营销策划的特点

酒店营销策划的特点主要表现为以下两点。

1.定位层次分明

随着经济的增长和人们生活水平的提升,国内居民旅游日渐成为旅游的主体。从产业结构来看,目前高端市场以国内各一线城市的高星级酒店为主体,正处在稳步提升的阶段,经济型酒店在资本的推动下处于超常规发展态势,增长快速,许多知名品牌正在全国迅速扩张。同时大量的中小企业的创建和发展,使得中端商务旅游日渐增多。而部分旅游需求已从观光型向度假型转变,度假酒店应运而生。满足巨大的国内游的市场需求和中产阶级的休闲旅行的需求,以及大量新兴的商务新需求,成为酒店业新的努力方向。

2.主题营销突出

目前,酒店业市场竞争激烈,顾客的需求越来越难以满足已是一个不争的事实。面对如此大的压力,酒店如何做到保住回头客,吸引新顾客成为现代酒店营销的一个重要研究课题。当下,酒店营销也要像酒店服务一样不断推陈出新,运用各种新型的营销理念,才能在竞争中脱颖而出。主题营销作为现在酒店营销的一种形式,越来越被酒店经营管理者重视。

3.注重会员制营销

在酒店中,顾客的忠诚度非常重要。在培养客人的忠诚度方面,会员制应该是比较理想的选择。可以以大额的储值卡作为会员制的替代品,既稳定了部分客户的消费,又提前实现了一部分销售收入。也可用积分卡招徕回头客,辅以相应的折扣和赠送。

(三)景区营销策划的特点

景区营销策划的特点主要表现在以下几点。

1.注重挖掘旅游景点的文化内涵

文化是旅游的本质属性,感受文化差异、探索文化、体验文化永远是旅游行为的动机之一。旅游文化是现代旅游业发展的立足点和灵魂,也是旅游产品竞争的底蕴所在。注重景区旅游文化的挖掘应从以下几个方面着手。

（1）历史文化内涵

中国有着悠久的历史文化,各地的历史名胜景区景点都有着深厚的历史文化内涵,对于国际旅游者来讲,中国的历史文化内涵尤具吸引力。历史文化景点在开发营销时应该注意到要还历史的本来面目,而不能随意地修葺篡改历史的遗迹,破坏历史文化的厚重感。

（2）科学文化内涵

旅游景点的科学文化价值主要体现在其蕴含的自然科学知识和各有关学科的知识方面。应深入挖掘这些知识并加以整理,根据不同的旅游者的需求,或用文字介绍或由导游人员进行深入浅出地讲解,激发旅游者的兴趣,满足旅游者的求知需求。

（3）宗教文化内涵

中国的宗教文化源远流长,无论是本土的道教,还是外传的佛教、伊斯兰教、基督教,都包含了内容丰富、博大精深的宗教文化。石窟石刻以及寺庙等旅游景点应该对自身宗教文化进行深层次挖掘,让旅游者领会到宗教文化的独特内涵,争取到更多的回头客。

（4）文学审美内涵

古代的无数文人骚客为后世留下了无数的优秀文学作品。秀美的自然风光与历代无数诗词作品、题记、楹联等文学作品交相辉映,人文与美景融为一体,营造出诗情画意的文化氛围。旅游风景景区景点的开发建设及宣传包装应该着力于渲染强化这种文化氛围,引发旅游者的审美思维,使其达到情景交融的最高审美境界。

2.注重吸引目标市场

(1)突出鲜明的主题

景区如果缺乏一个明确的主题,旅游者就抓不住体验的主轴,不能将游览过程中的各种体验相整合,也就难以留下长久的记忆。尤其是主题公园,一定要将景区主题化,通过营造景区的环境与气氛来聚焦旅游者的注意力,使旅游者在某一方面留下深刻的印象与强烈的感受。主题的确定要以当地的历史、文化和自然环境为基础,根据主导客源的市场需求,突出个性、特色与新意,避免与周边邻近地区同类景区的雷同。

(2)强化旅游者体验

旅游者的体验是以产品为道具的。旅游者在景区的游览经历中,旅游纪念品扮演的是一种体验标志物的角色,它是引发旅游者回忆的重要线索,可起到强化旅游体验的作用。

(3)形成整合营销和旅游链营销

大区域旅游整合从空间上来看就是要形成跨景区旅游线路。旅游线路的基础是旅游交通线路,主要旅游区与中心城镇的交通畅通,如果再能将一些旅游景区之间的线路直接打通,并把一些单独看旅游资源价值不高而整合需要的旅游景区或点串联起来,形成一个大的区域网,可以提高旅游资源的价值,有利于大区域内景区的整合营销。在注重旅游整体产品的基础上,进行区域性旅游整合营销,可以提升整个旅游区形象,扩大旅游区的影响力,达到事半功倍的营销效果。

此外,加强旅游产业链的联合营销,如景点面对分散的客源,单独促销成本高效果又不明显,但通过与合作的旅行社的联合促销,共打一张牌,经济且效果好,同时也解决了旅行社宣传企业品牌和产品线品牌不能兼得的难题。合作的方式是多种多样的,可以共同设计、策划新产品,共享资源,联合促销,联合竞争,互通信息,形成息息相关的产业链利益共同体,共同维护产业链利益。

(4)制定独具特色的旅游线路和营销方案

旅游者出游方式的不同决定了他们出游目的的不同,随团出游的旅游者由于他们受到统一行动和统一安排时间的限制,旅游线路的景点应该是景区的精华部分的代表;自助旅游的旅游者一般具有更多的探险精神和游览的自主性,景区需要为他们尽可能多的提供景点的信息,供他们自由选择；自驾车出游的旅游者一般都是景区周边省市的旅游者，要尽量为他们提供驾车至景区及其在景区驾车游览的线路图。

不同出游动机的旅游者在旅游时的侧重点也不同，景区锁定目标受众进行营销才能做到有的放矢。对学者型的旅游者需要宣传景区景点的文化内涵，而对健身型的旅游者则需要宣传风景区的环境优美、气候宜人，等等。只有对不同的旅游者做到投其所好，才能为旅游者提供更好的服务，为景区获得长足的发展空间。

四、旅游企业营销策划的具体流程

旅游企业营销策划的具体流程包括准备阶段，调研报告，策划方案制定，策划实施，评估、验收、总结，如图 8-11 所示。

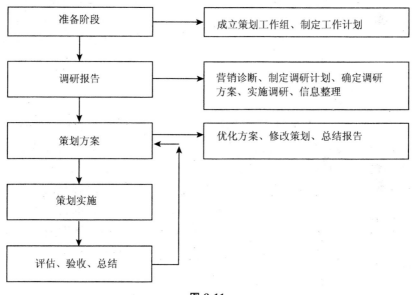

图 8-11

(一)准备阶段

准备阶段的主要工作是为营销策划进行信息准备，这是旅游企业营销策划的关键步骤。准备阶段主要应做好以下两方面的工作。

1.成立策划工作组

根据策划项目的要求确定由旅游企业的主要领导组成的项目领导小组，直接监督管理策划项目的开展。同时，企业也要注重确定需要外聘的专家、高级顾问和内部顾问人选。企业的内部人员往往对企业内部环境非常熟悉,对企业的目标、战略计划等的提出更具有针对性和可行性,外部专家则对企业的外部环境更为敏感,其作为外围人员,更能体会到消费者的体验与感受。所以内部人员可以从企业微观进行分析,外部专家可以从宏观为企业营销把脉。策划工作组直接对整个策划工作的制定、实施、反馈等环节负责。

2.制定工作计划

工作小组成立后,策划工作组要确定项目策划的详细目标、时间进度、人员要求和其他后期准备。根据经验提出初步的、大致的计划建议。

(二)调研报告

进行市场调研是策划程序的第一项工作。旅游企业市场调研是运用科学的方法,有计划有目的有针对性地收集、整理和分析企业内部与外部环境的相关信息,从而为旅游企业的营销策划提供客观的决策依据。营销报告具体包括以下几点内容。

1.营销诊断

在对企业进行调研时往往是有目标地进行调研,营销诊断就是确定目标、发现问题的阶段,如旅游企业最近销售额下降,或企业出现人员频繁流动等现象。营销诊断就是针对企业面临的现象对各有关部门及相关人员进行访谈,听取他们对市场的看法和评价,并制定有针对性的问题答卷,由各部门的有关人员进行填写,同时展开对各地市场及分公司的营销诊断。营销诊断的手法主要是定性调研,包括资料阅读、市场走访、小组座谈、深度访谈等,同时也有必要辅以定量调研,即问卷调查。

2.制定调研计划

制定调研计划是旅游企业进行市场营销调研的行动纲领,调研主要是针对特定市场或带有特定问题进行的。在制定调研计划时一般包含以下步骤。

(1)确立调研目的

调研目的一般是针对企业目前所面临的内部环境和外部环境进行科学、系统、细致的诊断,识别存在的主要问题,同时寻求突破的机会,或是在识别问题的基础上,利用现代营销管理的方法和专业策划人员经验,为企业下一步的策略提供具体的建议。

（2）确立调研范围

一般来说，调研的范围越大，情报越全面，准确度也会越高，同时企业承担的费用也会越高。因此，企业在选择调研范围时应慎重考虑调研的目标和成本因素。

（3）选择调研方法

市场调研的方法多种多样，目前比较常用的有文案调研法、访问调研法、观察调研法和实验调研法。在选择方法时，应依据调研的目的、范围和性质。如果调研的目的是为了了解目前企业的旅游产品的市场占有率，那么可采用咨询法，先弄清行业同类产品的销售总量，再运用市场占有率公式，计算出本企业产品的市场占有率；如果调研的目的是要了解某线路产品的消费趋势，那么就可以选择大面积的抽样问卷调查方法；如果调研的范围太广，一般只能采取抽样问卷调查法；如果调查的范围很窄，可以采用谈话法和观察法等去解决；如果调查是摸底性质，可以采取谈话法去解决；如果调查是为了精确统计，那么可以采用全面调查法或抽样调查法。

（4）选择调研对象

调研的对象可能很多，但策划调研只能有选择地进行。其选择方式有随机型和非随机型两种。随机型不受主观倾向控制，调研结果公正客观，能反映市场的真实情况。非随机型是受主观倾向控制的，调查结果可能与真实情况有些距离，但可以节省大量的无效劳动，减少调研费用。非随机型一般选择以下对象。

第一，旅游业权威人士。这些人员由于对旅游市场颇有研究，他们的意见更能深刻地反映市场的真实情况。

第二，信息领袖。由于他们持有丰富的市场信息，把他们作为调研对象可以得到更多的情报资料。

第三，意见领袖。他们是某种典型观念或倾向的代表人物，影响着一类人的观念和倾向，也代表着一类人的观念和倾向。因此，只要调查过这些意见领袖，就可以获得一部分人的信息，这是事半功倍的一种调研方式。

第四，消费领袖。他们是领导某种消费潮流的代表人物，不仅善于捕捉消费信息，喜欢追逐旅游消费热点，也擅长预见消费趋势。他们具有求新、求异的个性特征。通过调查消费领袖，可以了解到消费运行规律和消费趋势。而且对他们进行调研能最直接深刻地了解到消费者的体验感受，得到最真实的第一手资料。

3. 拟订调研方案

根据调研目的、范围、方式和对象，拟订相应的调研方案。

4.实施调研

当拟订出调研方案后,就可以依此方案实施调研。

5.信息整理阶段

对调研中收集的信息进行系统的整理,主要方式有剔除无效信息,对信息进行分类;对信息进行数量化处理,从信息中寻找规律。

(三)策划方案制定

旅游企业营销策划方案的制定具体包括以下步骤。

1.策划工作组优化方案,提出策划报告

在对调研的信息数据进行认真分析的基础上,企业策划工作小组确定了策划目标,制定了行动的方案。但这些方案是否切实可行,是否尽善尽美,这就有赖于对方案的分析评估和优化组合。对方案评估的标准只有两条:一是看方案是否切实可行;二是看方案能否保证策划目标的实现。如果方案实施成功的可能性大,又能保证策划目标的实现,方案便可认可;否则,方案便要加以修正优化。方案的优化过程,是提高方案合理性的过程。

方案的优化可以从三个方面去考虑,一是提高方案的可行性;二是增强方案的目的性;三是降低经费开支。如果方案的目的性强,可行性高,只是费用太多,那么只是可行性较差,那就以提高可行性为重点。

常见的方案优化法是综合法,即将决策出的各种方案加以全面评估,分析其优点和缺点,然后将各方案的优点移植到被选上的方案中,使被选上的方案好上加好,达到优化的目的。

2.策划工作组与企业双方对话,提出报告修改建议

策划方案经过分析评估、优化组合,最终形成书面报告,交给旅游企业的领导决策层,以最终审定决断,准备实施。任何公关策划方案都必须经过本组织的审核和批准,使公关目标和组织的总目标一致,以便使组织的公关活动和其他部门的工作相协调,从而得到决策层和全体员工的积极配合与支持。

策划报告能否得到决策层的认可,并最终组织实施,取决于三个因素:一是策划方案本身的质量,这是根本;二是策划报告的文字说明水准;三是决策者本身的决断水平。

决策者在进行决断时,一要尊重公关人员的意见,但不要受其左右;二

要运用科学的思维方法,对策划方案和背景材料进行系统的科学分析;三要依靠自己的直觉,抛弃一切表象的纠缠。这种直觉在应急对策时尤其重要。策划方案一经审定通过,便可组织实施。

3.策划工作组提出总结报告

策划工作组要根据旅游企业的领导层的决策适当地修改、完善策划报告的内容,并在此基础上初步提出总结报告作为实施阶段的文本依据。

(四)策划实施

当策划方案经过论证认为可行时,就可以将其转变为具体的营销行动,进行方案实施。在实施过程中要做到以下两点。

第一,全面贯彻。既然历尽艰辛才策划出一个方案,就应当全面贯彻,不得任意更改。一个好的方案必须有好的行动来落实它,好的方案而未取得一流的效果,就是由于贯彻无力所致。设计一个好的方案已属不易,如果仅因贯彻不到位而前功尽弃,不仅令人遗憾,还将因为局部贯彻造成新的损失。

第二,反馈调节。任何营销方案在实施过程中,都可能出现与现实情况不相适应的地方。因此,方案贯彻必须随时根据市场的反馈及时对方案进行调整。在营销实践中经常会发现,一个非常普通的营销方案,却取得了非常优秀的营销效果,这就是方案在实施中紧贴市场、进行适时调整,充分反映了市场运行规律的结果。有些营销方案,由于涉及面较大,投入多,应当在一定范围内进行试运行,借助试运行的反馈结果来确认方案的可行性。

选点时,既不能选择非常近似于方案实施的局部市场,也不能选择非常不近似于方案实施的局部市场,应当选择最能代表目标市场特点的局部市场。这样才可以保证试验具有可推广性。

(五)评估、验收、总结

策划方案实施后,应对其效果进行跟踪测评,具体包括以下两点。

第一,采取进行性测评。进行性测评是在方案实施过程中进行的阶段性测评,其主要是为了更好地了解前一阶段方案实施的效果,并为下一阶段更好地实施提供反馈指导。

第二,终结性测评。终结性测评是在方案实施完结后进行的总结性测评,其主要是为了更好地了解整个方案的实施效果,为以后制定营销方案提供有效依据。

第四节　旅游市场营销计划的执行与控制

一、旅游市场营销计划的内涵

（一）旅游市场营销计划的概念

要弄清旅游市场营销计划的概念，前提是要了解市场营销计划的概念。

市场营销计划的定义有狭义和广义之分。狭义上而言，市场营销计划为一个书面的计划，用于指导和安排公司两年之内的各种营销行动，营销计划内容详细且有专门性，可以帮助公司协调安排好营销过程中涉及的人员和步骤。这其实就是战术性规划或短期规划。广义上而言，市场营销计划则是战略性规划或长期规划，它既包含战略层面又包含战术层面。为了能够更好地掌握营销计划的内涵，有必要对战略性规划和战术性规划进行区分，如图 8-12 所示。

战略性规划关注的是营销的长远发展，以获得长远利润为目标，着眼于较长的时期，通常为 3 年或更长时间，是企业整体战略的重要组成部分。它试图解决三个问题：我们如今处在什么位置？5 年或更长时间以后我们想占据什么位置？我们如何到达那儿？战略性规划制定方法比较宏观，其目标的表述也不一定十分精确和量化。

战术性规划是在战略性规划的基础上制定的，每个营销计划的目标都必须和战略性规划目标相一致，它关注短期内的具体产品和市场，着眼于短期的决策，可以是 18 个月，甚至可以是几个星期。在战术性规划中，要策划、实施和评估具体的营销活动，其目标应该是可以用准确、量化的语言进行说明的。

就战略性规划和战术性规划的差异，有"由上而下的确立目标，由下而上的制定计划"的说法。战略型规划一般由管理层制定，而战术性规划制定的主力在于营销人员，二者又是紧密联系的。管理层既要从战略角度，又要从未来 6 个月到 1 年的短期战术的角度，在预算、时间和市场环境许可的范围内同上下级计划和磋商切实可行的行动方案。但从本质上讲，二者都包括对目标的陈述，以及为实现这些目标而制定的行动方案；对目标的陈述都含有市场调研和分析。

根据上述市场营销计划的定义，可以认为，旅游企业市场营销计划是

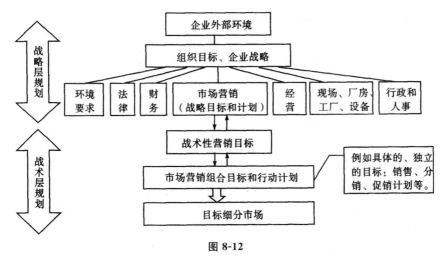

图 8-12

"旅游企业根据自身的实力,在充分分析市场发展态势的基础上,确定未来的发展目标,以及实现目标的步骤和行动方案的工作过程"①。

市场营销计划在旅游企业市场营销活动中的作用日益突出,它可以详细说明旅游企业预期的经济效果,确定实现计划活动所需要的资源,描述将要执行和采取的任务和行动,确保实现旅游企业的目标。总之,它不仅为旅游企业市场营销活动指明了方向,而且还为旅游企业市场营销目标的实现规定了具体的行动步骤。

(二)旅游市场营销计划的类型

依据不同的标准,旅游市场营销计划可划分为多种类型,具体如表 8-1 所示。

表 8-1 旅游市场营销计划的类型

划分依据	类型	相关内容
计划的范围 不同	战略营销计划	在通过分析市场机会、细分市场和评估竞争对手的基础上,制定旅游企业长远性和全局性的营销计划
	战术营销计划	描述一个特定时期内产品特征、定价、促销、渠道和服务的营销计划

① 张婷.旅游市场营销[M].广州:华南理工大学出版社,2008:221.

划分依据	类型	相关内容
计划期的长短	短期营销计划	通常以一个财务周或财务月为周期制定,其侧重于营销与手段和措施方面
	长期营销计划	通常为一年或一年以上的计划
计划的内容不同	产品营销计划	主要是对旅游产品或服务的目标、战略和战术等做出具体规定
	服务营销计划	主要包括对旅游服务项目的设置、特色与创新、服务质量控制系统设计和运行监控等安排
	客户营销计划	主要包括如何开发目标客户、与客户建立长期稳定的合作关系、培养忠诚客户、建立客户数据库和优化客户价值结构等工作安排
计划的具体功能不同	产品开发计划	主要是规定阶段性新产品的开发重点、目标市场的投放时机和投放方式等工作
	价格计划	主要是针对不同环境条件下旅游企业应遵循的价格体系、政策以及特殊情况下的应对策略等工作
	分销计划	主要是选择与管理分销渠道,建立与渠道成员友好、双赢的合作关系
	促销计划	主要是规划旅游产品和服务的促销目标、战略战术、措施等内容

(三)旅游市场营销计划的内容

旅游市场营销计划与企业经营的各个方面密切相关。凡是旅游企业中与现实市场营销目标相关的活动,都应成为市场营销计划的组成部分。旅游企业市场营销计划主要包括五项:旅游企业业务整体计划、旅游企业部门计划、旅游产品计划、旅游市场计划、旅游企业职能计划。各种营销计划的具体内容有繁有简,而且有些计划本身(如功能性计划)又包括许多不同的计划,因此不可能将各种计划的内容都分别详细地列出来。就一份完整的旅游市场营销计划而言,应包括下列内容。

1.计划摘要

计划摘要是对计划总体所做的概述,包括计划制定的背景、计划的主要目标及实现计划的基本途径。

2.当前市场营销状况

当前市场营销状况主要描述市场、产品、竞争、渠道及宏观环境与企业营销策略的匹配情况（表8-2）。

表8-2 计划中对当前市场营销状况的分析内容

项目	内容表述
市场状况	主要分析市场的规模和成长情况,描述现有的市场细分情况和存在的潜在市场情况。预测旅游消费者的需求、感受及购买行为的变动趋势
产品状况	主要分析主要产品过去几年的销售额、价格、毛利及纯利润的情况,判断产品所处的生命周期阶段
竞争状况	分析主要竞争者并逐个描述其规模、目标、市场占有率、产品或服务质量、市场营销策略和其他特征
渠道状况	主要描述旅游产品或旅游服务项目在各个分销渠道上的销售数量及其变动情况
宏观环境状况	主要描述宏观环境的主要趋势,包括人口统计、经济、技术、政治法律和社会文化等

3.机会和问题分析

机会和问题分析主要概述外部的机会和威胁、内部的优势和劣势,以及在计划中可能出现的各种问题及解决对策。至于机会和问题分析的方法及详细内容,本书的"当代旅游市场营销环境研究"章节已经做过论述。

4.目标

目标是指主要确定计划中想要达到的关于销售量、市场占有率和利润等方面的目标。这些目标将指导营销策略选择和行动方案的制定,包括财务目标和市场营销目标两种目标。

一般来说,一套目标应该具有一定的标准。第一,每个目标应该有一个既明确又能测量的形式,以及规定完成的期限;第二,各个目标间应该有内在的统一性;第三,各个目标间应有科学合理的层次性;第四,目标必须是先进的,对员工有最大的激发作用。

5.市场营销策略

市场营销策略主要描述为实现计划目标而采用的主要市场营销方式。例如,某饭店提出的一个目标是增加6％的销售收入,这可用提高全部客房的平均房价来实现,也可通过增加总的销售量(提高客房出租率)来实现,还可通过销售更多较高房价的客房来实现。营销管理人员应该根据计划期的内外部环境分析选择最有利的途径实现目标。市场营销策略既可以用文字形式来说明,也可按表格形式列出各主要的营销工具。

6.行动方案

行动方案是计划的执行方案,具体可用"5W1H法"进行描述。它是对选定的项目、工序或操作,从原因(何因)、对象(何事)、地点(何地)、时间(何时)、人员(何人)、方法(何法)六个方面提出问题进行思考。

7.预计的损益表

预计的损益表主要概述计划所预期的财务收益情况。从收入的角度看,计划应指出预期的销售数量和平均价格;从支出的角度看,计划应表明生产成本、实体分配成本和营销费用,以及细节项目。收入和支出之差便是预期利润。

8.控制

控制主要说明将如何监控计划的执行。通常目标和预算是按月或季度来制定的,上一级的主管部门每期都要审查这些目标和预算,并且责成那些没有达到预期目标的部门的主管说明未完成任务的原因,以及正在或将要采取什么行动来改进计划,以争取实现预期的目标。有些控制部分包括权变计划,其目的是鼓励主管们对可能发生的某些困难做事先考虑。

二、旅游市场营销计划的制定

旅游市场营销计划的制定并没有一个统一的固定模式,营销计划的结构和制定程序不尽相同。不仅旅游企业中各部门之间的营销计划如此,甚至同一部门中不同组织或不同类型的旅游营销计划也是如此。大体的步骤为七步:现状分析;市场预测;SWOT分析;确立营销目标;编制营销预算;拟定营销组合方案;控制和评估。这七个阶段不仅表明了市场营销计划工作的逻辑顺序,而且显示着各阶段工作的计划内容。需要注意的是,在这个营销计划的制定程序中,虽然逻辑上讲每一阶段完成之后都按顺序接入下一个阶段,从而使整个计划过程形成一种大的往复循环,但在营销计划的实际制定过程中,根据新情况的出现和分析,每一阶段计划工作都有可能需要重新修订此前有关阶段的计划内容,从而在整个计划制定过程中出现多种小的反馈循环。

(一)分析市场现状

这是营销计划制定过程中第一阶段的工作。西方国家中有些学者称为"诊断"阶段或市场因素分析阶段。这一阶段所涉及分析和评价的内容很多,除了对旅游目的地或旅游企业自身的经营发展现状进行分析之外,还需要对所有与自身经营有关的社会经济因素进行分析和评价。具体可归结为以下几方面。

(1)背景分析:企业自身分析,包括总收入、市场占有率、客房出租率、成本、利润等,以摸清有关产品的生命周期动态,尤其注意评价哪些类型的产品正处于上升阶段,哪些类型的产品已进入衰退期。尤其需要分析至少5年间的销售量和收入趋势,用以辨别整体市场动向,以确定特定细分市场的市场份额以及本公司产品和竞争者产品所占的市场份额。这种分析资料一般可通过分析内部营业纪录以及通过行业报刊和行业调查资料获得。

(2)宏观环境分析:旅游企业必须在宏观的外部环境中经营,人口统计、经济、生态、技术、政治和文化等很多因素都会对企业经营产生影响,因此需要分析外部环境的趋势,如技术、法律法规的变化、汇率变动或不断变化的分销结构等。一般来讲,这类资料主要可取自行业报刊和行业调查资料等现成的二手资料,但其中有些方面的情况可能需要通过市场调研才能获得。

(3)整个市场的分析:至少五年以来的销售量、销售额的实际变化情况。其目的主要是要搞清楚总的市场运行状况,摸清同自己经营有关的某些特定的产品所占的市场份额。通过这种纵向和横向的比较分析,一个旅游目的地或旅游企业不仅可以了解自身经营业绩的变化趋势,而且能够了解自己目前在整个有关市场中所占的地位。

(4)顾客和竞争者分析:顾客信息主要来源于业务记录和市场调查,涉及人口统计、态度和行为方面的详细资料;对竞争者要注重分析其优势和劣势分析,以及接下来会有哪些行动等。通过了解顾客的构成及其购买行为的变化情况,以及竞争者的情况,有助于确定或修改自己的目标市场组合。这方面的分析资料一般来自旅游目的地和旅游企业自身的各种营业纪录以及通过调查获得。

从上述四个方面的内容来看,现状分析阶段是要汇总出所有有关的基本情况,从而成为制定一切营销计划的基础。

(二)预测市场

这一阶段的工作以市场调研为基础,但重点在于评估和判断有关情况的未来发展。由于旅游业发展受到政治、经济、自然灾害、气候等多种因素的影响,发展变动较大,因此预测并不以精确为目的,而是要不断地对可能性和选择方案做出细致的评估。由于营销计划工作集中着眼于未来收入目标的实现,所以它必须依靠具有现实性的预测。

(三)SWOT 分析

通过现状分析和预测获取关于目前及未来趋势的信息,就需要评估这些信息对营销战略和战术意味着什么。SWOT 分析包含了可以进行这种评估的有用框架,也即企业的优势(strength)和劣势(Weakness)、营销环境的机会(Opportunity)和威胁(Threat)。无论是旅游目的地或旅游企业控制之下的内部因素还是不可控制的外部因素,其不利旅游经营的变化都可能会给旅游目的地或旅游企业带来威胁。例如,汇率的变动,油价的上涨,竞争对手强有力的竞争,入出境控制收紧等。同样在制定营销计划时,能够认识和预测威胁之所以是最重要的,因为只有能够知其所在,才能有针对性地考虑如何避开这些威胁或尽量减少其影响的程度。需要注意的是,优势和劣势、机会和威胁往往是由不同的认识造成的,有时并非"事实",可以相互转化。例如,一家有着悠久历史的饭店,可能被认为陈旧而又不舒适,但通过重新定位,又可以强调古朴的氛围,打造独特魅力,劣势转化为优势。

(四)确立营销目标

经过前述几个阶段的分析工作之后,计划过程的下一步工作便是确立营销目标。对旅游企业来说,营销目标基本可以划分为两大类。一大类是以利润为核心的营销计划,包括计划期内希望实现的利润额、销售额、销售量、市场占有率或市场份额等;另一类是以形象和顾客满意为主要内容的营销目标。所设定的目标对计划期内的经营和重大管理决策能够起到指导或引导作用,以保证旅游目的地或企业沿着既定的方向发展。此外,营销目标也起着借以衡量工作绩效标准的作用。将工作实绩同这些标准加以对照和比较,便可以发现差距,从而不仅有助于判断工作业绩的大小,而且有助于采取管理措施,对经营工作行使有效的控制。

营销目标需要和企业总体目标和战略相吻合,需要得到负责实施行动方案的管理者的一致认同和认可;目标需要遵循 SMART 原则——目标必须是具体的（Specific），可以衡量的（Measurable），可以达到的（Attaina-ble），和其他目标具有相关性（Relevant），具有明确的截止期限（Time-based），并尽量具体到每个目标市场。具体而言，一般营销目标的设定必须遵守以下一些标准。

（1）销售量、销售额以及利润额等营业目标的设定必须确切、具体，并且要用数量来表示。

（2）产品及其目标市场要详细、具体。

（3）实现目标的期限要明确、具体。

（4）在考虑市场需求和营销预算资金方面要现实。

（5）制定目标时要同具体执行有关行动方案的有关人员商量，所制定的目标要能够为他们所接受。

（6）所制定目标要能够直接或间接地测定和评价。

（五）编制营销预算

预算和确定营销预算是一项既有难度而又十分重要的工作。一方面，营销费用属于必须预算花费的资金，或者说是在所预期的目标销售量和销售额实现之前所必须花费的资金。对于旅游企业来说，这些资金只能在将来某一时刻从扣除营业费用之后的营业利润中得到补偿。另一方面，如果取消这些款项，则营销计划目标便不能实现。如果营销预算不足，那么企业就需要增加预算，否则就必须修改目标或行动方案。

一份好的预算应该具备以下四个特点。

（1）详尽性：对所有营销行动的花费进行估计和说明。

（2）一致性：协调各项目的预算、避免出现重复，最大限度协调各项目的合作。

（3）操作性：预算详细说明营销资金和人力资源的来源。

（4）现实性：预算不能孤立于其他行动之外，应结合组织资源还有该计划的重要性进行预算。

在旅游业的经营实践中，人们用于编制营销预算的方法不尽相同。常见的方法基本有四种，即有能力支付法、营业收入百分比法、竞争对等法以及目标任务法。

（六）拟定营销组合方案

营销组合方案是由所需采用和实施的各种有关营销技术手段所组成的行动方案。它所表明的是在就每一个既定的产品／市场开展营销过程中，在哪些时间进行哪些营销活动。营销组合方案中需要注意：第一是要根据每一个产品/市场的具体情况,计划出需要采取哪些营销行动;第二是安排制定出实施这些营销行动的时间表。

在制定营销计划过程中,需要注意协调目标、预算和行动方案三者之间的相互作用关系。计划目标反映着旅游目的地或旅游企业总的经营战略和所要实现的经营指标。对每一项营销目标,都需要有相应的营销组合行动方案来保证其能够实现,如是否做广告、是否采取价格折扣等。营销经理人员需要运用判断、经验以及对过去工作结果的分析来考虑这些方案的选择及其所需的费用。

(七)控制和评估

为了能有效实施控制,营销部门必须知道预期结果、时间点、责任方以及如何测量预期结果等方面。例如,对财务的控制可以通过定期比较预算与实际花费来实现,对目标是否实现的控制可以通过销售量、总收入和利润的测量来实现,有时需要做专门的市场调查。另外,还需要对营销计划进行评估,评估指标就是看其目标的完成程度,制定目标时做到精确详细,也主要是为了能衡量其结果,应该在营销计划实施结束前就启动评价过程,这样才能为下一阶段的态势分析和营销计划提供依据。

另外,在制定旅游市场营销计划时,还需要考虑以下五个主要问题。

(1)参与:谁负责监督计划的制定? 工作的每一部分由谁来做? 谁充当规划者的顾问或信息来源的角色?

(2)时间表:多久做一次计划? 是按固定的时间表,还是作为市场开发保证来制定计划?

(3)范围:计划期定多长? 1 年、3 年、5 年或 10 年? 计划详细程度如何?

(4)审查:谁审查和批准这些计划?

(5)监督:确保计划执行和实现预期结果的最好机制是怎样的?

就计划执行期结束后的总体评价而言,其主要目的在于总结哪些方面以及哪些举措是成功的,哪些方面及哪些做法是失败的或效果不理想,从而可为以后的营销计划工作提供宝贵的信息和经验。就计划执行过程中的评价工作而言,其主要目的在于及时地发现问题,并在分析问题产生原因的基础上,采取适当措施加以纠正。

三、旅游市场营销计划的执行

旅游市场营销计划的执行是指为实现战略或战术营销目标而把营销计

划转变为营销行动的过程,包括日复一日、月复一月的有效贯彻营销计划的活动。表8-3为在旅游业使用的主要营销活动。

表8-3　在旅游业使用的主要营销活动列表①

营销活动	说明
付费媒体广告	包括电视、报刊杂志、广播户外广告;还包括游客告示栏、其他刊登广告的旅游指南、书籍和宣传册
直接邮寄、入户分发	包括普通的销售宣传品和专门为促销设计的印刷品
公共关系	以新闻叙述的形式出现而非以付费广告的形式出现的任何媒体宣传,对目标人群造成影响
赞助	面向特定目标人群的另一媒体宣传形式
展览、展销、研讨会	面向零售、批发和目标消费群体等分发和展示宣传品的另一种重要形式
人员销售	通过会议、电话联系和研讨会进行,主要以分销商和为消费者群体进行购买的中间商为目标
销售宣传品	尤指促销宣传册和其他起维护性作用的印刷品
销售推广	为诱发购买而提供的短期奖励,包括暂时性的增加产品内容,面向销售队伍、分销网以及消费者
售点展示、产品推销	海报、橱窗的装饰、宣传册展示以及其他经常性和暂时性促销材料的展示
价格折扣	销售推广的一种常见手段,包括给零售商的额外佣金和奖金
熟悉业务旅行和教育旅行	通过产品试用激励和便利分销网络进行销售,也用于接近和影响记者
分销网和佣金	有组织的系统或渠道,未来的顾客通过它们购买产品,包括委托人和分销商之间的计算机联络

一般而言,成功执行营销计划需要经过以下几个步骤。

(一)制定营销行动计划

行动计划需详细说明针对各目标市场的营销策略组合所采取的各种营销活动和任务。对此,应该做到以下几点。

(1)针对不同目标市场组织活动。最好能够根据营销策略组合(4P)分别列出营销活动。

(2)确定各类营销活动需要实现的目标。同样需要遵循 SMART

---

① 陶婷芳.旅游市场营销[M].上海:上海交通大学出版社,2011:248.

原则。

（3）确定营销活动职责。在多数情况下，企业各部门均参与营销计划的实施，有时还涉及外部的其他组织，需要将行动主要责任分配好写入行动计划。

（4）时间表和行动日程。

（二）建立营销组织结构，确定科学合理的报酬制度

组织结构是营销计划有效实施的保证。需要强调的一点是，现代旅游企业中不仅存在正式组织，而且存在各种自发的、灵活的非正式组织。企业管理者要充分认识这一因素，搞好企业内部的非正式组织与正式组织之间的协调，促进和保证旅游营销计划的顺利实施。

报酬制度的设立要坚持公开、公正、公平的原则，有效地调动企业内所有员工的积极性，使员工不仅关心短期营销目标的实现，而且乐于为企业长期目标的实现做出努力。

（三）与其他部门和组织进行沟通和协调

营销计划的实施需要各个层次的人员共同合作，企业内部需要与人力资源部门、财务部门、采购部门等密切配合；外部需要和供应商、零售商、广告代理商以及行政管理部门沟通协调。

（四）合理分配和使用营销预算

在制定行动计划之后，组织面临的一个难题就是如何在各类营销活动中分配和合理使用预算。一般需要考虑以下三个方面。

（1）为实现目标而展开营销活动的资金总量是多少？通常以销售总额的百分比来表示。

（2）预算总额在营销活动所包含的产品或各细分市场之间如何分配？例如，某旅游目的地在全球开展宣传推广活动，预算就需要在各大洲或在各目的地国家之间合理分配。

（3）预算总额在行动方案的构成要素之间如何分配？例如，旅行社计划通过户外广告、报纸、旅游推介会等活动促销某度假产品，就需要针对各类活动的性质、效果以及受众的差异性等合理分配营销预算。

（五）营销活动业绩测评

根据行动计划目标对行动方案所取得的结果进行测评十分重要，可以保证在实际指标同计划指标差异很大时迅速做出反应，及时调整行动方案；

并能够从当前实施工作中总结经验教训,指导下一阶段的营销活动。测评内容主要包括销售量、顾客满意度、市场份额等。

四、旅游市场营销计划的控制

(一)旅游市场营销计划控制的内涵

旅游市场营销计划控制是指为了实现营销目的,对市场营销计划执行过程进行监控,包括估计市场营销战略和营销计划的成果,确保各项活动按计划进行,并采取纠偏措施确保目标得以实现。

管理层首先确定具体的营销目的,接着衡量市场表现,并评估造成预期表现与实际表现差别的原因以衡量企业在市场中的业绩,以及估计希望业绩与实际业绩之间存在差异的原因,最后管理部门采取纠偏行动,以弥补目标与业绩之间的差距,这要求改变行动方案,甚至改变目标。

旅游市场营销计划控制的过程(抑或步骤)如图 8-13 所示。

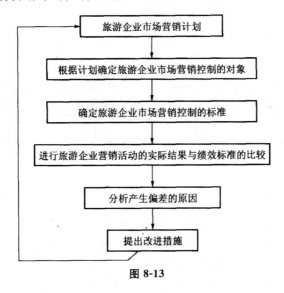

图 8-13

(二)旅游市场营销计划控制的类型

旅游市场营销计划控制是旅游企业营销管理的一项重要职能,也是实施旅游企业营销计划的必要措施,主要包括四种类型,如表 8-4 所示。

表 8-4　营销控制的四种类型

控制类型	主要负责人	控制目标	控制方法
年度计划控制	高层主管中层管理者	检查计划目标是否完成	销售分析、市场占有率分析、营销费用率分析、财务分析、宾客意见分析
盈利能力控制	营销审计人员	审查企业盈亏原因	对产品、地区、游客群、销售渠道等的盈利分析
效率控制	直线和职能管理层营销会计人员	评价和提高经费开支效率及效果	人员推销效率、广告效率、营业推广效率和分销效率
战略控制	最高主管营销审计人员	检查企业是否最大限度地利用了营销计划	营销效益等级评价、营销审计

1. 年度计划控制

年度计划控制的中心是保证企业年度计划中规定的各项目标能够顺利实现。控制过程分为四个步骤,如图 8-14 所示。

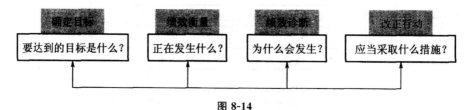

图 8-14

其含义分别为:

确定目标:将年度计划目标分解为每季或每月的目标。

绩效衡量:随时跟踪掌握指标的完成情况。

绩效诊断:及时发现实际执行与计划的偏差并分析原因。

改正行动:采取补救措施弥补偏差。

年度计划控制可按管理层次分头进行,即最高主管负责整个企业的计划执行情况,各部门主管只负责控制本部门计划目标的实现。

年度计划控制可控制的工具主要有销售分析、市场份额分析、营销成本收益分析、财务分析和顾客满意度分析。

(1)销售分析。营销目标一般使用金额或单位销售量(如乘客数、住宿天数)作为销售指标,因此销售分析是最明显的营销控制工具,通过将实际销售与预期目标作比较,分析实际和预期销售结果之间的偏差,并解释产生差异的原因。

销售分析可以分为销售差异分析和微观销售分析。

销售差异分析是测量不同的因素(如价格、促销等)在销售偏差中的相对作用,掌握不同因素对销售额的影响。例如,一家拥有100间客房的饭店,营销计划要求在第一个月日均销售70%,即第一个月应销售$100 \times 70\% \times 30 = 2\ 100$(间);营销计划还规定每间客房每天销售价格平均为200元,第一个月销售总额为$200 \times 2\ 100 = 420\ 000$(元)。但到第一个月结束时,实际销售客房1 500间,而销售价格平均为150元,总销售额为$1\ 500 \times 150 = 225\ 000$(元),销售差额为195 000元。显然销售量减少和销售价格下降是造成销售差距的根本原因,但两者影响程度是不同的。

因降价引起的差额$= (200 - 150) \times 1\ 500 = 75\ 000$(元)(约占18%)

因销售量减少引起的差额$= (2\ 100 - 1\ 500) \times 200 = 120\ 000$(元)(约占30%)

结论:约有18%的销售差额是因降价引起的,约有30%的销售差额是因未达到销售量目标造成的。

微观销售分析是指根据具体的产品(如旅行社的修学游产品、度假游产品)、市场(如亚洲市场销售额、欧洲市场销售额)等因素分析销售产生差异的原因。通过微观销售分析,营销人员可以发现旅游企业销售量变化的原因,以便采取强有力的措施,改变销售量大幅度下降的状况。

(2)市场份额分析。销售分析说明了一个企业经营的绝对量水平,而市场份额分析说明了一个企业经营的相对量水平,提供了该企业相对于竞争者的有用信息。一家旅游企业销售额的变化,可能由多方面的原因造成,既可能是旅游企业竞争力改变了,也可能是竞争者的竞争力发生了变化,还有可能是宏观营销环境发生了巨大的变化。只有通过市场份额分析,才能反映本旅游企业与竞争者之间关系的变化。市场份额的上升表明该企业发展超过了全行业水平,市场份额下降说明行业发展速度超过了该企业的发展速度。

对市场份额的分析包括总体市场份额(企业销售量/总体市场销售量)、目标市场份额(企业销售量/目标市场销售量)、相对市场份额(企业销售量/前三大竞争者市场销售量或最大竞争者)。

(3)营销成本收益分析。这一分析将营销预算放在突出位置,如果营销成本过高,即使营销活动是有成效的,也是低效率的,因此营销管理者需要对营销支出进行控制。旅游企业营销费用一般为五项,即人员费用、广告费用、促销费用、市场调研费用、营销行政管理费用。显然,在销售额一定的情况下,营销费用越低,企业效益就越高。营销成本收益分析的目的就是监督营销费用的支出情况,确保不超出年度计划的指标。

(4)财务分析。营销控制中的财务分析主要是运用一系列财务指标衡量营销投入是否实现了预期的营销效果,推动营销质量和盈利能力的整体提高;平衡企业资源在各类活动中的使用,确保企业的营销活动不会对企业整体的运营情况产生消极影响。旅游企业常常用财务分析工具评价投入产出的效果、寻找提高利润的途径。其中最核心的财务指标是净资产报酬率,它是企业资产报酬率和财务杠杆率的乘积。旅游企业应分析自身的资产构成,改善资产管理,提高净利润与总资产之比或者总资产与净资产之比,进而提高净资产报酬率。

(5)顾客满意度分析。年度计划控制除了需要定量分析外,还需要做一些定性分析,其中顾客意见的收集与反馈是一项重要内容。一些旅游企业通过建立顾客反应跟踪体系,包括投诉和建议系统、宾客调查系统、定期反馈制度等,收到了良好效果。顾客满意度体现在对整体产品和对单个产品要素的满意程度。旅游企业需要定期衡量顾客满意程度,并从中了解到偏离平均数的任何变化。如图 8-15 是某旅行社对其旅游线路中的某个度假饭店进行监测后的顾客满意度趋势。根据数年收集分析的数据表明顾客对饭店总体满意比率通常在 4.8~5.5 之间,该度假饭店在前 1—4 月比较正常,在 5 月满意曲线下滑。

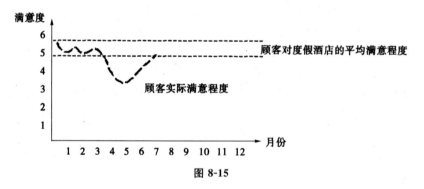

图 8-15

2.盈利能力控制

旅游企业的营销工作是围绕着经济效益展开的。因此,旅游企业在实行年度计划的控制以外,还需要对不同旅游产品、不同地区、不同细分市场、不同销售渠道等方面进行营利控制,以便决定增减哪些产品,开拓或放弃哪些细分市场,扩张或减缩哪些销售渠道。盈利能力控制的重要指标是盈利率。通过衡量不同产品、不同地区、不同顾客群和不同销售渠道的盈利率,扩大盈利率高的营销活动,缩减盈利率低的营销活动。通常包括以下三个步骤。

（1）计算营销活动总费用。

（2）把营销总费用分配到各个营销活动之中。例如，旅游目的地营销时，将总营销费用分摊为收费媒体促销费用、旅游展销会费用、网络营销推广费用等。

（3）为每个营销活动编制成效表，分析其成本、收益和利润，并据此对亏损和盈利的营销活动做出相应的调整。

例如，某星级饭店对其经营餐饮产品的获利能力的简要分析，如表8-5所示。

表8-5 某星级饭店餐饮产品获利能力情况[①]

指标 \ 菜肴	鄂菜	川菜	粤菜	西餐
销售收入（元）	300	150	200	20
生产成本（元）	180	60	90	8
营销费用（元）	60	30	20	2
净利润（元）	60	60	90	10
销售利润率（%）	20	40	45	50

从上表8-5可知，该星级饭店餐饮产品营销都比较成功，尤其是西餐和粤菜的获利能力最强，分别达到了50%和45%，但鄂菜的获利能力较差，只有20%，而鄂菜的销售额最高，达到了300万元，因此，有必要对鄂菜的营销进行调查分析。

3.效率控制

旅游企业效率控制的目的是监督和检查企业各项营销活动的进度与效果。效率比是统计学上的衡量方法，营销中用以评价使用促销和分销组合元素的效力。如果旅游企业通过盈利能力控制，发现某些产品或某些市场盈利状况不佳，就有必要进行效率控制。旅游业中衡量效率的流行方法是计算一个特殊的广告或系列广告的转化率，像优惠券等促销活动，可以通过追踪优惠券的兑换率而得到。效率控制的目的是及时发现营销活动的进度与效果存在的问题，以便及时加以改进。

---

① 张婷.旅游市场营销[M].广州：华南理工大学出版社,2008:233.

效率控制的内容包括以下几项。

(1)人员推销效率

各地区销售经理要对管辖范围内的人员的推销状况做详细记录,并定期进行分析,主要内容包括下列指标:每个推销人员日平均访问客户次数;每次访问所需平均时间;每次访问平均收益;每次访问平均成本;每次访问的成功率;每次访问所花招待费用;每次访问带来或丧失的顾客数和旅游合约;销售队伍成本占总成本百分比;通过推销效率分析,能够发现销售人员的问题所在,判断其效率高低,以便及时纠正。

(2)广告效率

在实际工作中,由于顾客态度和销售额的变化是多种因素综合作用的结果,所以衡量广告的效率是一项非常复杂的工作,但经营者至少要掌握和分析以下资料:每人广告产生的问询数量;转化率;每人问询的费用;接触每千人的费用。

(3)营业推广效率

营业推广是旅游企业促销的重要手段。为提高其效率,管理部门应记录每种方法的费用与促销效果,同时注意下列资料的搜集与分析:优惠销售所占的百分比;每百元销售额的营业推广费用;赠券回收的百分比;因现场展示或表演而引起的顾客询问次数。

4.战略控制

旅游企业战略控制,是旅游企业对营销环境、目标、战略和活动所做的全面、系统、独立和定期的审查。通过战略控制,可保证旅游企业的各项可控因素与不断变化的营销环境保持和谐统一。旅游企业战略控制就是对旅游市场营销的审计。营销审计需要各方人员的密切配合,需要覆盖所有主要的营销领域,涵盖营销管理的全过程,要综合评估营销环境、营销战略、营销组织、营销系统、营销组合、营销生产力和盈利能力以及规划、实施、操作、控制和评价全过程(表8-6),而不仅仅是一些出了问题的地方,这个过程类似于把整个旅游业系统放在一个微观层面上。

表8-6 营销审计的主要内容[①]

大项目	具体项目
营销环境审计	宏观环境:人口统计、经济、生态、技术、政治、文化;微观环境:市场、顾客、竞争者、分销商、供应商、促销和营销公司、公众

---

① 陶婷芳.旅游市场营销[M].上海:上海交通大学出版社,2011:253.

续表

大项目	具体项目
营销战略审计	企业使命、营销目标和目的、战略
营销机构审计	组成结构、功能效率、内部效率
营销系统审计	营销信息系统、营销规划系统、营销控制系统、新产品开发系统
营销生产力审计	利润率分析；支出有效性分析；分销；广告、促销和公共关系；销售队伍量
营销功能审计	产品、价格

第九章　当代旅游市场营销的新发展

21世纪,科技不断地进步和发展,这给旅游市场带来了新的机遇和挑战,同时,人们的消费理念也逐渐发生了变化,开始更加注重生态文化和绿色消费。本章将从网络营销和绿色营销的角度,分别阐述当代旅游市场营销的新趋势和相应对策。

第一节　旅游网络营销

随着信息科技的高速发展,互联网络在全球得到了普遍的应用,网络用户与日俱增。在此背景下,企业只有变革经营理念、组织形式和经营方式,才能满足消费者不断变化的需求,于是网络营销应运而生,旅游企业将其运用于旅游营销中,形成了一种新的营销工具——旅游网络营销。

一、网络营销与旅游网络营销的定义

网络营销就是以现代营销理论为基础,利用数字化的信息和网络媒体的交互性来辅助营销目标实现的一种新型的市场营销方式。简单地说,网络营销就是以互联网为主要手段进行的,通过对市场的循环营销传播,满足消费者需求和商家需求的过程。其实质是利用互联网对产品的销前、销中、售后各环节进行跟踪服务;它自始至终贯穿在企业经营的全过程,包括市场调查、客户分析、产品开发、销售策略、反馈信息等方面。

旅游网络营销主要是针对旅游企业而言的,是现代营销理念与互联网技术相结合的绿色营销方式,是企业整体营销战略的重要组成部分,也是旅游电子商务的主要模式。它是指旅游企业以电子信息技术为基础、以计算机网络为媒介,采取各种高科技手段及营销手段而进行的各种营销活动的总称,其目的是传播旅游目的地形象,推介旅游产品,实现双向交流,满足旅游者的需求,促成和引导(线上和线下)交易实现,从而发展旅游。现阶段用于旅游营销的网络主要包括计算机预订系统、全球分销系统、目的地管理系

统、互联网、企业内部网和企业外部网等。

二、旅游网络营销的特点

(一)交互性

旅游企业可以在网络上适时发布产品或服务信息,消费者则可根据旅游产品目录及链接资料库等信息在任何地方进行咨询或购买,从而完成交互式交易活动。另外,网络营销使供给双方的直接沟通得以实现,从而使营销活动更加有效。

(二)跨时空性

互联网具有超越时空进行信息交换的特性,借助计算机网络,旅游企业能在更多的时间和更大的空间上开展营销活动,可 24 小时提供全球性营销服务。

(三)高效性

借助网络,旅游企业可储存、分析大量的市场信息,向顾客传送信息的精确度也远超过其他媒体,并能迅速更新产品或调整价格,因而能及时有效地了解并满足顾客的需求。此外,网络信息传输速度快,即便是跨国交易,在网络上只需几分钟即可成交。

(四)综合性

网络营销由市场调研、广告宣传、实际销售、售后服务等环节构成,是一种全程的营销渠道。企业可借助网络对不同的营销活动进行统一规划和协调实施,并以统一的信息口径向消费者传达,避免由传达的不一致性所产生的消极影响。

(五)经济性

通过互联网进行信息交换,一方面可以减少印刷与邮递成本,节约办公用地租金、水电及各类人工成本;另一方面,还可减少在交换中由于多次迂回所带来的损耗。

(六)拟人化

互联网上的促销是一对一的、理性的、消费者主导性的、循序渐进性的,而且是一种低成本与人性化的经营活动。通过信息提供和交互式交谈,旅游企业能与消费者建立一种长期良好的关系。

三、旅游网络营销形式

(一)网络广告

网给广告可以说是网络营销中应用最多、技术也最为成熟的一种营销形式,它可以跨越空间、时间的限制,将广告信息传播到世界各地去。它能在很短的时间内,完成广告内容的更换,配合企业营销策略的更改。它具有互动性功能,顾客掌握了浏览的主动权,可以自主地对广告信息进行操作,这增加了广告的趣味性。它能精确地统计出广告的效果,通过某种软件可以获得访问本广告信息的人数、访问的过程、浏览了哪些主要信息,从而能得出广告发布的效果,而一般的大众媒介,如电视、广播、杂志却无法做到这一点,它能随着互联网用户的扩展而表现出更佳的营销效果。目前已有大量的旅游企业在互联网上建立了自己的服务器,即时向全球发布产品信息。

(二)电子商店

所谓电子商店,是指将旅游企业的商品以多媒体信息的方式通过互联网络,供全球顾客浏览、选购电子商店经营成本很低,而且使用电子商店进行销售,可自动将用户信息汇集到用户信息数据库中,以便将来用于产品的促销活动。电子商店是目前对于商业网络化运用最为充分、全面的一种形式。随着国际互联网的盛行与普及,在网上销售商品或服务已经成为一种发展趋势。

(三)开展网络服务

国外近年来出现了一批利用互联网络的资源为用户服务的公司。这些公司主要从事的业务包括互联网络访问、信息检索、软件开发以及用户咨询与培训四大类。

四、网络营销革命对旅游业的影响

从某种意义上来说,网络营销革命对整个旅游业尤其是酒店业市场目标的实现具有无可比拟的推动作用。

(1)网络为旅游营销部门与顾客之间的双向沟通提供了实现的基础。

网络的最大优势在于其丰富、快捷的信息流。通过各种旅游信息站点及主页,旅游供需可进行全天候的信息交流,以实现对整个旅游产品流通过程的有效控制。

（2）在电子商贸活动中,旅游中间商的地位将大大削弱。过去许多旅游交易活动需要中间商的参与才得以有效完成,中间商控制很大一部分的旅游营销。现在凭借互联网,一方面,顾客拥有充分的信息来源,对景点、交通工具、酒店等各种旅游产品的选择范围更大;另一方面,旅游企业的信息处理和传输能力迅速增强,对市场的调研、细分和定位更深入可靠,并通过一对一的营销模式,实现了个性化服务。

（3）充分利用因特网的优势,旅游企业在广告宣传手段上也取得了较大的突破。

（4）网络营销有助于建立面向游客的服务体系,实现直销的突破。

总之,今天的旅游业已经处于网络信息交换的环境之中,谁能及早认识并采取网络营销手段,谁就有机会拥有更大的市场空间。

五、旅游网络营销的优势

（一）信息传播高效,不受时空限制

旅游网络营销可以超越时间和空间的限制进行信息的传播和交换,并跨越时空达成交易,使任何旅游企业都有可能全天候提供全球性营销服务。互联网的多媒体功能使旅游网络营销可以集中图、文、声等各种媒体的传播形式,创造出虚拟环境,立体化地传播旅游信息。借助网络,旅游企业还可以储存、分析大量的市场信息,向顾客传送信息的精确度也远超过其他媒体。旅游产品的供给和销售要涉及食、住、行、游、购、娱等部门,通过网络营销可以实现各部门之间的信息共享,加强了各部门之间的合作,使组织协作更有效率。

（二）双向交流沟通,满足消费者的个性化需求

旅游业的市场具有分布广泛、客源分散的特点,因此,网络利用其信息量大、覆盖面广、传输迅速的优势,通过各种旅游信息站点及主页,可使供需双方进行全天候的信息交流,从而提高销售量。对旅游消费者而言,拥有充分的信息来源,对旅游企业的选择范围更大。对旅游企业而言,进行信息处理和传输的能力迅速增强,对市场的调研、细分和定位更深入可靠,并通过一对一的营销模式,实现个性化服务。

(三)有效节省成本

旅游企业开展网络营销,可以从多方面降低交易成本:第一,信息可以在网上迅速、便捷、大范围地传输,极大地降低了时空成本;第二,买卖双方通过网络进行商务活动,无需中介者参与,减少了交易的有关环节,降低了交易成本;第三,卖方通过互联网进行产品介绍、宣传,避免了在传统方式下做广告、分发印刷品的大量费用,也无需雇用大量销售人员,降低了销售费用;第四,可以进行无店面操作,免交租金,节约水电等费用,降低了运营成本。而旅游者通过网络可以随时随地的订购旅游产品,方便快捷,减少精力和体力的消耗,也能节省时间成本和交易成本。

(四)方便游客

网络除了预订、查询功能之外,还具备信用卡销售收款等功能,方便了旅游者,更有吸引力。随着金融业的参与,旅游企业网络营销可以实现网上结算,免去了游客旅游过程中需带现金的麻烦。同时,旅游企业可以实现网络预订,可以更好地方便旅游者。旅游企业网络营销还可以方便游客寻找信息,方便游客相互交流。

(五)为旅游企业提供全方位展示的机会

网络营销可以利用网络引人入胜的图形界面和多媒体特性,全方位地展示旅游企业的产品、服务和旅游项目等内容,使消费者完全认识旅游企业。比较传统媒体而言,网络对旅游企业服务内容的展示更全面,更丰富,而且游客可根据需要主动获取旅游企业方面的信息,从而使旅游企业信息的传播更有效。因为网络营销内容丰富,易于修改补充和便于新产品的迅速投放。

六、网络营销在旅游业的运用

(一)旅行社网络营销

1. 旅行社网络营销中存在的问题

(1)渠道冲突

旅行社本来就是连接景区景点和游客之间的中介,网络打破了原有的市场界限。从传统的旅游营销渠道转向旅游电子商务时,增加了营销渠道,而且互联网渠道本身具有覆盖全地域并且信息透明等特征,因而更容易引发旅游企业新老渠道的正面冲突。

（2）消费者的不信任

由于现实生活中旅行社的激烈竞争导致的恶性价格战,不但没有提高消费者的消费体验,反而降低了消费者的满意度。网络用户都不大信任现实生活中的旅行社,更何况是网络中无法预见的服务态度。旅行社缺乏有利的形象展示更加增添了消费者的怀疑程度。

（3）旅行社成本

由于恶性竞争,旅行社无法提高自己的利润率,高额的成本、低回收率使得旅行社本身的维护就很艰难。网络营销效果的不可预测性使得旅行社不敢轻易涉足,并且建立一个好的网站需要技术人才、高技术手段,以及长期的管理。如果无法一次性投入资金,而在短期里无法见到效果,会严重打击旅行社开展网络营销的积极性。

（4）网络游客的性质

网络游客一般以散客的形式出现,习惯背包旅游,或者是自驾游,他们都有很强的自我行动意识,不习惯,也不喜欢跟团旅游,他们喜欢个性化的旅游线路,而不是一成不变地由旅行社带领着游览。即使是跟团旅游,也只是散客,不管是时间还是地点都难以形成一个团体,这样无形中就加大了旅行社的管理和宣传费用。

2. 旅行社网络营销的对策和建议

（1）塑造品牌形象

网络品牌意味着旅行社与互联网用户之间建立起来的和谐关系。网站建设的专业化程度、个性化风格等直接影响着旅行社的网络品牌形象,同时一个网站的品牌形象体现在浏览者对此网站的信任度上。因此,为了建立一个良好的网站品牌形象,首先要提高网站的可信度。只有树立起良好的旅行社品牌形象,旅游产品才会有销路。具体来说,就是要强化网络经营法制,严格按照电子商务兑现承诺,全方位地提供优质服务,取信于市场,进而建立旅行社的品牌形象,提升品牌信誉,使电子商务越做越大。

（2）设计出色的网页

产品网络主页是旅行社网络形象的第一扇窗户,网上营销是推广旅行社产品的一种方式,旅行社应通过网络特有的传播方式,实现旅游产品艺术性、宣传性、娱乐性的完美组合,使消费者接受它喜欢它,并产生购买欲望。旅游网站在设计方面应该注意以下问题:第一,为每一个网页设置一个相关的标题,增加被用户发现和点击的机会;第二,"静动结合"。搜索引擎并不是实时从网上检索的,而是定期从网上检索,然后存入自己的数据库。动态的网页会造成先后存储的网页内容不一致。"静动结合"是指将一些重要的,而且内容相对固定的网页制作为静态网页,如网站介绍、网站地图等;第三,页面中以文字信息为主,但最好也附加多国语言,以便顺利进入国际市场并得到国际消费者的认可;第四,重视外部网站连接的数量和质量。

（3）加强旅游信息的开发

网络时代信息是影响旅行社生死存亡的重要因素。旅行社可灵活运用网络市场调查来收集信息,并建立顾客信息资源库,在网上与网络调查相连的数据库自动地对收集的信息进行分类、归纳和分析,可大大提高旅行社员工的工作效率;或者开设旅游话题聊天室,使旅行社以网友身份与顾客进行相互提问、疑难解答、热点探讨。这样不仅可缩短旅行社与顾客间的距离,更重要的是可挖掘出顾客的真正需求及有价值的建议。

（4）专一化

专一化是一种避免平均使用力量的网站竞争战略。这种专一是一种从竞争的态势和全局出发的专一。它把有限的人力、财力、物力、领导的关注力、企业的潜在力积聚在某一方面,力求从某一局部、某一专业、某一行业进行渗透和突破,形成和凸显局部优势,进而通过局部优势的能量累积,争得竞争中全局的主动地位和有利形势。

（5）隐形进攻

隐形进攻是避开对手锋芒的一种进攻战略,是在竞争态势上隐含的一种进攻,渐进的成长,悄然的发展。这种网站的网上营销要有自己的特色,要学会利用夹缝,快速发展。作为一个处于劣势的企业网站,要随时掌握全局的动态和发展,适时地、谨慎地做出第一反应。一个有特色的小网站很容易成为被收购和兼并的对象,此时,要借助时机,积极参与整合,获得自己发展壮大的机会。

（6）培养和吸纳兼备专业及技术的人才

电子商务是一个新兴领域,它需要旅行社将电脑技术与本行业相融合进行开发。旅游行业中有知识或经验的专业人才往往不具备网络技术,旅行社必须依靠计算机网络公司进行网络设计,而它们在电子技术上是行家里手,在旅游行业却缺乏专业知识和经验。旅行社可采取培养内部员工或吸纳社会上专业技术兼备的人才,以加快旅行社信息化进程。

(二)旅游景区网络营销

1.旅游景区网络营销的现状

(1)旅游网络营销基础薄弱,制约景区网络营销的发展

旅游网络营销基础薄弱体现在四个方面。第一,旅游企业内部信息化水平较低,信息化手段没有在经济中发挥应有的作用。第二,电子商务体系不完整。旅游网络营销的物流问题虽然不是很突出,可是资金流仍是关键的一环。互联网的出现让普通消费者也可以加入网络交易,但同时却还未出现一种与之相匹合的网上结算方式。第三,网络基础建设力度不大。我国的通信业为我国国民经济信息化奠定了网络基础,但是由于我国地广人多,各地区经济水平、科技发展、文化素质差异大,还是不能满足现今人们的要求。第四,缺乏旅游网络营销人员。目前我国缺乏既懂得计算机、网络技术,又熟悉旅游营销的人才。

(2)旅游目的地网络营销没有完全发挥作用

旅游目的地可以加入而不需要建立目的地营销系统,使成本大大降低,技术上更为简便易行。现在旅游目的地信息系统,虽然在提供咨询与服务两个方面有所建树,但与其应该发挥的作用相比尚未能尽如人意。

2.旅游景区网络营销的对策和建议

(1)加大旅游景区网络营销的基础建设力度

加强旅游景区信息系统的构建和基础设施的建设工作,加快企业和政府内部信息网络的建立,为旅游景区网络营销打下坚实的物质基础;制定相关政策法规;建立适当的激励机制,优化配置人力资源;加大宣传力度,普及计算机网络知识,努力提高员工素质,为有效开展旅游地网络营销营造良好的环境。

(2)全面加强旅游网站建设

旅游是带有很强的季节性的,所以旅游景区在进行营销的时候也要根据不同的季节侧重点相应地有所改变,同时,要突出旅游景区的特色和地域性,尤其是旅游景区中心城市的良好形象。根据不同的旅游景区类型对网站进行设计,以显示与其他旅游地区别所在。提供全面翔实的旅游景区信息,网站要有特色鲜明的形象和丰富的文化内涵。提供实用新颖而有特色的服务,如旅游线路定制、旅游信息查询、服务中心、旅游投诉等。

(3)注重与传统旅游地营销方式的结合

充分利用传统营销与旅游景区网络营销各自的特点和优势,扬长避短。

结合的目的有两个：即在共同对旅游地进行有效营销的同时注重对旅游景区网站的营销。所以，除在互联网上对旅游网站的营销，采用与其他网站互换链接、在门户网站上注册等方法提高网上知名度之外，还可利用传统媒体宣传、营业推广等来加大旅游网站的曝光度，使更多客户愿意通过此种方式了解旅游景区及其产品。

（4）各方密切合作，实现多赢的发展局面

通过旅游企业间、旅游地政府间及政企间的交流与合作，加强旅游地网络营销的开展，实现优势互补，合理组合资源，营建旅游精品，共同推动发展，提高其市场竞争能力，增强区域旅游发展动力。

第二节　旅游绿色营销

从 20 世纪 80 年代开始，世界上越来越多的人意识到自己生存的环境正在遭到破坏和污染，逐渐开始重视可持续发展，追求绿色消费。正是随着人们环保意识的增强和绿色消费需求的出现，旅游业也开始逐渐趋向"绿色营销"这种新型营销手段。

一、旅游绿色营销概述

（一）绿色营销与旅游绿色营销的内涵

1. 绿色营销的内涵

随着人们环境保护知识了解的越来越多，消费者逐步认识到："绿色"产品是一种属于优质的、短缺的商品。在经济条件许可的情况下，出于健康的考虑和环境保护的意识，绿色产品普遍地受到消费者的欢迎和青睐。再加上法律环境的约束、绿色效益的驱使、提高企业形象和拓展市场的客观需要，促使企业不得不更改营销形式，以适应社会对环境保护的要求，使营销活动与人类社会的可持续发展战略相一致，因此对营销重新定位以适应消费型社会向可持续发展社会的转变，是当务之急。

随着中国加入世界贸易组织，许多旅游企业不得不承认这样一个事实：要想在世界市场上生存，增强市场竞争力，提高企业自身形象，进一步拓展国内外产品市场，就必须重视实施绿色营销，产品就必须要通过绿色认证，获得绿色标志，绕过"绿色贸易壁垒"。

所谓绿色营销,指的是企业以可持续发展理论为指导,以全球的社会、经济、人口、资源、环境协调发展为基础,以既能相对满足当代需求,又不对后代发展构成危害并为其发展创造优良条件为宗旨的市场营销活动。绿色营销的最终目标是可持续性发展,而实现该目标的准则是注重经济利益、消费者需求和环境利益的统一。因此,企业无论在战略管理还是战术管理中,都必须从促进经济可持续发展这个基本原则出发,在创造及交换产品和价值以满足消费者需要的时候,注重生态环境的要求,保持自然生态平衡和保护自然资源,为子孙后代留下生存和发展的权利。实际上,绿色营销是人类环境保护意识与市场营销观念相结合的一种现代市场营销观念,也是实现经济持续发展的重要战略措施,它要求企业在营销活动中,要注重地球生态环境的保护,促进经济与生态的协同发展,以确保企业的持续性经营。

2.旅游绿色营销的内涵

所谓旅游绿色营销,指的是包括饭店、旅游景区(景点)、旅行社在内的所有旅游企业在旅游经营过程中要体现"绿色",在旅游营销中要注意对地球生态环境的保护,是绿色营销理论在旅游业中的具体应用。旅游绿色营销的含义包括两个层次:一是基于旅游企业自身的利益进行的绿色营销;二是基于社会道义而进行的绿色营销。所谓基于旅游企业自身利益而进行的绿色营销,是指旅游企业实施绿色营销以满足消费者的绿色消费需求,有利于降低成本,有利于在竞争中获取差别优势,从而获取更多的市场机会,占有更大的市场份额,相应获得更多的利益。所谓基于社会道义而进行的绿色营销,是在营销过程中与社会对环境保护的要求相适应,与社会可持续发展战略相一致,尽量减少对环境的污染,维护社会的公共利益。

在现阶段,我国旅游企业的建设和发展需考虑对环境的破坏要最小,经营过程中资源和能源的消耗尽可能最低,向顾客提供绿色的旅游产品,并能积极参与环境保护和旅游资源保护的活动,处理好保护与开发利用的关系,从而达到社会效益、经济效益和生态效益的"多赢"。

(二)旅游业选择绿色营销战略的必然性

1.绿色营销战略是环境与发展相协调的战略

在旅游业的发展过程中,由于对旅游资源的开发与保护处理不当,已不可避免地造成了生态环境的恶化。旅游业要在未来的社会中稳定发展,必须自觉地约束自己,尊重自然规律,制定环境与发展相协调的绿色战略。

2.绿色营销战略适应了旅游者"回归大自然"的心理

随着工业化、城市化进程的加快,人们离原汁原味的自然环境越来越远,久居高楼大厦、整日在繁华喧嚣中的都市人渴望亲近大自然、回归大自然。面对旅游者的"绿色"意识,旅游部门必须转变观念,制定绿色营销战略,顺应旅游者回归大自然的共同追求。

3.绿色营销战略有利于树立旅游企业良好的形象

从外部行为看,通过制定绿色营销战略,旅游部门把自身利益融入旅游者和社会利益中,消除了旅游企业有损旅游者及自身长远利益的问题,从而有利于提升旅游企业的整体形象。事实上,一个关心环保事业的旅游部门更能得到旅游者的好感与支持,更容易树立良好的形象。从内部行为看,通过制定绿色营销战略,可培养各级管理人员和员工的绿色意识,进而形成绿色文化,构建良好的企业文化,从而增强了企业的凝聚力和向心力,提高了企业的知名度和美誉度,当然也可以促进企业的健康发展。

4.绿色营销战略有利于企业追求合理的经济效益

随着旅游者绿色意识的增强,购买绿色旅游产品已成为时尚。绿色旅游,虽然增加了旅游企业必要的环保投入,但同时也给旅游企业带来了可观的收益。这是因为绿色旅游提高了旅游产品的质量,绿色产品的价位也实现了旅游企业经济效益的提高。开展绿色旅游,必然会得到政府的大力支持和大力宣传,还能享受各种有形无形的优惠政策,这也能使旅游企业获益。因此,制定绿色战略,旅游企业便能获得合理的经济效益,能达到经济效益、社会效益和环境效益的统一,有利于旅游业的可持续发展。

(三)旅游绿色营销的多重功效

1.创造新的商机

从国际市场来看,绿色商品的需求越来越大。随着人们环保意识的增强,绿色产品已成为一种消费时尚,这为旅游企业找准新的市场切入点带来了前所未有的商机,如生态旅游的兴起。

2.充分利用资源,降低成本

在绿色产品的生产过程中,旅游企业会考虑如何尽量节约资源,选择适当或替代的材料,采用更合适的工艺流程、有益于环保的包装材料,或是简化某些工作程序,以归复自然。

3.享受价格补偿,利润增加

推出绿色产品必定要付出代价,增加成本,实际物质效用可能仅与原产品持平或下降。但由于它良好的环保表现,消费者愿意为它付出比同类非绿色商品更高的价格,从而使企业成本得到补偿,利润增加。

4.提高旅游企业的整体素质、服务水平和产品的科技含量

绿色产品的开发对企业来讲是一种机遇,也是一种挑战。来自消费者的挑剔,竞争对手的攻击,政策法规的强制性约束,旅游企业不得不改变营销方略,重视培训在岗职工以提高企业的整体素质,从而逐步提高企业服务水平。

5.有利于开拓国际市场,防范国际贸易的"绿色壁垒"

一些国际性、区域性的组织,各国政府都颁布了一些环保方面的法律和绿色标志认证制度。不符合环保条例,没有绿色标志的产品将无法参与国际竞争。"绿色贸易壁垒"成为贸易保护主义的新手段,要攻占国际市场,必须有绿色产品在手,开展绿色营销,取得绿色标识。随着全球市场经济一体化步伐的加快,我国旅游企业必须尽快转变传统营销意识,加紧搞好各项绿色管理工作,大步挺进国际市场。

6.促进旅游企业管理水平的提高,增强全员环保意识

绿色营销涵盖了企业经营的全部过程。企业通过商品及包装,制造过程中产生的污染及废弃物,使用的原料和能源,公司政策对环境、劳动力市场及其他国家的影响,公司如何经营其资源及投资,供应商的环保表现等来提高消费者的满意度,进而调整组织结构,平衡效率和效能,重塑公司文化达到整体经营。系统的有效结合,有赖于旅游企业管理水平的提高,全员环保意识的增强。与此同时,营销规划的实施过程也是促进管理水平和环保意识提高的契机。

7.谋求旅游企业可持续发展

企业以往未将环保代价计入成本中,资源付费也很低。随着环保压力的增大,"谁污染,谁付费,谁治理"的原则在社会上形成共识。社会要求企业必须要承担部分环保费用,绿色策略有助于企业生产方式由粗放性向集约性转变,节约资源,使企业保持不太高的资源投入并维持资源的可获得

性。加之良好的环保可激励士气,激发员工的智慧和潜能,为可持续发展创造条件。

二、绿色饭店及其旅游营销策略

饭店绿色营销是指饭店在顾客利益、社会利益和饭店自身利益有机统一的基础上,通过开发绿色产品,倡导绿色消费,满足顾客的绿色需求,实现饭店营销目标的一种营销方式。开展绿色营销要求饭店必须以环境保护和可持续发展观念作为其经营理念,在产品开发与销售、饭店文化建设等方面,而应兼顾社会、环境和饭店三者利益之间的和谐与均衡。在现代社会,饭店绿色营销组合策略不仅仅是饭店的一种时尚选择,还是饭店为取得竞争优势、赢得顾客、占领市场所必须采取的一项管理战略。就国内出现且蓬勃发展的绿色消费要求而言,饭店如何争取绿色消费者,抓住市场机会,赢得竞争优势,更是摆在饭店经营者面前的一个重要课题。

(一)对绿色饭店的认识

目前为止,"绿色饭店"还没有一个被广泛认同的明确定义,可将其视作用来指导饭店在环境管理方面的发展方向,也可以将其理解为与可持续发展类似的概念,即指能为社会提供舒适、安全、有利于人体健康的产品,并且在整个经营过程中,以一种对社会、对环境负责的态度,坚持合理利用资源,保护生态环境的饭店。绿色饭店只是提出了一个原则和框架,并不涉及具体的内容和目标、指标。在操作过程中,饭店要根据这些原则,研究本企业的实际状况及对环境保护应做的贡献,所以绿色饭店的含义和内容是一个持续发展、不断深入的过程。

通过对理论的探索和实践的总结,在现阶段,我国的绿色饭店应尽可能做到以下方面。

1.饭店的建设对环境的破坏最小

饭店的建设必须经过科学的论证、合理的规划设计,充分利用自然资源,减少人为的影响和破坏,将周围环境质量损失降到最低点。

2.饭店设备的运行对环境的影响降到最小

饭店所需的燃油、煤在地球上的储存量是有限的,它们在燃烧的过程中会对大气产生污染。同时,饭店有大量的设备是以电力为动力的,电的生产也会对环境造成污染,因此饭店应选择节能设备,减少对能源的使用及由此带来的污染。饭店还应合理操作和配料,采用自动化控制技术,提高设备的运行效率,减少对外界环境的排放。

3.饭店的物资消耗降到最低点

饭店的生产经营离不开对各种物资的消耗,客人的消费过程和对客人的服务过程将会消耗大量物资。而物资生产本身又会使用各种资源,生产的过程会产生废弃物的排放,影响环境。由于物资使用的低效率,饭店生产将产生大量的废弃物,而固体废弃物是目前的一个重要环境问题。所以饭店要在内部尽可能实现物资的回收循环利用,提高物资的使用效率,减少浪费,减少固体废弃物的排放,并以此推动全社会对物资回收再利用的实现。

4.饭店提供满足人体健康的产品

饭店首先要确保室内外环境符合安全卫生的标准,同时应努力开发各种环保型产品、绿色产品以满足人们的需要。例如,提供绿色食品,开展保健服务项目等。饭店还需要通过室内外的环境绿化为客人创造一个良好的自然空间。

5.饭店积极参与社会的环境保护活动

饭店在社会的环境保护活动中应严格执行国家颁布的各项环保法规,积极配合政府进行的各项环境整治工作,主动为社区环境保护做贡献。

(二)饭店实施绿色营销策略的途径

1.树立绿色意识

绿色意识即"保护环境,崇尚自然,促进可持续发展"的环保意识。树立绿色意识主要从两方面入手。

(1)转变观念

饭店业要转变两种观念:一是旅游业是无烟工业,不会污染环境。二是环境投资会增加饭店负担,影响饭店经济效益。旅游企业虽不像重工业部门给生态和环境带来严重破坏,但饭店作为消费娱乐场所,必然占用、消耗大量的自然资源,并制造大量生活垃圾,给环境带来不同程度的显性或隐性的污染和资源浪费。资源和环境是旅游发展最基本的因素和最主要的基础,应清楚地认识到,发展饭店业决不能走先污染再治理即以破坏环境为代价谋求发展、以牺牲发展为代价保护环境的老路。创建绿色饭店前期需要较大的投资,高额的投入又使得饭店绿色产品和服务的价格偏高,这对于饭店经营者和消费者都难以承担。饭店绿色之路似乎是赔钱的买卖,但事实并非如此。实施绿色管理是创建绿色饭店的主要内容之一,通过减量化原则、再使用原则、再循环原则和替代原则,可以使饭店的经济效益和环境效益最优化。

(2)要靠全体员工的自觉行动

绿色意识要变成真实的行动,靠的是全体员工坚定不移地贯彻饭店的绿色措施。可以说,没有绿色员工,没有绿色意识的坚决贯彻,就没有真正意义上的绿色饭店。在饭店中,除了设专门(绿色)环保管理人员之外,还应进行全员环境教育,通过培训,培养绿色员工,使员工具备绿色意识,树立绿色营销观念,积极贯彻实施饭店的绿色措施。另外,还可以制定一套行之有效的绿色奖励制度,采取措施鼓励员工人人参与环保活动。

2. 建设绿色的服务环境

饭店环境包括建筑环境和社区环境,在平时的饭店运作中,要营造"绿色环境气氛":首先,饭店的选址不破坏周围的生态环境,主要是通过绿地、假山、喷水池、人工湖、树木等营造饭店外部环境;其次,饭店建筑材料要符合国家环保规定,通过绿色植被、观赏花卉、人工瀑布、壁画、古玩等体现内部环境的绿色空间和装饰物的文化品位。也可以采取一些巧妙的方法增加酒店的绿色氛围,例如,在大堂、餐厅、客房的卫生间和床头柜等处贴上种种节约资源、有利于环保的告示,让客人一踏进饭店就能被这种氛围所感染,从而配合饭店主动进行绿色消费。

3. 推出绿色产品

(1)绿色包装

一般来说,在对饭店产品进行包装的时候,尽量采用绿色包装盒或者包装袋。绿色产品的包装应采用同类型、等级型、组合型、更新型、复用型等材料;选择无毒性、少公害、易分解处理的材料;包装材料尽可能简单化、单纯化,避免过分包装;增加一些关于消费者使用和处理包装物的宣传及处理方法的说明。另外,提供给饭店的新型包装还应本着无污染和经济的原则,再加上艺术美感和实用性。

(2)开辟绿色客房

客房是饭店的主体,也是酒店向客人提供的主要产品,创建绿色饭店就应该开辟绿色客房。严格意义上的绿色客房要求饭店从设计开始到提供产品的全过程所涉及的环境行为都必须符合环保要求。饭店建筑物必须使用绿色建筑材料,客房采用生态建筑材料、天然涂料以及木头、天然石料等装饰材料;厨房的装修可使用瓷砖、不锈钢或玻璃等无污染材料。此外,要求客房所有用品都是绿色产品,减少一次性客人用品,尽可能多次反复使用。地面采用天然木材和石料,家具选择天然的藤木制品或玻璃器皿,床上用品是纯天然棉麻织物,肥皂使用纯天然油脂皂,使用绿色文具、绿色冰箱、节能空调和灯具,减少房间物品的洗涤次数,房间使用分类垃圾筒和节水马桶、淋浴设施,并摆放生机盎然的绿色植物、花卉,降低客房噪音等。

（3）开设绿色餐厅

开设绿色餐厅的关键是推广绿色食品。绿色食品是指遵循生态经济的原则,按照特定生产方式生产,经专门机构认证、许可使用绿色食品标志的无污染的安全、优质、营养的食品,同时做到不食用珍稀野生动植物。而在餐饮生产过程中,严格遵守环保法令,做到清洁生产,并按照环保要求对餐饮器具和废弃物进行处理。

4. 提供绿色服务

绿色服务是指以保护自然资源、生态环境和人类健康为宗旨,能满足绿色消费者要求的服务。饭店的绿色服务主要伴随其产品一起向消费者提供,并贯穿生产和消费全过程。以饭店客人就餐为例:在客人点菜就餐时,餐厅服务员在推荐、介绍菜肴时不能只考虑推销产品,为企业盈利,还应考虑到客人的利益,力求做到经济实惠,营养配置合理,资源不浪费;向客人推荐、提供绿色含量高的菜肴、饮料,在就餐后,必须根据环保要求对快餐容器等进行有效处理,使之不污染环境。若客人有剩菜,还必须提供周到的"打包"服务。有些饭店还提供代客保管剩酒的服务,供下次消费饮用。与此同时,饭店应该利用自己在食、住、行、游、购、娱中独特的地位,以及在买方市场中较多的选择机会,促使所有向饭店供应物品的供应商增强环保意识,要求他们同样提供绿色产品和绿色服务。这样一来,饭店便通过控制自身服务和供应商的配合,保证了绿色服务的全部性和完整性。

5. 进行绿色促销

绿色促销,就是有利于环保、有利于可持续发展的一种促销方式。绿色促销是饭店通过媒体及直接服务,传递绿色饭店和绿色产品的信息,从而引起消费者对绿色饭店产品的需求及购买行为。绿色促销包括绿色广告、绿色公关两部分。绿色广告的任务是告知消费者有关饭店最新的绿色产品和环境管理进展,提醒消费者查看饭店有关的绿色记录,增强消费者对本饭店绿色产品的信心。绿色公关能帮助饭店更直接、更广泛地将绿色信息传达到细分市场。

6.进行绿色教育

饭店业要承担起对人们进行绿色教育的责任,其促销活动应以传播绿色饭店知识、倡导绿色消费观念、营造绿色消费时尚为主要内容,来促进消费者价值观的变化,诱发出其绿色需求和购买行为。在形式上,除了传统的人员宣传、媒体宣传和公关活动外,还可通过展销会等促销方式让消费者有机会真正接触、了解绿色产品,使绿色消费成为一种受尊敬的、高尚的社会潮流,这样才能使绿色消费意识深入人心,才能形成真正意义上的有效的绿色需求。

三、旅行社的绿色营销策略

(一)旅行社倡导绿色营销的必然性

1.可持续发展的要求

随着人类活动的进步,特别是工业化时代的到来和城市化进程的加速,我们面临的环境问题也日益严重,这将阻碍生态—经济—社会三维复合系统的可持续性。而绿色营销指的是以促进可持续发展为目标,为实现经济利益、消费者需求和环境利益的统一,市场主体根据科学性和规范性的原则,通过有目的、有计划地开发及同其他市场交换产品价值来满足市场需求的一种管理过程。它强调了绿色营销的最终目标是可持续性发展。实际上,绿色营销是人类环境保护意识与市场观点相结合的一种现代市场营销观念。它能解决自然、经济和社会矛盾,促进自然、经济和社会的协调发展,引导人与自然、人与人关系的和谐发展。所以在强调可持续发展的同时,必须导入绿色营销观念。

2.国际、国内旅游市场需求发展趋势

从国际旅游市场需求来看,随着环境问题的日益明显,人们对环境的关注程度越来越高,不仅环保意识加强了,而且生活消费需求已成为新的消费时尚。从国内旅游市场来看,虽然在绿色产品需求方面仍处于萌芽状态,但已不难看出,随着人们生活水平的提高,对经济消费、责任消费、情感消费的追求将逐渐趋于激烈。

3.旅行社应承担的社会伦理责任

旅游是资源导向性产业,生态环境的破坏对其造成的负面影响比其他产业更为直接和显著。旅游业可持续发展必须注重生态效益和社会效益,实现低生态代价和低社会成本下的经济增长,这是伦理营销责任的核心。旅行社作为旅游产业群中的纽带,是联系着旅游者需求与各有关产业的中间环节,直接与环境发生着多种联系,其营销理念对旅游者消费倾向、行为,对相关企业的供给和旅游目的地的生态环境起着直接导向作用。所以旅行社倡导负责任的绿色营销理念意义深远。

(二)我国旅行社实施绿色营销存在的问题

1.绿色营销实力薄弱

我国旅行社整体状况呈现"小、散、弱、差"态势,经济状况普遍欠佳。尤其是近几年,随着旅游市场竞争的加剧,旅行社的生存空间变得日趋狭窄,自身消化环保成本的能力有限。此外,绝大多数旅行社忽视可持续发展,不愿进行环保技术开发,从而导致绿色营销的基础条件薄弱,影响绿色营销的实施。

2.绿色营销概念泛化

旅行社为了标榜所生产产品的档次,不管什么产品都贴上"绿色""生态"的标签进行包装和促销,导致旅游消费者在购买选择上存在盲目性,误导其旅游期望,引发对旅游经历不满意的结果,反而造成旅行社企业形象损失的风险。

3.绿色旅游产品层次太低

旅行社为了迎合旅游者"亲近自然"的追求,一味地讲究人与自然的"亲密接触",把亲近自然与参与性混为一谈,缺乏在"亲密接触"自然层次上的学习自然、探索自然及专门层次上的自然保护内容的设计,最终造成生态环境的破坏。

(三)旅行社实施绿色营销的途径

1.树立绿色化的营销理念

随着知识经济时代的到来,人们的购买行为趋向于理智性,越来越多的消费者将奉行绿色消费观。绿色将是 21 世纪企业经营的主色调,以绿色为特色塑造企业形象是现代旅行社企业经营理念的新选择。因此,旅行社在绿色营销过程中,从管理人员到员工都必须首先树立可持续发展的长远观念,将保护生态环境视为己任,促进生态与经济协调发展,同时还要树立资源价值观、环境法制观,只有在上述观念的支配下,旅行社企业才能与社会、环境融合发展。

2.开发绿色旅游产品

(1)设计生态旅游路线

旅行社在设计生态旅游线路时,应该避开那些脆弱、敏感的生态地域。尽量减少旅游开发对生态环境的影响,在旅游策划的各个阶段,必须充分听取地域生态科研人员和自然保护团体的意见。在可能的情况下,聘请生态学家、自然科学家或其他方面的专家帮助组织、策划生态旅游活动。

(2)设计合理的绿色交通

绿色旅游交通包括景区外绿色交通线路和景区内绿色游览线路。

景区外交通线路是联系景区之间或旅游服务区、居住区与风景区之间的通道,它能够帮助游人跨越较大的空间,往来于不同的功能区之间,车流量相对较大。在设计时,车行道应尽量选择景物稀少的地方通过,车行道应尽量平缓,以降低耗油量和减轻污染,避免因行车而对景区景色和意境的干扰。一般当车辆接近景区地带时,应严格禁止鸣喇叭。

景区内游览线路是指布设在生态旅游区内以观赏景物或体验意境为目的的游览线路,一般按步行游览方式设计,在设计时以慢游、驻足细观为设计依据;保护区游道应避开核心区和环境敏感区,部分环境敏感区如实在无法避开,可采用修栈道的形式;步行线以小径为主,曲直结合,险平相宜,急缓相间,野营地不设永久性路径;布局合理,避免重复,有张有弛,劳逸结合,选择能够为游人提供最佳视角、视距和感受的位置;避免任何形式的现代建筑形式,如缆车;建筑中应避免开山炸石等严重破坏景观的活动;建筑材料宜就地取材,如沙质路、石质路等,尽量不使用诸如水泥、钢筋等现代建筑材料。如云南西双版纳野象谷栈道、香格里拉碧塔海栈道等。

3.制定绿色旅游产品价格

按照"污染者付费""环境有偿使用"原则,旅行社将用在环保方面的支出计入成本,构成绿色旅游产品价格。同时注意绿色旅游产品在旅游者心目中的形象,利用旅游者求新、求奇、求异和崇尚自然的心理,采用旅游者心目中的"觉察价值"法定价(这种方法以消费者对商品价值的感受及理解程度作为定价依据）。

4. 选择绿色旅游产品销售渠道

绿色旅游产品渠道是在分销渠道基础上形成的，它具有一般分销渠道的特点并具有绿色标志。绿色销售渠道要求旅行社、旅游中间商或代理人具有很强的绿色观念并最终促使旅游者成为绿色消费者。绿色销售渠道是否顺畅，是绿色营销成功的关键。旅行社要严格旅游中间商（代理人）的选择程序和标准，考察其绿色信誉，调查其是否关心环保，信誉是否良好，是否具有与本企业相同的绿色理念，有无良好的绿色形象及是否能真正与自己合作。

另外，针对生态旅游者的出行特点，旅行社应该充分利用网络和全球分销系统，通过建立网站和相关链接，开展信息互动，实现与生态旅游散客在线一对一的促销。这样还可以为旅行社进行市场调研和客户沟通提供全新的渠道，降低销售成本。同时，旅行社应着力推广健康、安全、具有环境责任感的促销理念，实施绿色营销战略，以满足绿色需求为出发点和归宿，渲染绿色、生态的形象，吸引公众的注意力。

5. 绿色教育

在严格的生态旅游活动中，对旅游者开展生态教育，让旅游者了解自然，提高对自然及人类自身的审美情趣。这不仅仅是生态旅游者的主观愿望，也是生态旅行社的主要职责。旅行社对旅游者开展的教育内容大致应有：对生态保护重要性的认识，目的地的生态、人文情况，进行生态旅行的行为规范及注意事项，目的地的有关生态保护的法律、规定，符合生态旅行的行李物品及垃圾处理措施，有助于旅游目的地的生态保护和经济发展的援助计划等。

四、生态旅游的绿色营销策略

（一）生态旅游的内涵

1. 生态旅游的产生背景

旅游业一度被认为是"无烟工业""朝阳产业"而受到世界各国政府的高度重视。但是，由于传统旅游业的发展是遵循产业革命的管理思想和方法，对旅游对象采用的是"掠夺式"的开发利用，使得旅游活动的范围和程度超过了自然环境的承载力,破坏了旅游地的生态环境,造成旅游资源的旅游价值降低,阻碍了旅游业的持续发展。全球绿色浪潮的兴起和"可持续发展"思想为旅游业发展指明了正确的道路,生态旅游正是在这个背景下产生和发展的。

2.生态旅游的概念

对于生态旅游的理解,可以从三方面入手:第一,从旅游者角度说,生态旅游是一种高层次的旅游活动,是旅游活动的一种高级阶段,就如旅游是人们的一种高层次需要一样,它是一个旅游活动发展阶段;第二,对旅游开发经营管理者来讲,生态旅游是一种更深层次的先进的旅游开发经营管理思想和理念,是一种旅游资源可持续利用的模式;第三,对我国政府部门来讲,生态旅游是以生态学思想为指导,以保护自然和社会环境,保护原生和谐的传统文化,发展地区经济,提高居民生活质量,让居民和旅游者在受益和休闲游憩活动中得到教育,并最终自觉保护环境的一种生态经济型社会系统工程,是实现旅游业可持续发展的一种方式。

生态旅游是以上三方面活动主体行为的函数。生态旅游以保护生态环境为前提,并有促进生态环境保护的作用;生态旅游应通过为旅游者提供良好的旅游环境和生态知识教育,来满足旅游者对消费生态性的需求,同时它又约束旅游者的行为,要求旅游者在享受良好环境、接受环境知识教育的同时,必须保护生态环境,同时要对生态系统的保护做出自己的贡献。因此,它是一种高层次的旅游活动。

(二)生态旅游的绿色营销策略

1.生态旅游的市场定位

从旅游需求的角度看,生态旅游是城市居民或集中居民区居民为逃避城市恶劣的环境而回归大自然,到大自然中去保健、疗养、度假、休闲的一种旅游方式。据调查,目前,国际生态旅游者的年龄大多集中在34~54岁,文化程度都比较高,因此,我们可以将生态旅游绿色营销的市场定位为34~54岁的文化层次较高的城市居民。

2.生态旅游绿色生命周期策略

要使生态旅游产品生命周期策略符合绿色营销策略,则首先要严格按照限游模式开发,加强可持续管理,使旅游者对环境的负面影响减少在环境承载力范围之内,这样环境质量下降速度就会减缓甚至停止。其次,在同一生态旅游地内根据环境需要定期调整旅游线路,使旅游区内的资源得到"休养生息"的机会,延长资源的衰退周期。另外,在同一生态旅游区内可定期推出不同特色的主题旅游活动,因为不同特色的主题旅游活动对环境影响是不同的,这样也能给环境以自我恢复的时间,达到延长环境衰退周期的目的。

3.旅游产品绿色审核

旅游产品绿色审核具体到生态旅游产品而言,主要是指生态旅游地环境监测,以及旅游服务人员、旅游者行为调查等。完整准确的绿色审核是进行绿色营销产品形象设计、生命周期策略和开发策略的评价与检测的基础以及经营管理者及时有效地进行策略调整的前提。生态旅游的绿色审核主要应做好以下几点:第一,加强环境质量现状评价;第二,加强生态旅游者行为规律研究;第三,加强生态旅游经济效益与环保效益的审核。

4.建立专门的生态旅游绿色营销机构

建立专业化生态旅游旅行社,旅行社是联系旅游者与旅游产品的纽带。由于生态旅游的特殊性,为生态旅游者提供服务的导游人员必须具备广博的专业知识和较强的实践能力。同时,旅游服务机构必须具备丰富的生态旅游经营组合经验以及相关的硬件设施,这都对传统旅行社大而全的业务功能提出了挑战。在生态旅游个性需求日益明显的时代,组建专门从事生态旅游的旅行社进行绿色营销与管理势在必行。

5.旅游形象设计

旅游形象设计包括两方面,一是设计一个悦目且符合环保与生态消费观念的旅游形象,它包括生态旅游景区地名、徽标、广告标识语、景区交通工具乃至垃圾箱的外观设计,这些设计都要符合绿色标准并且能充分体现生态旅游的环境教育和解释大自然的特点;二是设计一个愉心的生态旅游地形象,其中包括旅游从业人员的服务行为绿色化,当地居民的态度与行为绿色化以及景区其他旅游者行为的绿色化。所谓行为绿色化,是指行为要承担可持续发展的责任。这其中最重要的是导游人员的行为绿色化。导游是旅游的灵魂,对于寓环境教育和大自然解释于其中的生态旅游来说,导游的责任更显重大。

参考文献

[1]何丽芳,陈芳.旅游概论[M].长沙:湖南大学出版社,2014.

[2]赵丽华.旅游市场营销原理与实务[M].北京:国防工业出版社,2014.

[3]李博洋,陈志刚.旅游市场营销[M].北京:清华大学出版社,2014.

[4]谷慧敏,孙延旭.旅游市场营销[M].北京:旅游教育出版社,2014.

[5]李宏.旅游目的地新媒体营销:策略、方法与案例[M].北京:旅游教育出版社,2014.

[6]张超广,王中雨.旅游市场营销[M].北京:机械工业出版社,2013.

[7]李光瑶,石斌.旅游市场营销[M].北京:清华大学出版社,2013.

[8]白翠玲,秦安臣.旅游规划与开发[M].杭州:浙江大学出版社,2013.

[9]魏日.旅游市场营销[M].武汉:武汉大学出版社,2012.

[10]李天元等.旅游市场营销[M].北京:中国人民大学出版社,2012.

[11]陶婷芳.旅游市场营销[M].上海:上海交通大学出版,2011.

[12]王纪忠.旅游市场营销[M].北京:清华大学出版社;北京交通大学出版社,2011.

[13]吴金林,李丹.旅游市场营销[M].北京:高等教育出版社,2010.

[14]肖升.旅游市场营销[M].北京:旅游教育出版社,2010.

[15]舒伯阳.旅游市场营销[M].北京:清华大学出版社,2009.

[16]杜炜.旅游消费行为学[M].天津:南开大学出版社,2009.

[17]黄继元等.旅游市场营销(第2版)[M].重庆:重庆大学出版社,2009.

[18]夏绍兵等.旅游概论[M].武汉:武汉大学出版社,2008.

[19]张婷.旅游市场营销[M].广州:华南理工大学出版社,2008.

[20]靳涛.旅游市场营销[M].北京:冶金工业出版社,2008.

[21]丁宗胜.旅游市场营销[M].南京:东南大学出版社,2007.

[22]魏成元.旅游市场营销[M].北京:中国旅游出版社,2007.

[23]李红,郝振文.旅游景区市场营销[M].北京:旅游教育出版

社,2006.

[24]杨志熙.旅游市场营销学[M].武汉:华中师范大学出版社,2006.

[25]程苿,朱生东.旅游市场营销[M].合肥:合肥工业大学出版社,2005.

[26]吴金林.旅游市场营销[M].北京:高等教育出版社,2003.

[27]张文建,王晖.旅游服务管理[M].广州:广东旅游出版社,2001.

[28]赵力.论生态价值观与旅游业可持续发展[J].社会科学家,2005(S1).

[29][英]维克多·密德尔敦著,向萍等译.旅游营销学[M].北京:中国旅游出版社,2001.

[30][英]C.J.霍洛韦著,孔祥义译.论旅游业——二十一世纪旅游教程[M].北京:中国大百科全书出版社,1997.

[31][英]史蒂芬·佩古等著,刘劫莉等译.现代旅游管理导论[M].北京:电子工业出版社,2004.